いしくれ

——谷貝 忍が耕してきたもの

谷貝忍論稿集刊行委員会／編

同時代社

目次

いまも対話を求めてくる谷貝さん　島田修一　7

I　巣立ちまで

いしくれ――ある社会教育主事の原風景（抄）　11

II　社会教育実践論

水海道市婦人議会をひらいて　131
「青年議会」を考える　137
登録率三〇パーセントの秘密　146
「学ぶこと」の復権…その基本的視点への私見　150
図書館のあるくらしを創る　155
金曜日午前閉館と職員集団づくり　163
生涯学習とまちおこし――水海道市における展開を通して　168
地域文化を創る　それは私の表現　175

III　青年達と共に

社会活動のすすめ方　183

地域青年団への高校生加入を考える　194
地域をつくる青年たちの力（『水海道市連合青年団史』への祝辞）　214
M君への手紙　――　どうぞ活動家に成長してください（抄）　218

Ⅳ　文化・風土・人に心を寄せて

宮原先生の青年性　245
自ら作った集落史誌『五郎兵衛新田のあゆみ』　250
根腐れる美意識　253
国画会の重鎮　菊地辰幸画伯への弔辞　257
一冊の本　――　故長岡健一郎さんを偲ぶ　260
〈憲法と私〉確かな目を曇らせることはもうできない　263
望郷　266
一石を投ずることについて『一目でわかる相野谷略史』　271

Ⅴ　詠う

長歌　むらさきうに　275
短歌　愛娘遊学（抄）　276
句集『梨花の月』発刊に寄せて　278
カナダ百首（抄）　281
短歌　碓井先生想い出の賦（抄）　288

陶匠クナッパー氏讃歌に寄せて　長歌　陶の匠　讃歌　289
短歌　三陸哀悼（抄）　292
短歌　手術入院　雑感（抄）　294
年　譜　297
著作リスト　299
《追悼》在天の故谷貝忍君のみたまへ献ず　藤岡貞彦　307
編集を終えて　先﨑千尋　309

本冊は、谷貝忍の著述のうち、単行本以外の雑誌、新聞、機関誌等の論文、随筆、詩歌（私家版、未発表を含む）から、谷貝忍の生い立ちや考え方が分かるものを中心に整理し、収録した。その際、原文を基本として、明らかな誤記・誤植は訂正し、判断の困難な箇所や現在使わない表現は（ママ）と表記した。

（刊行委員会）

いまも対話を求めてくる谷貝さん

島田修一

谷貝さんの文章には、人を暖かく包み込んでくれる「やさしさ」とともに、容赦なく人を鍛える「きびしさ」がある。

その底には、大きな人間形成力の根が張られていると言うべきか。人間としての在り方を追い続けた自らの歩みから発せられるごく自然な語りかけが、文学をとおして磨きあげていった感性と、現実を厳しく見つめる中で鍛えられた社会科学的な思考の豊かさに溢れているのである。それが人を惹きつけてやまない。

本書は、谷貝さんの人間形成論に深い共感を呼び起こすさまざまな論考で構成されている。それは、テーマが多岐にわたり論じ方が多様であるという意味ではない。読むものにとって、その人に即して魂を揺さぶる文学であり、その人の人生を問う哲学であり、またその人の実践や理論研究に対しても、その有り様を深めずにはおかない研究論となっているからである。その一つひとつが、心の深いところからの呼びかけであり、止むことのない対話を求めるものなのである。

それは、読むものを説得させようというこころみとはほど遠く、人間的な共感を引き出しては、ともに考える道筋に私たちを誘う。

このような、ほんものの社会教育実践ともいうべきその営みが、谷貝さんの日常であった。谷貝さんが求めつづけ、実際にこころみつづけていた対話は、ご自身がそこから学んで自らを豊かにする上で必須なものであったから、それは当然のことなのであった。

青年たちと語り合うことをこよなく好んだ谷貝さんは、またいろいろな分野の先人たちを訪ねて語り合い、同輩と豊かに議論を交わして多くを学ぶことを好んだ。そこには、語り合いのなかで学ぶという鉄則が貫かれている。これが、谷貝さんの求めた「学び」論である。ここには、知識や情報を獲得する学びではない、人間的資質を豊かにする営みとしての学びがあることは言うまでもない。谷貝さんは常に、内から湧き出て来る要求としての学びを求めてきた。そこに、ほんものの社会教育理論を見る。

いま、こうしてあらためて谷貝さんの文章を読むと、しきりに対話したがっている強い思いを感じる。それを感じ取ってほしいという顔が浮かぶ。あの、熱っぽい語り口がよみがえる。谷貝さんが対話を求めていると感じるのは、もう一度、いや何回も語り合いたいという切なる思いを、読むものに引き起こさせるからなのだ。

この書は、巷に多く見られる社会教育論とは全く趣を異にする、ひとつとして他に求めることのできない、いわば現代の「学問のすすめ」である。

（中央大学名誉教授）

I　巣立ちまで

「辛酉歳旦
耕不尽
しのぶ」

大地は　耕すことによって　尽きざる恵みを
もたらしてくれる
人もまた　己を耕すことによって
無限の可能性を開拓することができる
耕すこと　即ち　カルチベート
これ　文化　即ち　カルチャーの語源である
東西いずれも　到達するところ　等しきか

一九八一年　初春

いしくれ——ある社会教育主事の原風景

〔編集者注　本編は『明治大学社会教育主事課程年報』ＮＯ・2～ＮＯ・7（一九九二～一九九八年度）までに掲載された六編のうち、第二部、第三部全文と、第四部、第五部の一部を割愛している。従って「青春日記」その1からその4までは省いてあるなど連続性がない箇所がある〕

第一章〔「いしくれ」第一部〕

プロローグの風景

私は昭和一四年の早生まれだから、小学校一年入学が終戦の年になる。世の中には二、三歳時代の記憶さえ鮮明に刻みこんでいる人もいるようであるが、うすぼんやり育った私には戦前の記憶はほとんどない。わずかに残っているものがあるとすれば、次の二つの風景ぐらいだろうか。小学校と自宅の中間に、「木の下」という家号で呼ばれている大きな屋敷があった。「ふんどし町」と綽名されたわが町、古い宿場を貫通する県道に沿って「木の下」の黒塀は続いていた。道路と黒塀の間に、当時としては珍しい側溝があり、さらに側溝と黒塀の間にわずかな空き地があった。

その空き地をよろばうように走り沿おうとしている幼い私が浮かぶ。その空地は、どういうものか側溝に向かって傾斜を作っている。幼い私は開渠だった側溝――私たちはそれを「ドブ」と呼んでいたが――そこに落ちないよう懸命に足を運んでいる。時々足がドブにずり落ちそうになる。「グッ」と足に力を入れようとすると、さらに「ズズッ」と足が滑っていく。膝をつき、手を前のめりにしてこらえようとする私の顔が泣きそうにしている。「こわい！」――空からは爆音が追いかけてくるからだ。今測ってみると二百米にも満たない距離だったにもかかわらず、わが家が無性に遠い。

「たどり着けるだろうか？」――母の顔が浮び、病臥している父の寝姿が脳裡をかすめる。

私の被っていた「防空頭布」は緑色であった。手に残っている感触をたどれば「紬地」だったような気がする。木々の緑に紛れるよう、母が古い着物を解き裁って作ってくれたものだろうか。今でもその、手になじんだ緑の防空頭布を思い出す。

ドブにずり落ちることを怖れた私は、幼い知恵ながらに「木の下」の黒塀にへばりついて動かなくなった。もう少し年齢を経てから浜田広介の『五匹のやもり』を読んだ時、何故か「木の下」の黒塀にへばりついていた私を思い起こすのであった。

必死だった私の耳からいつの間にか飛行機の爆音は遠のいていた。爆撃の危険は去ったのだ。幼い私は無我夢中でわが家に走りこんでいく。

一つの風景がこんな風に私の記憶にたたまれている。

もう一人、空を見上げている痩せこけた私がいる。白い開襟シャッツに半ズボン姿である。手に何か持っていたのだろうか。「ギュッ」とにぎりしめている掌が汗ばんでいた記憶が残っているからである。

「あれはB29だ！　大田の飛行場を爆撃するのかもしれない！」――大人たちの切迫した会話が私の耳朶を打つ。一機ではなかったが、何機だったのかも覚えていない。ただ南西から北東の空にむかって、ゆっくりとB29の編隊が進んでいく。私の記憶のなかでそれは、飛んでいるというよりスロモーション《ママ》フィルムを見るように、停止しているとさえ錯覚している。

「子どもらは防空壕に入っていろ！」

大人たちが声を荒らげる。しかしどの子どもも防空壕に駆けこもうとしない。眼が、足が、見上げる空に釘づけになっていたのかもしれず、それでいて誰もが防空壕までの距離を心の中で測っていた。

竹林の切通しが赤い関東ローム層の地肌をむき出しにした所に防空壕がいくつかうがたれていた。一穴一軒ではなく、隣組の何軒かが一緒にこもることができる大きさであった。腰をかがめるように防空壕に入ってみると、東面していたせいかいつも冷んやりとしていて、子どもたちにとっては気味の悪いものであった。首筋に竹の根毛などが触れると「ギクリ」と胸をつかまれた。その上うす暗い。奥行きは何米ぐらいあったのだろうか。まっすぐに掘られてはおらず、いく分左の方に位置を換えて進まなければならない。幸い同級生であった八重子ちゃんの家の西側から掘られていたので、それが幼い私の心をどんなにかやわらげてくれたことだろう。

さて、Ｂ29は依然として北上している。誰かがいった。「帰りが危ないぞ！　大新田（地名）に爆弾が落とされたのも、大田の飛行場の帰りだというから、奴等、イタチの最後っ屁のように、ここらに落としていかないとも限らない！」。

私たち子どもの緊張も高まる。眼だけの緊張から、耳までが、身体全体が鋭い反応を示していく。腹わたにまで沁みるような無気味な爆音――「木の下」の黒塀にへばりついていた日の記憶と、どちらが先だったのだろうか。

これら二つの記憶はいずれにしても昭和二〇年の六、七月ごろの記憶だったに違いない。間もなく戦争が終わったからである。幸い私の生れた茨城県真壁郡関本町には戦争の直接的被害――子どもだった私たちの眼に触れる被害はほとんど及ばずに済んだようであった。

私たち子どもは、もう飛行機の爆音におびえることも神経をとがらせることもなくなったから、終戦後のどさくさを、子どもながらのどさくさに紛れて元気にすごすだけでよかった。

私の子ども時代はかくして、自由に生きうる時代のなかに解き放たれることになるのであるが、戦争にまつわる二つの記憶、これが私の最初の「風景」である。

一、家族の風景

やや鮮明に覚えこんでいる私の少年時代の風景を描く前に、私自身が生れ育った家や家族、家庭のあらましを述べておくことが必要であろう。良かれ悪しかれ、私はわが家の諸関係からさまざまな影響を受けつつ大きくなり、私の人格に深い刻印を捺されて成長していくからである。

終戦の時点を基準にすることにしよう。

家族は祖母、父母、姉二人、兄二人、末子の私と、八人家族であった。当時の家族としては多からず少なからず、ほぼ平均的な家族数だったろうか。ただ私の立場から淋しさを一ついわせてもらうと、弟と妹がいなかったということだろうか。殊に妹がいたら、私にとってそれはどんなにか嬉しいことだったろう。子ども時代以来何度夢にも見、心に想ったことである。

(1) 祖母

祖母は八〇歳を超え、すでに中風で脳を侵されていた。奥座敷に伏っており、痩身の人であった。

ある朝目をさますと、家族中があわただしくうごめいていた。「何事か?」と騒ぎのなかをのぞいてみると、祖母が水びっしょりになって慄えている。私には当初その意味がまったくわからなかった。姉にそっと尋ねてみると、ささやくように

「お母ちゃんが朝起き出してみると、おばあちゃんが表の天水桶のなかに入っていたんだって!」

「それどうしてなの?」

「お風呂に入るつもりだったんだろうって……」

「お風呂?」

「そうらしいの!」

寒い朝であった。老人性痴呆の知識などまったくなかった私には、ただ不思議というより、わけのわからないことであった。

「おばあちゃん、寒くなかったのだろうか?」

「天水桶の水なんかきれいじゃないのに……それにボーフラだって湧いている!」

「歳をとると、わけがわからなくなってしまうのかなあ?」

疑問が次々と頭の中を馳け廻った。

思えば祖母は、同様の不可解をさまざまに惹き起こしては父や母たちを困らせていた。殊に勘気の強い父は祖母を叱責した。近所や世間への手前などもあったのだろう。祖母は可哀想になるほど父に叱られることもあった。母はといえばただ黙々と、しかも手際よく祖母を介護していた。そんな母は、私たち子どもの眼にも沈着で頼もしかった。実子である父と嫁である母との立場の違いもあったのだろうが、母の態度や行動には何かそれ以上のもの、怜悧で聡明を思わせるものがあった。

そんな祖母も昭和二三年三月、八四歳の生涯を閉じる。

当時の村や町で、区界を四つほど隔てた村から嫁いできた人であった。造酒屋を営み、その村の初代村長を務めた家からの嫁入りだったという。

「谷貝の家には財産もあり、相手は一人息子で小姑もいないからと来たんだけれど、金は無いし欺されたようなもんだよ」というのが祖母の口癖だったという。嫁入

り後十数年は嘘ではなかったのだろうが、その後の祖父の「道楽」から、家、屋敷はおろか、井戸、塀さえ失くしてしまった境涯が、晩年の祖母をしてそう嘆かしめたのであろうか。金の工面や家政の切り盛りなどには一向かまわない祖母だったらしい。最晩年の痴呆は祖母にとって、この世に生を享けて最後に夢みるゆくりない日々だったのかもしれない。

(2) 父

父については、かって次のように描写したことがある。この一文については若干コメントが必要であろう。

子ども時代の私にとって父は恐ろしく、憎しみの対象でさえあった人である。父への感情がようやく柔らぎ、父の「無念」の根源を私自身が理解するようになった時点での文章であるから、その辺を差し引いて読んでいただかなければならない。

『やさしさとは何か』（一九七九年拙著―編集者註）より

〈それと平行して、当時の私にとって、十数年来の課題であった父への思いが、ほぼ完全にぬぐいさられる契機もやってきた。

そのころ父は、結核が再発し、あるサナトリウムに入院していた。

半ば義理のようなぎこちなさで訪ねていったある日、父はベッドに横たわったまま、黙って一冊の句帳をさし出した。

なにげなく手にして、読み進んでいた私は、あるページまできて、一瞬硬直するような衝撃を受けたのであった。

そこには、「咳《せき》地獄」と題する、次のような連作が記されていたからである。

　咳地獄まこと現身《うつそみ》は生ま身の地獄
　咳地獄常夜《とこよ》の魔神ヒヒと吠《ほ》ゆ
　真夜の咳またも野犬と吠え競《きそ》う
　血みどろのこころねじまげつつ咳ける
　うすっぺらの胸にひっつき咳の神
　海老《えび》のごと身を折りまげて咳きにける
　咳続く眼窩《まなこ》陥《お》ちこみ涙も出ず
　鏡面の死貌まじまじと見つつ咳く
　夜々の咳溲瓶《しびん》を生くるものとし抱く

没落地主の次男に生まれ、鋭い天分を云々されながら勉学の道に進むこともならず、田舎助教師をへて上京、書生の青春を刻苦し、勇躍事業を興し、妻を得、第一子をもうけた喜びもつかの間、結核に倒れて帰郷を余儀なくされ、その後の三〇年間を、妻の苦労を病に臥して嘗《しょう》胆《たん》しているばかりであった父の無念と哀しみが、電光のように私の心を打ったからであった。

男として、一人の人間として、どんなに口惜しく情けのない一生であったかしれまい。それ故にこそ、こらえきれない魂の叫びが、季節や天候や酒の力を借りて暴発する日日を生み、母を苦しめ、私たちを悲嘆にくれさせる過去をつくりだしていたのにちがいない。

親父の「血みどろのこころ」の内側など、私はこれまで、爪のあかほども考えてみたことがあったであろうか。ひとり寂漠《せきばく》の療養所で、赤裸々な生ま身の自己に直面している業苦ともまがう親父の苦悶と宿命、それとたたかう生への執着が、血を受けつぐ者のいたたまれなさで、私の言葉を奪った。

涙はこらえたが、私は、何かをまざまざと見すえる思いであった。その日私は、日記に次のように記さずにはいられなかった。

「……親父たちの無念の恨みを、正しく、正統的に受けつぐ必要があるだろう。どんなことがあってもそうしなければならない。

第一に健康、第二に正しい世界観、第三に努力、この三つをどうしても統一することが、一世代あとを生きる俺たちの決意でなければならぬ。親父よ、いろいろ気を使ってくれてありがとう。できるだけ頻繁に行ってやらなければならない。行って嬉しそうな顔をみる必要がある。親父にとっても、俺にとっても、どんなにいいことであるかしれない。できたら毎週行くこと」。

時には憎しみさえたたきつけずにはいられなかった親父への問題を、このような事実をきっかけにして氷解の方向に転換、昇華できたことは、どんなにありがたいことであったかしれない。

私自身が、一人の働く人間として、人生のきびしさを感じとりはじめていたことが、一つの要因になっていたからかもしれない。

たとえ肉親ではあっても、他人の人生をどう見るのか――人間関係のなかでの心のはたらかせかた、感情を行動としてあらわしていく際の瞬時のブレーキ制御等々を、心深いところで感得しえた。眼から鱗《うろこ》のおちるような体験であった。

かくして私の、父への心遣いはちがったものになり、私の「やさしさ」への原体験は、一つの峠をこえることになった。〉

(3) 母

祖母と父という二人の病人をかかえながら終戦を迎えた母は当時三九歳であった。

兵庫県但馬の人で、若い頃「家出」同様に上京し、本格的に洋裁を身につけた人であった。「家出同様の上京」について母の弟、兵庫の叔父がおもしろい話を聞かせてくれたことがある。

これまた没落士族の孫娘だった母は、子どもの頃から「百人頭――ひゃくにんがしら、百人近い集団でのリーダー」としての素質を発揮していたらしい。長女であったため、当時の女学校に進む夢は絶たれたというが、最初和裁を身につけ、傍ら「処女会――戦前の女子青年団」の活動に力を入れていたという。母が二〇歳の昭和二年、大正天皇の御大葬があり、母はそれを一つの契機に「家出のチャンス」を手にしたのだという。

「処女会を代表して大正天皇の御大葬に参列する」というのが、兵庫の祖父や祖母の安心を誘う口実になったかららしい。

母は「家出」を綿密に準備する。

「姉さんがそのまま東京に居付くことになった覚悟の家出宣言の手紙がずっと残っていたんだけどなあ」、叔父は残念そうだった。

これについてはまた、女性史研究家の米田佐代子さんが興味深く話してくれたことがあった。

「日本の近代史をさぐってみますと、女性たちの第一の家出の時代がありましてねえ。大局的には大正デモクラシーとの関係があると考えられますけど、大正後半から昭和にかけてがそのピークでした。代表的な方は市川房江先生、私の母などもその一人だったようです……」と。

私の母もまたその一群を形成していたのだろうか。「和裁の修業では飽き足らず、洋裁のデザイナーとして身を立てたい」と考えたからだという。「モボ」だの「モガ」だのという「新しい世代」の登場が、世間の耳目を集め始めた時期とそれは一致する。

そして結局はこの職業能力が母を、そして父や私たち兄弟を養う力となる。

それはさておき、父と母は東京で出逢い、結婚する。カッコよくいえば「少壮のジャーナリストと新進のデザイナー」との邂逅であったという。

今日なら遠く隔てた異府県出身者どおしの結婚など珍しくはないが、昭和初めのこととて、両方の親たちはそれぞれ心配したという。父と母の結婚に際し、間に立った人たちがあったとはいえ一種の「自由結婚」と見られてのことだったらしい。

父と母の東京での結婚生活は父の発病によって、わずか二年余りで終ることとなったが、父にすれば十余年、母にしても五年以上に及ぶ「東京での生活経験」——これは後々私たちにとってもかけがえのない財産となるが、かくして私たちが生まれ育っていく。終戦の年、長姉は旧制女学校二年、長兄が旧制中学校一年、次姉が小学校五年、次兄が小学校三年生であった。

二、人間形成の三要素

(1) 家庭のはたらき——その一

さて私自身のものごころついた小学校時代に立ち入っていくことにしよう。

現代の子どもたちの生活を考えるにつけ、ある意味で私たちの子ども時代は「幸せ」だったといっていいのかもしれない。ごく当たり前に即自的に生きていける「自然さ」があったといっていいからであろう。

パターン化していえば、私たち子どもの生活は大きく三つの骨格で成り立っていたということができる。家庭、学校、地域という三つの生活領域がうまくかみあいながら私たち子どもの生活、成長は支えられていたといっていい。

まず家庭であるが、一家のくらしがどの家でも「家業」を中心にめぐっていたから、家庭や家族のもつ意味、機能、はたらきが非常に色濃いものであった。家庭というもののなかにいろんな人間形成の作用がつまっていたのである。

もともと家庭、家族は次のようなはたらきをもつものとして成立していたといっていいのであろう。

一つは、一家のくらしの「かせぎ」の土台——労働の単位として存立していたということである。

〔イ〕「裁ち鋏」

私の家は父が結核で病臥していたため、母の稼ぎによって一家のくらしを賄っていたことについては先述した。母が先にのべた手職＝洋裁で生計を立てていく力、技術をもっていたので、私たち家族は生きていくことができた。

「谷貝洋服屋」と呼ばれたり、「谷貝洋装研究所」として若い娘たちの「習い物」の学校でもあった。

しかし私の育った終戦直後は、「着るもの」などは二の次、三の次だったから、母にとって「実入りのいい仕事」はそんなに沢山あるわけにはいかなかった。どの家でも「食うこと」こそが第一義的であったからである。

だから母はどんな仕事でも「もらってきて」一心に稼いだ。従って当然のことながら毎晩のように夜なべをする。子ども心にも母の健康が心配でならない。裏返してつくる更生服の折り目の生地ぼこりを落としてみたり、ボタンホールや穴かがりを手助けしたりさえしたし、何よりも母の心をわずらわすことなどしまいと気を使い、気を張って生きていたのである。

私はそれをこんな風に描いたことがある。

『やさしさとは何か』より

〈今でも忘れられないことであるが、母はよく夜なべをした。時には毎夜十一時近くまで針を持つ生活がつづいた。

そんな時、子どもごころながら安閑とは眠れない。なぜであったのか。ある時、急に床に臥してしまった母への心配に、私たち兄弟姉妹がびんびんするような緊張と不安を持った記憶が消えさらなくて、根《こん》をつめすぎる母への気づかいが、どうしても眠らせないのである。

母が「早く休め」とはいっても、なぜか私たち兄弟はそうせず、母が縫物をする裁ち台の反対側にすわっていた。時には教科書を展《ひろ》げることもあったが、母のたくみな糸さばきに見入りながら、もうそろそろ母も仕事じまいになるなという見通しがつくまで起きているのであった。

そんな夜の幾晩目かである。

奥座敷に寝ているはずの父が突然どなり出す。

なぜなのだ。なぜ母を見守っていてはいけないのだ。

あっという間に布団にもぐりこみながら、なぜかこみあげてくる母へのいたわしさ、父の不可解な横暴への怒りのために、身も細るような思いをした子ども時代の記憶を、今なお忘れることはできない。〉

ある意味で暗い家庭ではあったが、母の仕事ぶりを目の前にして育った私は、母の労働の「たくみ」に心打たれる「不思議」を経験しつつ育つことになる。

先述したように母は本格的に洋裁の技術を身につけていたから、母には当然のことであったが、洋服の生地を注文者に合わせてデザインし、裁断し、縫製し、仕上げるという一連の過程それぞれのなかで母の「たくみ」は発揮される。

そのなかでも私の胸がいつも高鳴るのは「生地を裁つ時」であった。

まっさらの生地に母は「チャコ」でデザインの線を引いていく。それを鋏で裁ち切っていくのだ。「お母ちゃんが間違って切ってしまったらどうしよう！」と私の胸がつぶれそうになりさえする。そんな時の母は多分、私にはわからない気合、集中を己れに課していたのかもしれない。実に大胆、直截、したたか、しなやかに鋏を入れていくのであった。今でも私の耳にその時の鋏の音が残っている。

「ジョキリ、ジョキリ」と母の右手の一握り一握りに力のこもった音であった。私の心臓の鼓動もその度ごとに相搏っていたに違いなく、思わず知らず手に汗を握り、首を肯かせていた。母の裁断が終るといつも私は心晴れ晴れと朗らかになり、「母ちゃんはすごいなあ！」と自分にいい聞かせるのであった。

口やかましい母ではなかったが、ただ一つ厳格なことがあった。母の「裁ち鋏の使用」についてである。数種類の鋏があったのだが、大型の「裁ち鋏」だけは私たち兄弟に手を触れさせなかった。紙でも切ろうとしようものなら立ちどころに母から制止された。「職人」にとって道具は「いのち」なのであろう。刀でいうなら母の鋏は相当の銘刀に当たるものであったのだろう。母がデザイナーとして独立した当時からの、手に合い、使いこみ、心の通った鋏だったのだろうか。やや茶色がかって黒光りのする鋏だった。把手から、実に見事に伸びきった鋏身の先端までほぼ三〇センチぐらいあっただろうか。惚れ惚れするような鋏であった。母にとっては自分の分身のような鋏であったに違いない。

「紙と布とは性質が違う。紙は固く、布はやわらかい。この鋏は綿にしろ麻にしろ、絹にしろ羅紗にしろ、そのやわらかい性質に添って切る鋏なのだから、紙を切るものではないんだ」――子どもの頃の私にその意味がどれだけわかったことだろうか。しかし、そういい聞かせる時の母は威厳のようなものに満ちていたから、私は二度とその鋏を使うことがなかった。

さて話をさらに進めることにしよう。

〔ロ〕「村の鍛冶屋」

わが家の左隣りは野鍛冶屋であり、右隣りは建具屋であった。道路をへだてた西側には魚屋があり、それぞれの生業でなりわいを立てている家業が列なっていた。馬車屋、下駄屋、結城紬を織っている織屋、自転車屋、するす（もみを玄米にする農具）屋などがあった。かって私は鍛冶屋の風景について次のように書いたことがある。

『やさしさとは何か』より

〈……私はむらで生まれ、むらで育った。しかし、私の生まれた場所は、むらのなかの宿に近かったので、百姓たちが自分の生活に必要な物資を手に入れるための店や商売屋が集まっていた。かご屋があり、おけ屋があり、するす屋があり、下駄屋があった。私の家の隣りは鍛冶屋であった。私は遊び疲れた時、あるいは近所の腕《わん》白《ぱく》たちとけんかをして、一人えこじになって仲間はずれになったりした時、きまって鍛冶屋の仕事場の敷居《しきい》に腰をかけ、親方たちの動きをじっと見つめるのであった。

親方の鉄つぁんはかならず片ひざをたてて、ふいごの右がわに座っていた。伸ばした左足の爪先には、ふいごのとっ手がいつもくわえられ、指先だけで、こきざみに、時には大きく風を送った。そのたびにコークスの青白い炎は、赤くやわらぎ、鋭く吹きあげて、ゴーッと音をたてた。

向こう槌《づち》を打つ由さんは若く、大きなハンマーを手に持ち、腰をかがめて立っていた。

折りしも鉄つぁんは、グイとからだをのり出すと、突然左手のハサミを火中に突き入れ、焼けただれた鉄塊をサッとつかみだした。〝ソレッ！〟という間もおかず由さんは、その鉄塊めがけて渾身ハンマーを打ちおろす。まっ赤な火花が放射状に走り飛ぶ。鉄塊は激しく打ちおろしあう鉄つぁんと由さんのハンマーの下で、生きもののように伸びたり縮んだりしていたが、最後に水桶のなかで白い煙とともにジュッと一声うめきをあげると、青黒いすきやくわの原型にあらあらと変身していくのであった。

全身を緊張させてこの道程にくぎづけにされながら、私は、何十回、何百回見ても、決してあきることはないだろうと思った。

こうして瞬時、一切のことを忘れて、鍛冶屋の仕事場にたたずんでいると、私はまっしぐらに腕白たちのところにかけもどっていくことができた。……いつの間にかもの憂い淋しさや自己嫌悪は消えうせ、何か身体にみなぎるものを感じ、子どもらしい明るさと屈託のなさに素直に帰っていけるのである。

それでもきかん気だった私は、時々心が晴れきらず、かえって男らしい気持ちが高ぶってくる時もあった。そんな時、私は、鍛冶場からコークスの一片をソッと持ち出し、ガキどものまっただ中に突っこんでいった。そして、ガキ大将の正面にとびかかると、コークスのかたまりで思い切りイガグリ頭を逆なでした。〝ギェッ〟と叫ぶやたいがいのガキ大将はうずくまり、手下どもはくもの子を散らすように逃げていった。

〝しばしも休まず槌打つひびき……〟――村の鍛冶屋は、こうして私の少年時代の無言の教師の一人であった。そこには、働く者の叡知にささえられた労働の、尊く緊迫した姿があり、人間と土くれや鉄塊や炎や火花の織りなす不可思議なドラマが展開されていたからであろう。

私はこのようにして、貧しい少年時代を、ある意味ではかけがえのない豊かさのなかで育った……〉

〔八〕指ダコ

下駄屋の万造さんについても書き記しておくことにしよう。

すぐ近所に下駄屋が二軒並んでいた。一方の下駄屋は店売りもするなど手広く商売をしていたが、万造さんの所はおじさん一人の下駄作りであった。小さな細工場にこもって、万造さんはいつも黙々と働いていた。私は子ども時代、万造さんと言葉を交わすことがあったのだろうか。今思い出そうとしても記憶が戻らない。やはり鍛冶屋さんの場合と同じように、私も黙って万造さんの仕事を観察していたのかもしれない。私にとっての不思議は万造さんの手にあった。万造さんの手は掌（たなごころ）がぶ厚く、短い太い指をしていた。その手の極めつけというべきものは万造さんの親指の大きさである。今、わが親指を眺めつつ、万造さんの親指の大きさを推し量ると、優に二倍、いや三倍近くもあったような気がする。大振りの栗のようなたくましさであった。私にはその親指が不思議でならなかったのである。

「うちのお父ちゃんなんかに比べて、万造さんの手、親指はどうしてあんなに大きいのだろうか？」

今の私なら、「何の不思議もないよ。手も指も労働の必要に応じて発達するだけさ」と、一言でその秘密を解き明かすことができるのだが、その当時の私には、ただ異様とさえ思えるほどのものであった。父や母にもその訳を聞こうとせず、小さな私の胸のなかで自問自答をくり返していたに違いない。その秘密を解こうとして何度万造さんに聞こうとしたことだろう。しかし何故かためらうものがあり、聞くことができない。

「おじさん、おじさんの指、その大きい親指――その頃の私は、〝指ダコ〟という言葉を知らなかった！――さわらせて？」と、これまた何度、口に出してみたいとさえ思ったことだろう。結局いい出せないまま私は中学生となり高校生となり、家を離れてしまうことになったのだが、今なお鮮やかに万造さんの親指を思い出すことができる。

万造さんはいわゆる職人かたぎ、下駄作りの名人といわれた人であった。

「万造さんの下駄を履いちゃあ他の下駄は履けねえ」

という人もあったという。

思えば万造さんは、下駄の素材となる桐材を母と同じように製材し、デザインし、鋸を入れ、鑿やかんなで削り、細工をしていくのであったが、鑿やかんなを使う時間よりもそれらの道具を目立てし、研いでいる時間の方が長いような人であった。

「どうして万造さんはかんなばかり研いでいるんだろう？　あんなに切味がいいのに、かんなを研いでばかりいては仕事が進まないでしょうよ」と思うほど、道具の手入れに時間をかけるのである。小づくりのがっしりした全身をグイグイと砥石に押しつけるように道具を研いでいく。そして親指を刃先に当ててじっくりと研ぎ味をみていく。砥石も沢山あり、刃を当てる順序にきまりがあるようであった。砥石に荒砥（あらど）、滑砥（なめど）などという名称があるのを知るのはもう少し先になってからのことであったが、大事に使っていたのだろうか。紙のように薄くなっている砥石もあった。

「シュルシュル」と削っていくカンナクズ一枚一枚の出具合によって万造さんは気に入ったり気に入らなかったり、自分の納得にこだわる人だったのであろう。とにかく万造さんの親指のタコは私の憧れの一つであった。

話は少しそれるが、私が水海道市で仕事をするようになってからのことであった。ある結婚式の席上で、万造さんの親指とそっくりの「手」を発見したのである。おめでたい席ということで、朝川さんというその人から「まあ谷貝さん一杯！」といって杯《ママ》を出された時、思わず私の身体に電流のようなものが走り抜けた。私はドキりとして「朝川さん、まずその指に触らせてください」と手を出していた。朝川さんはけげんそうに私の顔を見、そして自分の手、親指に眺め入った。肝の太い人だったから、手を引っこめるようなことはしない。ただ、「どうしてよ？」と私に尋ね返してきた。すでに一杯入っていた私は饒舌になった。

「その親指、いや朝川さんの指ダコをさわりたい訳はカクカクシカジカである」。――私は子ども時代から持ち続けてきた「万造さんの指への憧れ」について滔々と述べ始めた。

「谷貝さんも変っていんなあ。こんな手より若い娘の手でも触った方がよっぽどよかんべのに……。まあみっしり触ってみろな」

固くざらざらと、しかし手ごたえのある弾力に満ちていた。娘さんのそれとはいうまでもなく迫力が違う。私は私の指先に全神経を集中しつつ、朝川さんの手の味わいを心ゆくまでまさぐっていた。

た。

〔二〕「ズアゲ」

ふたたび筆を本題に戻せば、親や大人たちの労働の結集、結実、その結果としての「さまざまなたくみ」が、子どもとして育つ私たちの身辺に色濃く深く息づいていた。

わが家の東隣のもう一軒の「カジヤ」（この家はすでに鍛冶屋を廃め、純農家に変っていたが、屋号だけは「カジヤ」と呼ばれていた）関町さんのおばさんたちの「たくみ」についても触れておくことにしよう。

「カジヤ」は養蚕農家であった。結城紬の生産地である私たちの所では、養蚕が重要な営農であった。貴重な現金収入源であり、春蚕（はるご）から始まって夏蚕（なつご）、初秋蚕（しょしゅうさん）、晩秋蚕（ばんしゅうさん）など、年四、五回の「ハキタテ」をする。オカイコサンがいよいよ蛹《さなぎ》になろうとして繭をつくり始める最終段階を迎えると、「ズアゲ」という日がやってくる。

「オゴサマ（私たちのところでは蚕を『オゴサマ』と呼んでいた。）がアガッから手伝いに来てくろな」と声をかけられ、この日は私たち近所の子どもまでが「カジヤ」に集った。桑を生食中のオゴサマは、家の中で飼われているのであるが、いよいよ最後の休眠となり、繭を作り始めるオゴサマは「上桑小屋」という別棟に移される。私たち子どもはその際、繭をつくるオゴサマを木の盆に入れて上桑小屋まで運ぶのである。この時、大人たちの「不思議」が発揮される。カジヤのおばさんたちが、さすがに動きの鈍くなったオゴサマを無造作に拾いながら木の盆に移していくのであるが、時たま座敷にこぼれたりしているオゴサマがいる。それを私たちが何の不思議もなく木の盆に拾い移そうとすると、「忍ちゃん、それはダメだよ。まだ食い足りねえ（桑を）らしいから……」などと声をかけるのである。私たち、いや私にはどうしてもわからないことであった。おばさんたちの手は、私にそう声をかけつつも「無造作」にオゴサマを拾って木の盆に移しているではないか。何か叱られたような気持がして、黙ってそっと「上桑小屋に持っていってみよう」と私は行動に移し実験してみる。するとどういうわけか私がたくらんで上桑小屋の「マブシ」（蚕の寝床、そこに納って一つ一つの繭に変身していく）に運んだオゴサマは繭にならない。マブシからはい出してしまい、まだ桑を食いたいらしくさまよい始める。私にはそれがどうしてもわからないことであった。「おばさんたちは、しゃべったり、笑ったりしながらオゴサマを拾っているのに、どうして俺が拾ったオゴサマは繭にならないのだろう？」――この秘密もまた、私がもう少し大きくなってから理解するのであった。繭をつくる最終休眠に入るオゴサマは、おばさんたちにあるサインを出していたのであった。そのサインはオゴサマの体色が透きとおるというサインであり、同時に頭をもたげる（頭上げ）というサインであったのだが、もちろん私にはその「見分け」がつかない。蚕は桑を生食中、五回ぐらいの休眠に入る（それを一眠、二眠などと称していた）が、体色はまっ白である。同じ白い色でも艶がない。ところが最終眠に入ろうとする蚕は飴色に透きとおっていくのだという。その微妙な色の変化と頭上げ（ズアゲ）の動作を、おばさんたちの熟達、熟練した養蚕労働の経験が「見分け」ていくのである。蚕を手が拾っていくように私には見えたのであるが、話したり、笑ったりしながらも、口と眼は違っていたのである。おばさんたちの眼は一瞬たりとも「見分ける」というはたらきを放棄していなかったというべきだろうか。

〔ホ〕「田植えばなし……」

このような「不思議」は農作業の随所に発揮されていた。

「のぶ」ちゃんという若い娘さん――私が子どもごころにも憧れるような人であった――がいた。まだ手植えだったころの米作りである。「田植え」は最も重要な作業であった。その田植え時期になると、「のぶ」ちゃんはどの農家からも引っ張りだこであったという。物事には「一人前」というモノサシがある。一人前と称される田植え作業は、私たちの所では、苗を取って植えて五畝（五アール）だといわれていた。ところが「のぶ」ちゃんは、苗を取って植えて八畝はこなしたという。もちろん、「拙速」は許されない。苗を苗床から傷つけずに抜きとり、指先でこまめに必要な本数――多くても少なくてもいけない――だけを選り分け、本田に差しこんでいく。その間隔（株間）も一瞬のうちに読みとっていかなければならないことはいうまでもない。「総合的集中」といったらいいのだろうか。五月の、しかも田植え作業は長時間労働である。今では連休中の作業になっているが、三〇年以上前までは、育苗の技術、水管理が全く違っていたから六月中の作業であった。最も日が長い時期での労働である。朝五時には苗取りが始まる。夕方六時になってもまだ空は明るいのだから、しばしば一二時間労働にも及ぶ。さらに手植え時代だったから、田植え作業は一ヶ月以上にも及ぶわけである。この間一日たりとも「農休日」などという休日はない。若い「のぶ」ちゃんは一ヶ月以上もの間、一日八畝づつ《ママ》も植え続けることになるのである。いささか余談になるが、いや余談と片づけてしまってはいけないのだろう。

昭和三八年四月、社会教育主事として私が初めて世に出た年のことであった。早速仕事始めとして、つぶれかかっていた青年団の再建に奔走した。この当時も手植え時代だったのだが、七月に入って、水田はすっかりさみどりを深め、すでに分株も進んできたある夜の青年団の集りの席上である。男も女も田植え作業から解放されて、思わず知らずみんなの気持も伸びやかになっていたのだろうか。話は今年の田植え作業でもち切りだった。われもわれもと田植えが大変だったこと、うまくいったこと、田植え（賃稼ぎ）で「いくらいくら儲かった」ことなどわいわいがやがやっていたのである。儲け頭は「しず」ちゃんという娘さんだった。

「当り前（め）だっぺよ。おらぶっ通しに四〇日（よんじゅんち）もやったんだもの。」というのである。「しず」ちゃんもまた「のぶ」ちゃんの「類い」だったらしい。引っ張りダコの「田植え娘」だったのだ。私は「しず」ちゃんに「のぶ」ちゃんの思い出を重ねながら、ふと少年時代の「のぶ」ちゃんへの思慕を蘇えらせていた。その時、どうしてそういう「発問」が私の心中に生まれてきたのだろうか？

「しず」ちゃんに「いやらしいこと」を聞くことになるかなと考えつつも、どうしても聞いてみずにはいられなくなってしまった発問が生じたのである。「ためらい」がなかったといったら嘘になるかもしれない。しかしその当時の私は若く使命感に燃えていたから、心の中で「それは女性労働の本質的問題だ」などと叫んでいたに違いない。

「あの、しずちゃん。変なこと聞くようだけど、四〇日もぶっ通しだったというけど、生理の日だってあったんじゃないの？」

「そらあ、あったわよ」

「そんな時、休まなかったの？」

「生理だからって、休んでなんかいられないでしょうよ。みんなどうだった？」

その時、五、六人の娘さんたちがいたと思う。みんなは一瞬顔を見合わせながら、とたんに賑やかになっていった。

「ほだな。俺も休まねな」

「ほんだけど、つらいよな」

「田ん中によっぺな！」——水田の条件によるという

のである。浅い田、深い田。土地改良が進んで水の駆け引きが自由になっている水田と未整理の水田。深いところでは両足が股までのめり込んでしまう水田もあるのである。

「深っ田じゃ困っちゃうよな」

「腰までむぐっちゃもんな」

「おらあほんだけど、しょんべんの方がまいったけっな」

「ほだよ。新田場なんかじゃ、隠れっとこどこにもなくてよな」

「婆さんらなら〝ちょっくらごめんなせえ〟なんて立小便（たちしょんべん）もできっぺがな。若い娘は尻まぐって、白いケヅ見せらんねもの。やだくてよ」――ここ、水海道地方での農村の地勢は大きく二つに分かれている。いわゆる「野方」（のがた）――洪積層台地と「肥土」（あくと）――沖積層低地である。野方の水田を「本田」（ほんでん）、肥土の水田を「新田」（しんでん）と呼びならわす場合が多い。本田は台地の水田だからすぐ畑や山林に続き、小用の際そこに馳けこめば、尻をかくすところは何なく見つけられる。ところが新田は肥土の水田だから、水田ばかりが何十町、何百町と広がっており、畑も山林もない。一面が広大な水田ばかりである。したがって尻をかくす場所がどこにもない。先にも触れたとおり、昼食やその他の休憩があるにせよ、田植中に生理的現象を催さないという保障はない。若い娘さんにしてはどんなにもじもじ我慢するにしても、物には限界がある。

「しょうがねえから黙って垂れ流しよ！」

「ぬくとくてな」

「やだよ！」

と背をたたきあって笑う。

私はこの会話をどんな思いで聞いていたのだろうか。「垂れ流すだって？」――思ってもみたことがないことであり、頭をぶん殴られる思いだったに違いない。それと同時に「生理休暇、生理休暇」と、その言葉だけが、「こだま」のように私の頭の中をかけ廻っていたに相違ない。この問題の発展、解決の方向、いわゆる「農業の近代化とは何か」という課題に関しては後々詳述することになるが、ここではもう一度「のぶ」ちゃんの田植作業のところにまで時間を戻さなければならないだろう。

〔へ〕おとなたちの「たくみ」

大人たちの労働の「たくみ」が、多岐諸般にわたって展開されるまっただ中に、私は子ども時代をひたすらに生き、ハングリーななかにも労働に根ざす「たくましさ」を身につけていくことになっていったのだろう。

思うに「たくましさ」というものは「たくむ」を原義にして生まれてきたものであるということができよう。

日本語の形容詞や形容動詞は、動詞から派生してくるものが多い。

明く——明かし、長（た）く——高（た）かし、暮（く）る——暗（くら）し　というように、動詞の語幹はそのまま生き、語尾のウ段がア段に変り、その後に形容詞形となる「し」をつける。

「巧む——たくまし」もこのような語イ形成《ママ》によって成立してきたものである。

労働を基幹とする生活の「たくみ」が「たくましい」生活の知恵、技術、処世を生み、育ててきたのだ。

「母ちゃんはすごいなあ、どうしてあんなに大胆に、気迫をこめて裁断していくことかできるのだろう?」という、「不思議」と「感嘆」——そこにえもしらぬ「たくましい」生活力を感じ学びとって、子どもごころながらに、「俺も母ちゃんのようになろう」と気分を昂揚させ、気力を充実させていく。

私たちが育つころ、誰もが、父や母や家族が一つになって家業、労働に励む姿を目の前に見つつ大きくなってきたのだ。小さいながらも自分もその一端に加わり連なりながら……。

もちろん子どもたちは仕事の手伝いなど好きではない。「てつだい」よりは遊びの方がよっぽど魅力的だったからである。だから何とか「てつだい」から逃れようと、必死に子どもたちも「たくむ」。かくして子どもたちもまた才覚を働かせ、知恵をはぐくんでいく。学校が終っても、その日の家族の仕事を慮《おもんぱか》って、時には飛ぶように家に帰り、時には道草をきめこんで帰宅を遅らせたりする。親や大人たちとの「駆け引き」の心情が働くからである。そして、子どもたちにとって、道草もまたしばしば「大いなる発見」に直結していたのだが……。

それはいずれにせよ、親や大人たちも子どもたちの気持を察しつつ、時には「だからといって」背に腹はかえられず、子どもたちの「手」を当てにせざるをえない。生きることが親子もろともにきびしい時代だったのだ。

だから子どもたちも遊び呆けるだけの毎日をすごしたわけでもない。家事や生産労働も含めて、手伝いの域を越えた「役割分担」をこなしつつ、自分を作っていく。それは台所掃除であったり、家禽や家畜の世話だったりしつつ……。

(2) 家庭のはたらき――その二

〔イ〕「ジャンバルジャン」

家庭のもつはたらきの第二の役割を私たちは、「共同消費の単位」という特徴に求めることができるであろう。家族が衣食住を共にする場である。同じ屋根の下に暮らし、同じ釜の飯を食い、着るものも譲り合い交換し合って生きていく生活共同体としての家庭、家族である。

このはたらきもまた、どう整っているかによって、それぞれの家庭がそれぞれの姿、かたちを作り合う。具体的にはその家庭独特の漬物の味、味噌汁の味があるように、である。

終戦の年が小学校一年生だった私にとって、そしてまた、この時期を子ども時代としてすごした誰もにとって「食うこと」がまず何よりも最大の課題であった。何もむずかしいことはない。「家」というものは第一義的に「飯の食えるところ」、「飯をタダで食わせてくれるところ」であった。

学校から帰れば、日が暮れるまで遊び呆けていた私たちにとって、帰宅するということはまず空っ腹を満たすということでなければならない。

「母ちゃん、腹へったあ!ごはんまだ?」

帰宅の第一声はしばしば、いや、ほとんどこれだったといってよい。もちろん即座にこの言葉を出せないこともあったが、心の中では常にこれであった。

「ああ、出来てるよ」という母の返事でも聞こうものなら、これ以上の満足、歓喜はない。贅沢が許される時代ではなかったから、まず熱い味噌汁をフーフー吹きながら一口飲み、主食に食らいつく。もちろん主食が「白い飯」であることなどありうるはずもない。麦飯、小麦飯、大豆飯、いも飯、さまざまな「カテ飯」、時には米や雑穀などにありつくことができず、これまたさまざまな「代飯」が主食となった。とにかく「腹が満たされること」だけで満足だったのだ。それでもわたしたち子どもも「うすぼんやり」と生きていたわけではなかったから、食い物については、せつない思い出がいくつも、いや、毎日のようにあったといっても過言ではない。

大人になってからの同窓会の席上でのことであった。「俺は学校に弁当を持っていけなくてな。昼休みになるのが本当にせつなかった。口では〝家に食いにいく〟といってはいたが、家に帰ったってどうせログナモノはあんめ。毎日(まえんち)のように外でブラブラしていた。何か食えるものはねえがと思って……。盗みもしたな。さつまだのスイカだの梨だの……。ほんだが冬場は畑に〝成り物〟があんめえ。往生したっけなあ……。」

「ジャンバルジャン」ではないが、わたしたちの世代は大なり小なりにこういう体験を経てきているといっていいのであろう。だから「ジャンバルジャン」への同情は一入「身につまされる」ものだったし、怒りも激しくなれたのだ。

〔ロ〕「空っぽの米櫃」

それはさておき、私の心に今でも消えさらない悲しみは「米櫃」への思い出である。それはあまり大きなものではなく、台所の片隅に置かれていた。せいぜい一斗ぐらいが入る大きさだったろうか。この米櫃がいつも気になってならなかったのである。「どのくらい入っているのだろうか？　もしかして入っていないかもしれない」。子どものころ、何度この米櫃の蓋に手をかけたことだろう。いうまでもなく誰にも気づかれてはいけないのだ。父にも母にも姉や兄たちにも……。それではまるで盗人のようではないか。誰もいない時を見はからって、そっと米櫃に近づいていく。辺りを見澄まして黙って蓋をあける。「コトリ」と音を立ててもいけないのだ。深い安堵と、胸を締めつけられるような悲しみ――この不安と怯えの思いは今になっても消えることがない。だから私は、米櫃が空っぽになっていたりした時、今日はいかにも体調が悪い振りをして、「母ちゃん、今夜はあんまりメシ食いたくねえ」といって早寝をしてしまうこともあったのだ。

ここでまた余談を許していただきたい。つい先日、私は次のような短歌（?）を作ることになった。

柿もあり、リンゴ、梨、栗、ミカンあり
　米、味噌もある、わが歳の暮れ

この歌にこめた私の万感――いや、私自身どうしてこんな歌をつくることになるのか、私の心情の「貧しさ」――笑はば笑えといった「滑稽」――ここにはいうまでもなく私の少年時代の原風景が深々と横たわっており、それが深層のところで今になっても消えやらず浮かび上がってくる。五〇歳を過ぎてなお「いじらしいこと」だと、いわなければならない。

作歌のきっかけは次のような事情であった。たまたま休日だった一二月の初めのある日、家居していると、宅急便で柿が届けられてきた。小一時間すると長野県出身の知人の訪問を受け、「田舎に帰って来たものですから」と信州リンゴ一箱を頂戴したのである。

「あれぇ、今日は果物の当り日だな」と考えつつ、物置にしまおうとして小屋をあけると「いやいや、在るではないか！」――佐賀県からのミカン、わが生まれ故郷（梨の名産地である）からの梨、岩手県産、茨城県産の栗、それに米、味噌。ほんとうは醬油もあれば、珍しくも稗《ひえ》、粟《あわ》、黍《きび》もあるのである。それらを眼にしていると、私の胸に抑えがたく何かが込みあげてきた。子ども時代の私だったら目を丸くして卒倒してしまったに違いない。

そこで私の「万感」となった次第である。

「米が有る」ということほど楽しく嬉しいことはない。それは全ての歓喜にまさるといってもいいすぎではないと私はしみじみ思う。

「米が有る」というところから来る「安堵感の深さ」は例えようのない大きさである。（「米自由化賛成」などといっている輩にはとうていわからないところであろう。そういう方たちはそういう方たちでいいのだ。――いささか蛇足を許されよ！）しかも、当今のわが家には少なくとも一年間たっぷり食う量として米が有るのだ。もちろん私に「買い占め」「買い蓄め」などという趣味や根性はない。それでいて「有る」のだ。何という有り難さだろう。ここでもまた「なぜ有るのか」という根拠にかかわる「食と健康を守る国民的ネットワーク構築の課題」については後述にゆだねざるをえない。

〔八〕母の「マヨネーズ」

四たび本論の時間にまで立ち戻ることにしよう。つまり「空っぽの米櫃の時代、わが腹っぺらしの少年時代」にである。

どうしてもまだ「食うこと」にこだわらざるをえないのだが……。

食糧難の時代であり、モノも「豊か」ではなかったから、食べ盛りの子どもを五人もかかえた母の心労も相当なものであったであろう。それ故にか「母なるものの知恵」が存分に発揮される。在る材量、ありあわせの食材を工夫して、母たちはどの家でも、これまたありったけの創意をこらして、食う喜びや楽しみを豊かにしていき、それを分けあう。貧乏しつつも隣近所にまで……。

私の母は、先述したように関西の人。兵庫県といっても日本海側の浜近くに育った人だったから、関東平野のどまんなか近くの人たちとは、また異なった「食文化」のなかで育っていた。したがって、食材の利用や調理に一味違った立ち向いをすることができたのであろうか。母は「志つ江」といったが、「……志つ江さん、これどうしたらよかっぺ……」とか、「……志つ江さんは器用だから……」などと頼られることも多かったようである。そんな時、母は惜しげもなくみんなに知恵や技術を分け与える人であった。

母の作ってくれるもので、私が最も好きだったものの一つは「マヨネーズ」料理である。今ではマヨネーズなどはいつでもどこでも手に入れることができるが、その当時（昭和二〇年代から三〇年の初めまで）、わが郷里あたりでは手に入れるどころか、見たことも、食べたこともない「珍品」であった。母がどこでマヨネーズの作り方を習い覚えたものか？　聞かずに終ってしまったが、母のマヨネーズは「ほんとうにうまかった」。近所の人たちも眼を丸くしてその味わいに舌鼓を打った。

「……志つ江さん、どう作（こさえる）んで……」ということになり、母がその手ほどきをする。私はそういう母が好きであり、誇らしくもあった。本業の洋裁の技術以上に、母の「賢さ」が眩しいようであり、嬉しかった。もちろん母も近所のおばさんたちから、北関東の農村に伝わる行事食、伝統食などを教わっていたようであったが、わが家の味には、父方と母方の味、関東と関西の味がミックスされたような独自なものがあり、素材、調理、加工、配膳、味わう全過程で、私の味覚や食の文化に対する基底が形成され、育くまれていくことになったのだ。私はそれを今、かけがえのない人間的財産であると痛感し、これまた感謝する。

「生活文化の根源を経験する」というテーマを立てれば、それは「食う」という側面においてばかりではない。「着る」ということ、「住む」ということ全てにおいて、私の家庭や家族のなかで形作られていったということになるのであろう。

〔二〕まっ白い「パンツ」

「着ること」に関して、これまた私の最も「悲しかった思い出」を語らなければならないだろう。この思い出は、いささか「生活文化の基底形成」というテーマとは範疇を異にするものであるが、私の小学生時代の原風景として、終生忘れえぬものだからである。

私は今でも小学生時代の運動会を思い起こすと苦笑を禁じえない。当時の気持としては、「苦笑を禁じえない」などという生やさしいものではなかった。恥ずかしくて恥ずかしくていたたまれない思いを一心にこらえていた私の「いたいけな」心痛に今なお胸を刺される。

事情は次のような経緯による。

私の生れ育った北関東の農村では（いやこれは日本中の農村でそうだったのかもしれないのだが）、秋の収穫（「まで」といった）が終るころ、小学校の運動会が開催された。子どもたちにとってこの時、最高の楽しみがやってくる。それは、運動会の時にこそ「新しいシャッツとパンツを買ってもらえる」からである。まっ白いシャッツとパンツ――これほど素敵なものはない。

「今年はどういうパンツとシャッツを買ってもらえるのだろう？」――誰もの心（私にはそうとしか思えなかった！）が浮き浮きとして、運動会当日を待ちこがれる。日頃ヤンチャな私のこころは、みんなの浮かれ調子に反比例するかのように落ち込み、ふさぎこんでいく。

「私は生れてこの方、一度だって、新しいパンツとシャッツを買ってもらったことも、着たことも、穿いたこともないからだ！」と、私の心が叫ぶ。「そーだ、俺は一回だってまっ白いパンツ、まっ白いシャッツでスタートラインに立ったことがない！」と。私の心はズタズタとなり、恥ずかしさに打ちのめされる。

考えても仕方のないことであったが、私には二歳年上の兄貴がいた。着るものはすべて兄貴の「おさがり」。おまけに母は洋裁のプロフェッショナル！　どうして新しいパンツやシャッツを身につけることなど許されよう。

「継ぎを当てたり、ほころびをつくろったり、大きすぎれば更生すればいいではないか。新しいまっ白なパンツやシャッツで走れば、自分の記録を更新できるとでもいうのか。それよりは、穿きなれ着なれたパンツとシャッツで走った方がよっぽどいいではないか！」心の中ではこう反問、肯《うけが》いながら、私の心は得心しない！「一度でいいから、一回だけでいいから……」と私の心は揺れ動き、恨めしそうな眼差しを母に向けようとさえしてハッとする。

「母ちゃんだってよおく分かっているんだ。だけど母ちゃんにだってどうしようもないじゃないか。それを分かっていて、どうして忍はそんな悲しそうな顔をするんだい」――自問自答が続く。

みんなのパンツはまっ白、そして俺のパンツだけは洗いさらして色褪せたお古。

今思っても「つらい」ことであったが、私は何とか自分とたたかいつつ、何回かやってきた運動会当日を乗り切ってきたのであろう。いうまでもなく、母にも誰にもそんな思いを口にすることもなく……。

しかしこれらの原体験は、私にある「主義」を屈折して植え込むこととなり、青春時代に決定的ダメージを受ける素地となる。それは取り返しのつかない苦渋となったが、その苦悩を通して私は、一皮も二皮もむけることができたと今では思っている。その「主義」については又後で述べる機会があろう。

「住む」ということについても一言語っておかなけれ

ばならないのだろうが、それは「家庭のはたらき、その三」の原体験として記してみたい。

(3) 家庭のはたらき——その三

家庭のはたらきの三つ目としてあげることのできるものは、その教育作用、文化効用、娯楽機能といったものであろう。

当然のことながら、私たちはある特定の父母を両親として、ある特定の家庭、家族の一員としてこの世に生み落とされる。自ら人間としての生命を得ようと自覚的に生れ出た者はいない。

巷間、家庭教育の重要性が語られる由縁のものである。家庭「教育」以前、以上のものといった方がいいかもしれない。家庭で「しつけられる」、「教育される」だけで、「その家の人間」、「個人として自立」していくわけではないからである。その家の持っている独自な歴史や風格、環境のなかで私たちは自己を形成していく。

さてそういう意味で、わが家は私の人間形成にどういう影響を与える条件、環境にあったのだろうか。

わが家のある意味での「文化性」を分析してみることにしよう。

これまで私は、「わが母」についてより語って「わが父」について触れることが少なかったが、私の少年時代、ほとんど働くことのできなかった父は、よく病臥していた(とはいっても、「寝たきり」の人だったというわけではない。私の瞼にまっ先に浮かぶ父の姿が「病臥していること」、「着物を着ている人であったこと」などに依るのだが……)。

病臥中の父の枕元にはいつも本が置かれていた。「本屋」などという気のきいたお店などもちろんない私の町である。父は書物をどこで手に入れていたのだろうか。今でも不思議に思うのだが、とにかく父はよく本を読んでいる人であった。

「お父ちゃんが寝ているから……。お父ちゃんが本を読んでいるから……。静かにしていなさい」といった忠告を受けた記憶はない。しかし、外では暴れん坊だった私も、家の中では馳け回ることも、大声をあげることもなかったから、ものごころつく以前にそういう「しつけ」をされていたのかも知れない。それはいずれにせよ、父はいつもむずかしい本を読んでいる人であった。几帳面で厳格、時には「暴君」だった父への怖れとともに、穏やかに寝《やす》み、子どもにはわからない難解な本に読みふけっている父への畏敬みたいなものが、知らず知らずのうちに、私の心のなかに醸成されてもいたのであろう。

父には学歴はなかった。しかし後になって解ったことであったが、父には相当高い学力があり、「知識人」であった。ある意味では「学歴だけはある」今の私にも及ぶことのできない鋭い感性と深い知性を身につけていた人であった。

〔イ〕「山すみれ……」

それはさておき、父の体調がいい時期、私の家ではよく「俳句会」が催されていた。ほとんどの人が町内の人であったが、時には結城から、下館から、水戸からさえも参加者があった。父が主宰者のようであった。

子どもの私には「五・七・五」などの詩型の深奥など、もちろん理解できるわけもなかったが、奥座敷に集っているその時の参会者たちの真剣な挙措《きょそ》、態度、眼差しに何か不断《ママ》とは違う雰囲気、日常とは異なる空気を察知して、私たち子どもはいつも静かにしていた。

そんな時の父は機嫌がよかったから、私にはそれだけで安堵することであり、みんなの中での父の振舞いも、一段違っているようにも思えて何となく嬉しかった。

「むずかしい本を読んでいることも、今夜のような俳句会につながっているのだろうか？」

「お父ちゃんは俳句の先生、俳句というものがうまいのだろうか？」――こういった疑問を子どもごころに感じつつ、私のなかに何かが植えつけられていったのだろう。

父は私たち兄弟の誕生日に「俳句のお祝い」をくれたことがあった。

私は小学校四年生の時、次のような俳句を貰うことになった。

山すみれ咲けばむらさき濃かりけり

「お父ちゃん、どういう意味？」と尋ねたことがなかったから、父の句の真意を今だに理解することはできない。いや、父はきっと私に「これはこういう意味だよ」と解説してくれたのかもしれず、いやいや「この俳句の意味を自分でよく考えてごらん」と宿題にされたのかもしれない。もう、余りにも遠い日のことなので、はっきりとした記憶にはないが、俳句そのものだけは即座に思い出すことができるのだから、実は私自身、この俳句の意味についてこだわり続けてきたのかもしれない。

思えば当時の私は、手のつけられない「いたずら坊主」であった。ほとんど血を見ない日はなく――どっかに切傷や擦傷をつくっては衣服を汚し、応々にして他人様から押しこまれるということさえあった。詳しくは「私にとって小学校とは何であったのか」というところで述べることにしたいが、私は小学校時代を通して、たった一度だけ「学級長」というものを経験したにすぎない。それも小学校六年生の三学期に於てである。それ故父が私に俳句を作ってくれた四年生当時は、まだクラス委員長職を体験していない。総じて私の兄や姉たちは「成績」がよく、殊に長姉と長兄の成績は抜群であった。長姉は「女」というハンデ《ママ》を持ったが、長兄は「男」だから、小学校を通していつも「級長」であった。当然のことながら「級長」であることだけが人間判定のモノサシではないが、親たちにとってみれば「級長は級長」である。

父は母に「どうして忍は級長になれないんだろう」と話したかもしれず、母もまた父に「どうしてでしょうねえ」と答えたかもしれない。とにかく私は「いたずら坊主」だったので、いつも「学校から」委員長職をはずされていた。

「山すみれ」というのは、私のワイルドな性根を差していたのかもしれない。「咲けば」というのは、その時節が来ればという意味であったのかもしれない。いうまでもなく「山すみれ」の花色は「紫紺鮮やか」である。小学校四年生の私に父の「寓意」がわかろうはずもない。しかし心のどこか、直感が嗅ぎとる何かを通して、おぼろげながら父の戒めや父の期待のようなものを、私はつかんでおり、それ故に父の俳句が私に暗示するところのものを今なおこだわりつづけることになるのであろう。

〔ロ〕「しのぶれど……」

わが家の「文化性」の特徴のもう一つに「短歌の世界」があったといってもいいかと思う。

家庭の娯楽機能ということにふれたが、私の家では一一月に入ると、毎晩のように「百人一首」に打ち興ずるのが常であった。ものごころついた頃には例年それを楽しみにしており、末子の私はいつも悔しい思いをしていたのだから、これまた父の体調のいい年にはすでに戦前からの恒例になっていたのであろう。

父の強さは別格であり、母も最後に本気を出すと、兄や姉もたじたじとなったから、母も子ども時代から習い覚えていたに違いない。七人家族だったから誰かが読み手となり、残りの六人が三人づつ「源平」に別れた。一対一になって争うことは稀だったが、二対二に別れることはしばしばあり、それは父母対子ども代表、兄弟対姉妹などさまざまであった。

いつもは父が読み手となり、母が読み手となることもあった。長ずるにつれ兄や姉も読み手となったが、父の「読み」には誰もかなわなかった。それだけに「読み方」についてもうるさく直された。続けて一気に読むところ、必ず切らなければならないところなど、極めて厳格だったのである。先に触れた父の知性や感性が、このような折にはしなくも発揮されていたのであろう。「憎しみ」のうちにも父への感心、尊敬はこのようにしても培われていったのかもしれない。

さて遅れて出発した私はいつも泣きべそをかくハメとなった。父母にはもちろん、姉兄に追いつくことができなかったからである。父だったか母だったか、私に教えてくれたことがあった。やっぱり母だったに違いない。

「忍ちゃん、好きな札、得意札をつくるんだよ」といってくれたのだから……。

それ以来私は得意札づくりに熱中し、それを広げていくことにした。私の得意札づくりの眼目はまず私の名前にちなむ「しのぶ」から始った。上の句であれ下の句であれ、とにかく「しのぶ」と読まれる言葉が出てくる歌を覚えこむのである。

「しのぶれど色に出にけれわが恋は……」

「みちのくのしのぶもぢづり誰ゆへに……」

「玉の緒を絶えなば絶へねながらへばしのぶることのよわりもぞする……」

「ももしきや古き軒場のしのぶにも……」

小学生の私に歌意などを理解することはとうてい無理なことではあったが、ただがむしゃらに覚えこんでいった。だがこの方法にも「敵」が現れる。右にあげたいくつかの歌のうち、長兄の愛してやまない歌があった。

「みちのくのしのぶもぢづり」である。私より六歳年上の長兄は、私が一〇歳の時一六歳、一年歳を重ねるごとに思春を深めもの思うこころと現実を深めていったのであるから、この歌のとりこになるのは当然であった。何しろ「誰ゆへに乱れ初めにし」と続くのであるから……。

このようにして百人一首に打ち興じるわが家の晩秋と初冬のある夜は幸せであった。家族が何といっても和やかになれたからである。夜食も楽しみであった。こんな夜、母は決まって何かを用意してくれていた。粗末なものであったが、母の心がこもっていた。「そばかき」を食べると、葛湯の熱さも忘れられない。舌を焼くような身体の芯、腹の底から温たまり、熟睡ができた。

〔八〕「達摩」と「勾玉」

「住む」というところで先送りしたが、貧乏だったわが家の床の間、欄間、柱、襖などには何らかの掛軸扁額などがかかっていた。

それは絵であったり書であったりした。私の心に一番残っているものの一つに「達摩」の絵に賛をした襖絵があった。何でも禅寺の偉い坊さんが描いたものだという。不思議なもので絵に描かれた人物の眼というものはどこからでも睨んでくる。真正面からだけなら当り前のことなのだが、右に動いても左に動いても見逃してくれない。生憎私はその襖絵の上の扁額の裏に私の宝物――メンコやベイゴマの貴重品を隠す癖があったから余計に苦手だった。「米櫃」の際の心理ではないが、メンコにしろベイゴマにしろ、他人からくすねたものでもちょろまかしたものではないのに、どうして達摩さんに睨まれなければならないのか。私も睨め返すのだが、偉い禅坊さん（私の家は曹洞宗であり、代々壇家総代を務める本家であった）の睨みの迫力に勝てるわけがない。私はいつも達摩さんの眼を見ないようにして、欄間の扁額の裏に私の「宝物」を隠そうとしたのであったが、踏台に昇って隠しごとをしようとすると、達摩さんの顔と私の「宝物＝股間」が相対するようになる。何ともむずむずと気持が悪く、達摩さんを呪いたくなることもあった。しかし総じて達摩さんは「善良な」私を暖かく見守り、励まし、慰めさえしてくれたと私は思っている。そんな時、父の句「山すみれ……」を思い起こすこともあったのだろうか。

後年になって、宮本武蔵の「鵙《もず》」の絵に接した時、私は思わず知らずわが家の床の間を想起していた。何か共通する「弛緩せざるもの」を一瞬のうちに感じとったからであろうか。

祖父のことにも触れておかなければならないが、私の家には石器や土器、それにまつわる古墳の図面や拓本などが相当量にのぼって保存されていた。古文書も伝えられていた。

これについても後刻知ったことであったが、祖父は大正四年に「関本町史跡保存会」なるものを組織していた人であり、町の農民たちが畑や田んぼで「異物」――石器や土器を掘り当てると、わが祖父のところに持ってくる慣わしになっていたらしい。

父の口癖は「谷貝の家がいくら貧乏したとはしても、これを金に替えることはできない」というものであった。私が四、五年のころのことだったろう。父が激怒していたことがあった。わが家に伝わる「子持勾玉」をある考古物マニア――しかもこの人は学者であったらしい

――が、途方もない金額を示して買いに来たことに起因していた。

「嘗めやがってえ……」

父の憤懣はなかなか収まらず、恐ろしいほどであった。貧乏していたわが家のことが、父にもよっぽどこたえたのであろうか。

「嘗めやがってえ……」

「家訓は〝武士は食わねど高揚子〟だ」と聞かされて育ったから、その「家訓」からいっても父は侮辱されたと思ったに違いない。

「学者づらしゃがってえ……。うすぎたねえ野郎らだ！」

京都大学の○○博士、明治大学の○○博士、日本大学の○○博士などという名前を覚えたのもこの頃であった。その先生方が「学者づら」だったかどうか、もちろん私にはわからない。しかし今でも私はその先生がたの固有名詞を思い出すことができる。相当強烈な印象だったからだろうか。

〔二〕「婦人会」

母が終戦後まもなく再建新生した「婦人会」の初代の会長職に選ばれていたことも私にとっては大事な「形成作用」だったといってもいいのであろう。

そのことについて私はある新聞に次のような文章を寄せたことがある。

常陽新聞平成四年五月三日

〈丙午（明治三九、一九〇六年）生まれの母は終戦の年三九歳であった。中風の祖母、結核で病臥している父、旧制女学校二年、中学校一年、国民小学校五年、三年、一年生の私たちをかかえて細腕一本で家計をまかなう大黒柱であった。すでにわが家は没落し去って《ママ》田畑一枚もなく、その他の資産とてない。母の実家といっても兵庫県の城崎であり、もちろん日常的に当てにすることもできない。今思えばどんなにか心労の多い日々だったことだろうか。

ところでそういう母の追憶にひたりながら、不思議なことに母の暗さを思い起こすことができない。それは母の性格から来ていたものだったのだろうか。気丈な人だったからたしかにそういう一面もあったに違いなかっただろうが、私には何かそれ以上のものが、当時の母の内面や元気の根源に横たわっていたような気がしてならないのである。

終戦後一、二年経ってからのことだったろうか。仕事（洋裁）一途だった母が時々家にいないことがあった。末っ子だった私は、学校が終わるとまっすぐ帰宅し「母ちゃん！」と駆け込む少年だったから、そんな時無性に淋しく「母ちゃんは？」と奥座敷に臥っている父に問いかけるのが常であった。気むずかしい父は寡黙だったが、ぼそりと「婦人会の集まりだよ」という。「婦人会？」――わけのわからない私は不思議に思いながらもすぐ家を飛び出し、日暮れいっぱい外遊びに熱中して帰宅する。

そんなある日、私は母に「母ちゃん、婦人会ってなあに？」と問いかけたことがあった。「そうだねえ」と母はうなずきつつ「忍にはまだむずかしいかもしれないね」と私に語りかける。その時の話の中身を、今私は思い出すことはできないが、何故かそういう時の母の生き生きとした表情が今なお鮮明にまぶたの中にあり、当時の私はきっと子どもながらに「ううん」と答えながら、母のなかのなにか――内面の元気をまぶしく受けとめていたのだろうと思う。

それはもう少し大きくなってからわかったことだったが、母は終戦後まもなく、国防婦人会にかわって新生した「婦人会」の初代会長に選ばれていたのであった。どんないきさつでそうなったのか、もちろん私にわかるはずはなかったが、亭主（私の父）の社会的地位も名誉も資産もなく、おまけに関西生まれの「どこの馬の骨」ともわからない母が、どうして町の婦人会長になりえたのか、今でも首を傾《かし》げることさえあるが、当時母は密《ひそ》かにまわりの婦人たちから母なりの「器量」を認められていたのだろうか。

それはいずれにせよ、母の瞳は輝き、生き生きとしていた。沈着な人だったが一旦口を開くと、小さな身体を補うように、手ぶり身ぶりをまじえて説き聞かせる人であった。これまでは知らなかった人たちの出入りもあり、わが家での集まりもあり、時には張りつめた緊迫が、時には笑いの渦があった。

母を、あるいは母たちを何がそうさせることになったのか、ふたたび思えば、日本国憲法が新たに制定されようとしていた当時の社会的状況を反映して、とりわけ女たち一人ひとりにとって腹の底から湧き上がってくる喜びと希望が、母たちの元気を奏でていたに違いないと私は考えるのである。

主権在民――私たち一人ひとりが国の主人公なのだ。男たちだけに委ねられるのではなく、長い間、女たちの願いであった婦人参政権も実現して……。これこそが民主主義の根幹、根っこなのだ。

憲法第九条――もう戦争の惨劇に苦しまなくていい

んだ。平和こそが全《ママ》ゆる幸せの根源なのだ。

そして基本的人権の尊重――「人は人の上に人を造らず人の下に人を造らず」――この理想が打ち樹てられるのだ。差別によって人間はどれほど苦しんできたことだろうか。

母たちは日本国憲法を手にしてどんなにか喜び勇んだことだろうか。

戦後のあの貧しさにもめげず、母たちの元気をささえてくれたものの奥深いところにこういう充実感があっただろうことを、私は少年ながらに鋭く受けとめることになったのであろう。

日本国憲法の諸精神が今幾重にもゆがめられようとしている危惧のなかで、憲法記念の日が廻り来るたびに私は、少年時代をよみがえらせ、若かった母や母たちの当時を鮮烈に回想するのである。

だから私はいつも、母たちにいのちつながる者として、あるいはまた、私の次の世代にいのちをつなげる者として、日本国憲法の下で生きることのできる感謝と責任を熱く重く身内に感じつつ、日本国憲法を読み返す年を重ねている。

『日本国民は、国家の名誉にかけ、全力をあげてこの崇高な理想と目的を達成することを誓ふ』（「日本国憲法」前文より抜）〉

〈ホ〉「しゅわき、ませり」

今ではそのいきさつについての記憶はないが、どういうものかわが家で、キリスト教の集りが持たれることもあった。女の牧師さんだったように思うのだが、数十人の人たちが参集した。大人も子どもも一緒だった。もちろん男も女もいた。母が若い頃「久保白落美（という名前で覚えている）」主宰の「婦人矯正会運動」にかかわっていたらしいことはちらりと聞いていたが、そのことと関係があったのだろうか。

女宣教師さんの、何か熱っぽい語りの姿が今もおぼろに浮かんでくる。そして、その牧師さんを私は、誰に教わることもなかったのだろうが、「えらい――立派な人だ」と感じていた。説教だけでなく賛美歌も歌ったからそのメロディー、ことばの端々が、今になっても何かの拍子にひょいと口をついで出てくることがある。

そのいくつかのことばのうち、どうしてもわからないことばがあった。

「しゅわき、ませり」ということばである。実は「主は来ませり」という意味だったのだが、私は「しゅわき、ませり」と覚えてしまい「しゅわき」というのはどういう意味なのだろう。「ませり」もわからないことであった。もう一つのことばに「ただ信ぜよ、ただ信ぜよ、信ずるものは誰も皆救われん」と歌うところがあったから、「しゅわき、ませり」とくり返し歌いながら「ただ信じ」て歌っていたのかもしれない。

「しゅわきませり」は「もろびとこぞりて」の最後の一節に出てくることばだったが、私には今もって「主は来ませり」とはならず、「しゅわき、ませり」のままである。

〔へ〕「肺病たかり」の家

こういう「家筋」だったから、ある場合には町の人たちから敬遠されてもいたようである。

「谷貝の家は変っている!」

「あそこの親父は〝赤〟だから……」

ひそひそとこんなささやきさえ交されていたらしい。

筋者を「赤」だという心情はどういうことなのだろうか。いたいけな私にもわりないことであった。私は意外に気の強い人間だったから、そんな時「赤でどうして悪い、赤が何だ」と心の中で開き直ったが、それにしても「普通ではないらしいわが家」を肯定することは哀しいことであった。おまけに、「あの家は〝肺病たかりだ〟」と口さがない悪罵を洩れ聞くのだから、どうしようもない。

「肺病が何だ。肺病たかりでどうして悪い」とは心の中でも開き直れなかったからである。

肺病=結核を、私は今なお引きずって歩いているように思う。病気そのものではないのだが、心理的ダメージとして……。

私自身その手前の病気=肋膜炎に冒されることになるし、兄も姉も同じように青春期にこの病いに冒されることになるから、肺病ということばを聞くとドキリとする。「異端」とか「反骨」などという言葉に私が、妙な共感を覚えるのはこういう生い立ちにかかわっているのだろうか。

とにかくわが家は町の人たちから「一歩へだてて」つきあわれる側面を持っていたようである。

しかし、「もめごと」が「いざ」という時になると「わが家」、殊に父の存在が大きくクローズアップされることがあった。

「本宅の親父のところに行こう」という場面がしばしばあったからである。

血相をかえた大人たちが、ただならぬ勢いで親父のところにやって来る。すると親父は意外に冷静であった。

気むずかしく、気短かな親父がと思うほど、人の話をよく聞くのである。時によって物事は一筋縄でいかぬものであるが、親父には二筋も三筋もねばり腰の側面があったのであろうか。

「本宅の親父」に相談すると、もめごとは大方ケリがつくようであった。町の人たちはわが家を敬遠しつつも、どこかで「筋の通った」家と思ってもいたのであろう。

ものごとの論理や道理、筋を通して生きるということは、ある場合には実に「割損」であり、「生き下手」ということになる。頑にならなければならないこともあり、少数派に追いやられることもあるからである。しかし、長期的、大局から見る時、ものごとは「筋」にむかって収斂されていくといっていいのであろう。たとえ一時的には苦境に立ったり、敗者のように見えても……。こういう人生観を私はきっと理屈でというより、子どもの頃からの見聞、体験を通して学んでいったような気がする。「功利的に割り切って生きることができない」、また「生きてはならない」という教えとでもいったらいいのだろうか。「まっすぐに生きる」ということばで置き替えることもできるだろう。

時には反撥することもなくはなかったが、「谷貝の人間らしく生きる」ということを、父や母から「刷り込まれ」て生きる少年時代だったようにさえ思えてならない。

〔ト〕「お父ちゃん、現実をみつめて！」

ここでまた余談に入るが、私の長女が中学校二年生の時のことであった。

ある時心配そうに、

「お父ちゃん、お父ちゃんのことをみんなでいっているよ」と語るのである。

「どんなこと?」と尋ねると次のようないきさつであった。

私たち兄弟は正月には必ず一同に会し、長兄の家に集まる。それぞれに子どもを二、三人ずつ設《ママ》け、甥や姪が合せて一四人となる。

大人は大人たちで話をはずませ、子どもたちは子どもたちなりに打ち興じる。私たち兄弟の年がつまっているせいもあり、甥や姪一四人もまた一〇年ぐらいの年のばらつきで集中して連っている。

その時子どもたちの話題はどういう弾みかおじやおばの品定めになったらしい。

私の子どもたちは私が末子なので、甥や姪たちの一番年下に位置している。だから私の長女にしてみれば「お兄さんやお姉さん」たちの品定めを聞くという立場になる。

いよいよお父ちゃん＝水海道の「おじき」の番がやってきたらしい。長女も興味津々、耳をそばだてて聞いていると、ある一人の甥が次のようにきめつけたのだという。

「……水海道のおじきも悪い人ではないが、理想主義者だからなあ……」と。

中学校二年生の長女が「理想主義者」という意味をどういうふうに受けとめたのか、その十分な真意はわからない。しかし長女にしてみれば、中学校二年生ながらに「理想主義者」というニュアンスに何かマイナスイメージを感じとったのであろう。

「お父ちゃん、理想主義じゃだめなんだよ。現実をよく見なくっちゃあ！」と私にいい聞かせるではないか。

私は一瞬あっけにとられ、吹き出しそうになってしまったが、長女があまりにも真剣そうなので、笑いをぐっとこらえながら、「あら、理想主義じゃあ、どうしてだめなの？　そして遊雲子（長女の名前）は何主義者なの？」と問い返してみた。

「理想主義じゃあ、みんなとうまくやっていけないでしょうよ。お父ちゃんは大人なんだから、現実をきびしく見つめるの！　ウーちゃんは現実主義者だよ」と答えるのである。

私にはこの時「ははあん」と思い当ることがあった。遊雲子自身もどちらかといえば「理想主義者」であり、その故をもって学校での部活の場面、友だち関係などのなかで「孤立」するらしいことがあったのである。

即座にそう読み切った私は次のように返球してみた。「あらあ、お父ちゃんは理想だの希望だのを持つから、人間生きていけるんだと思うな！」と。

長女はしばらくあれこれと自説を主張するのであったが、私も「理想主義の旗」を降ろすことなく、会話のキャッチボールを楽しむことになった。私が別に逃げるのではなく、「もう遅いから休みな」と長女にいうと、長女は満足そうに「ウン！」と元気に頷《うなず》いて「お休みなさい」と自室に戻っていった。

〔チ〕「まっすぐに生きる」

三人の父親である私は、子育てに当って、あまり口うるさい方ではないと思っている。

しかし、どういう人間として育ってほしいのか、外してはならないものがあることだけは伝えようとしてきたようにも思う。

例えば「他人のいたみがわかる」、「どろんこになって生きられる」というようなことであろうか。

他人をあざけることや傷つけること、横着やものぐさをきめこむことなどを許そうとは思わず、とにかく子どもたちが「まっすぐに生きてほしい」と願ってきた。

この際「まっすぐに生きること」にかかわって、その土台、指針となる「めあて」がなくてはならないだろう。それを抽象化して私は次のように表現する。

『やさしさとは何か』より
〈私はふと、人間であることを考える。生きるということが、誰にとっても、日日一回きりのかけがえのない時との対面であるとするなら、ひとりひとりがそれなりの個性と創造で、わが時を埋めていかなければならないのであろう。

もちろんひとりひとりの毎日が、個性と創造に満ちているということは、よろこびだけが連綿するというようなものではなかろう。

若き日の堀口大学が

彼らよく知る
よろこびに
果あることのかなしさを
彼らは知らず
かなしみに
果あることのかなしさを

と詩ったように、悲しみばかりか、苦しみも怒りも、時には自分の怯懦にさえおびえもすることだってある日日のことである。人間の実際は、いたたまれないほどの弱さやちっぽけさ、みじめやうすぎたなさにだって満ちている。

しかし、人間であること、人間的であり続けたいと願うならば、人間はかならず、そのままじっとはしていられない内なる契機を持っているといわなければならぬであろう。

それは、いのちというもののもつ自律的な性《さが》に起因しているのかもしれない。そして、人間という生命体だけが、それを「希望」というかたちで知性化し、「未来」というかたちで展望化してきた。〉

とにかく「理想」や「希望」について語ることが好きなのである。

こういう生き方の根底もまたわが家のあり方によって育まれていったものであろう。

(4) 家庭のはたらき——その四

〔イ〕「情愛」——苦労の共有

さて、家庭、家族のはたらきに関連して、最後に兄弟の情愛についても記しておきたい。姉や兄についてである。特に私は五人兄弟の末子という立場に育ったから、とりわけ姉や兄に大きな影響を受けると同時に、幾重もの意味で、姉や兄の庇護の下で成長することとなった。

私たち兄弟は今でも「仲がよい」といわれる。時には喧嘩をしつつもである。それぞれに自己主張が強いから、大人になってからもいさかうと泣きわめいたりもする。しかし結局は寄り添いあってそれぞれに支えあおうとする。

その根底にあるものを私は「子ども時代の苦労の共有」にあったのだと思っている。

まず家庭内の生活において、父への反撥があった。先にも触れたとおり、父が母に対して「横暴を働く」ことがあったから、何とかして「母を守ろう」と一致団結した。

また外に対しても、ある意味で「世間に冷たくされる」ことがあったから、一つになって「わが家をこわされまい」と意地を張り昂然とさえした。よく「血肉を分けた」と称されるが、単に血肉を分けたものどおしだから「仲が良い」というものでもないと私は思う。

末子の私にとって、姉や兄たちへの一番の「負い目」は、姉や兄たちの「さまざまな犠牲」の上に私が最も苦労を背負わず「ぬくぬくと育った」ということである。

とりわけ、姉や兄たちのうち、私だけが大学に行くことを許されたのであったが、そのための一番の「犠牲者」は長姉であった。

丁度昭和二二年の学制の切り換えがあったとはいえ、姉は旧制女学校四年で学校を止め、東京で洋裁の技術を習い覚えることになり、習得が終るとただちに帰郷し、母の仕事を手伝うこととなる。まだ十代の姉にとってそれはどんなに辛いことであっただろうか。時代と家の事情が許さなかったといってしまえばそれまでのことであるが、姉の胸中を思うとき、今でも私の胸は重くなる。現在の高校一年生の中退に当るわけで、長姉はその中途半端な学歴によって、以後せつない思いをすることにもなる。

次姉もまた高校卒業と同時に母の助手となって家計の一翼を担う。次姉の場合、長姉と違って「東京に出る」こともなかった。

長兄は旧制中学校を中退することはなかった。長兄は男だったから、父や母も何とか新制となった高等学校だけは卒業させようとしたのであろう。しかし大学進学の夢は絶たれざるをえなかった。

成績優秀だった長兄を、高等学校の先生たちも何とか進学させてやりたいと考えたらしい。六年後私が同じ高校に入学すると、長兄を知っている先生たちから「谷貝の弟だな」と声をかけられ、「兄貴の分まで頑張れよ！」と肩をたたかれたりした。口の悪い先生などに「おめえは兄貴とちがって馬鹿だな」と眼をむかれるのには閉口した。

次兄は早くから家の事情をのみこんでいたのか「俺は大学なんかに行かないよ」といいながら、高校時代を通してテニスに打ちこんでいた。高校を卒業した私は、浪人を経て大学に入学するが、六年間の私の生活を直接支えてくれたのはこの次兄だった。

このようにして私は、姉や兄たちの「犠牲」の上に成長していくが、小学校時代にもさまざまなかたちで、姉や兄たちの生き方や青春を見つつ、大きな影響を与えられていく。

〔ロ〕ある「事件」と私の「決意表明」

これら姉や兄たちのさまざまな生き方に学びながら、小学校時代の私にとって、最も許しがたいと心を痛めたものの一つに、長兄にまつわる「事件」があった。

長兄は高校卒業と同時に、地元の小さな「無尽会社」に就職した。高校時代すでに「社会科学研究会」に所属していた長兄は、当然のように民主的思想を抱いていた。在学中から社会科学の基礎文献に目を通していたし、「石の花」や「シベリヤ物語」などの映画の感想を私たち弟に熱っぽく語ってくれたりもした。美声だった兄はよく「ロシア民謡」を歌っていたから、私もいつの間にか覚えてしまい、ものごころつくと「カチューシャ」や「トロイカ」を口ずさんでいた。

入社後、兄が労働組合のなかった無尽会社に、組合を結成しようと思い立つのは必然的だったといえる。同族支配の無尽会社が、初めて高校卒業生を採用した「失敗」に気づいても後の祭りであった。兄はまっしぐらに同期入社の仲間たちと労働運動の世界に突き進んでいく。「2・1《ママ》」事件を契機に右傾化していく社会情勢を反映してか、長兄は「組合運動の主謀者」として解雇される。

長姉も母の一助となり、長兄もやっと高校を卒業して家計の支えになり始めたわが家にとっての一大ピンチであり、家中が暗然とする思いであった。

私には大人たちの理屈についてはわからなかったが、私も「私の家」で育った人間の一人である。小さいながらに憤然とし、会社や社長を許せないと歯がみした。

抗議の行動がさまざまに組織され実行に移されていく。

私はこの中でも父や母の態度に深く教えられていった。父も母も兄を叱責するようなことはなく、敢然と兄を守るために、終始一貫する行動をとったからである。

この「事件」は激しい闘いの末、兄は解雇を撤退させ、職場復帰をかちとるという勝利に終るが、その喜びのなか、母が父と交わしたあるエピソードを話してくれた。

母は仕事中、よくラジオに聴き入っている人であった。忙しく立ち働き、本を読む時間を持てなかった母は、せめて耳から時代や社会を吸収しようと努力していたのであろう。

母の大好きな番組に「私の本棚」という番組があった。樫村アナウンサーの名朗読で名をはせた番組である。ある時期、山本有三作の小説『女の一生』が放送されたことがあったのだという。苦労して育てた一人息子が、高校生（旧制）として左翼運動に深入りしていく女医の苦悩と新生を描いた小説である。

母は、この小説に本能的な胸さわぎを覚えたのであろう。その不安を父に洩らしたという。

「私たちの息子がまさかアカになることはないでしょうね？」という母の問いかけに対し、父は「志つ江と俺の子どもたちだ。そうならないという保障はどこにもない」と答えたのだという。その「アカのハシリ」に長兄がなろうとしている！　母の苦悩もまたどれほど深かったことだろうか。しかしやはり「母はつよかった」というべきなのだろうか。「小林多喜二の母」には比定しようもないが、病弱な父に代って母は、兄を支援してくれる多くの人たちと一緒に抗議行動に加わり、心を砕いていく道をたどっていくのだったから……。

社会的矛盾を私自身が、おぼろげながらも強く感じとっていくようになるのも又、必然的だったというべきであろう。

世の中には道理が通らないという理不尽がある。それを許せるだろうか。

こんなに一生懸命、みんなで寄り添って生きようとしているのに、なぜ悲しみ、傷つけられなければならないのだ。

貧乏と差別——そこから来る許しがたい現実が、幼い私の目の前で次々と展開されていくのだったし、それらは目をつぶったり、耳をふさぐことで無くなりはしないのだ。私たちの身にふりかかり、私たちを直接突き崩そうとするのだから……。

社会的理不尽や矛盾への怒りをこのようにして私は内

面化していく。

「長子の一五は貧乏の谷、末子の一五は栄華の峠」という諺を引用して始まった私の大学の卒業論文の水源はかくして醸成されていった。

「谷貝君、君、これは〝論文〟というよりも〝作文〟。社会教育主事として世にはばたく、君の〝決意表明〟だね……。」――宮原誠一先生に評されたその日のことを、今でも忘れられずにいる私である。

第二章 「『いしくれ』第四部」

一、一九五三年、一四歳・夏から冬

転機――日記「三日坊主」

腕白坊主だった私にも、思春期がやってきた。確かな自覚を持ったのは中学三年生になってからである。

きっかけは、ある先生との出逢いであった。

村上先生という男先生は数学の教師であり、私のクラスの担任であった。担任になる以前から、私の悪童ぶりについては、目にもし、耳にもしていたであろうのに、担任になって一、二ケ月経っても、別に、お説教もしないし、「媚び」もしなかった。

「先生と張り合う」ことがそれなりの習性になっていた私も、何となく拍子抜けになってしまったのかもしれない。

夏休み少し前のことであった。先生は私を二、三ケ月観察していたのであろう。

「忍君、放課後、ちょっと残っていてくんないかな?」と、声をかけられたのであった。

「どうせろくなことではないだろう」と警戒しつつ居残っていると、先生が思いがけないことをいい出したのである。

「忍君、夏休み中、日記を付けてみないかい?」

「ええっ、日記ですか?」

「そうだよ」と、先生の眼がおだやかに私の顔をのぞくのである。

「そんなこといわれたって、俺、日記なんか書いたことないもん……」

「どんなことでもいいんだよ。その日あったこととか、考えたこととか、ノートに書いてみたら?」と、ノートさえ呉れるではないか。

その後どんないきさつであったか。今は思い出せない。

しかし私は「三日坊主」と名付けた初めての日記帳に、夏休みに出合ったこと、感じたことなどを、ただあれこれと綴りこんでいたのである。部厚いノートではなかったから、二〇日もたたぬうちにいっぱいになってしまった。先生に話すと「ほおっ！」といって、もう一冊のノートをまた渡されることになった。

私も、日記を書くのが楽しみになってきたのだろうか。「続・三日坊主」と表紙に書きこんで、その一冊もまた、夏休みが終るころには、字で埋まってしまった。

それら二冊の日記帳を先生に提出し、読んでもらったのかどうかの記憶は戻ってこない。

しかしこの一件が、確実に私を変えることになった。書くことを通して私は、私のなかに「二人の自分」が相反撥しながら住んでいることを、鮮明に自覚せずにはいられなかったからである。

心理学でいう「自我の分裂」が、私のなかで確実に進んでいたわけである。

もちろん当時の私は、そんな理屈を知りえようはずもなかった。

しかし私の行動は、一九五三年の夏を境にして、友だちもいぶかり、父や母も不審に思うほど、変貌するのである。ひとことでいえば「おとなしく」なっていき、「手かずも口かずも少なくなっていった」からである。もちろん気性は激しかったから、ただうすぼんやりとおとなしくなっていったわけではない。気性の激しさが内面に向かっていったわけだから、私のこころのなかでは、わけのわからない不安が葛藤し、いい知れない哀しみのようなものが沈うつした。

なぜ、そういう方向に転換していったのか。私は「勉強しなければならない」ことを初めて自覚したのである。勉強のターゲットは「英語の学習」に絞られた。それには理由があったのである。

当時、私が学んでいた中学校には、専任の英語の先生が配当されていなかったらしく、国語の先生が「アンチョコ――指導書」に首ったけとなって私たちを教えていた。したがって授業が進まない。

中学三年生の二学期に入っても、中学二年生の教科書の後半まできり進んでいなかったのである。

なぜか私はこのことに不安を覚えた。高校進学を考えていた私に、先生の助言があったのかもしれない。

私は独習を始めた。父や母、学校の先生にも相談できなかったから、まるっきりの自己流学習である。英語の発音もアクセントもイントネーションも関係ない。頼りにするのは一冊の英和辞典である。四年制大学に学びながら、今にしても、聞くことも話すこともできない素地はこうして作られたといってもいいのかもしれないが、とにかく独習は進んだ。

並行して私は、ますます自分のなかに沈潜していった。

肋膜炎——「糸つむぎ」

ところで人生には思わぬ「落とし穴」があるものである。

一二月に入ったころから、どうしたわけか、身体がだるく熱っぽい。

母が心配して医者に連れていってくれた。結果は「肋膜炎」であった。

この時の私の衝撃は今なお続いている。まさに絶望的であった。

「いしくれ」第一部に詳述したように、私は「肺病たかり」の子である。

「結局俺も肺病に取りつかれたか！」

「親父と同じように、俺も一生、寝て暮らさなければならないのか！」

——それ以外のことは何も考えることができなかった。

その後、人並みの健康をとりもどしてからも、既往症として「肋膜炎」と記す度に私の胸はチクリとする。どっかで決定的に「俺は身体が弱い！」と思いこむことになってしまったからである。

それはいずれにせよ、私は、中学三年生の三学期を家で病臥することになった。安定期にあったとはいえ、結核の父と枕を並べて寝ていなければならなかったのである。

その絶望をひとまず棚上げすることにして、時間を少し戻すことにしよう。

私は夏休みが終ってからも日記を付けることを継続していた。

そして、書くことを通して、もう一つ発見することがあったのである。

「自我の分裂——二人の自分の葛藤」を知ることになった私は、「どっちの自分がほんとうなのだろう」と見据えようとしていたからである。またそのころ、アイデンティティなどという言葉など知るわけもなく、矛盾する二人の自分それぞれが自分そのものなんだと、統一的に捉え、肯定することもできなかったから、私は意地にさえなって、ほんとうの自分を見極めようとしていた。

だから、自己分析的に、矛盾そのものを、日記に書きなぐることとなる。すると、書き進むうちに、思いもかけない自分が現われてくるのだ。私にはこれが不思議であった。

その過程を「糸つむぎ」になぞらえることができるであろう。

よく「頭の中がまっ白」というが、いわゆる真空状態にあるということを意味する場合もあるであろうが、必ずしもそうではない「まっ白」があると思うのである。

その一つの状態を「真綿のつまったまっ白」と表現していいかもしれない。

そして例えば「書く」というインパクトが働くことによって、まっ白い真綿から糸がつむぎ出されていくのである。

心身の調子がよかったり、自己集中が強固であったりする時、糸つむぎは加速されつつ持続し、時には、まっ白な真綿からさまざまに色どられた糸さえがつむぎ出され、織るという過程までが取りこまれて「文（あや）なす」のである。

書くことは糸をつむぐことに似ているという初歩的感動が私を捉えていった。

村上先生に「日記を書く」ことを示唆されて半年もしない間に、私はこのような喜びを知ることになっていったのである。

しかし私の中学三年生の二学期中、私の生活のなかに「読む」という生活は皆無であった。

読むという生活は、病臥のなかから生れることになる。

読書始め——山椒太夫

私は一八年間社会教育主事として公民館に勤めたあと、そのなかから独立館として生れることになった図書館の館長として一五年近くを過ごすことになった。

そんな職務についていると、「子どもと読書」について話していただきたいと要請されることがあるものである。

私は苦笑しつつも、断ることもならず引き受ける。

苦笑の根っ子にあるものは、私の子ども時代の非読書体験である。

腕白だったばかりの私には「教科書以外に本など読んだことがない」という思いがあり、その一端については「いしくれ」第二部で釈明した通りである。

だから、小学生時代にまったく出逢った本がないと言い切れば、それは嘘になる。

しかし私が、本格的読書に出逢うのは、病臥から高校生時代に入ってからのことであった。

私の傍らに寝ている父の影響もあってのことであった

といってもいいであろう。

父は読書家だったから、枕元にいつも何冊かの本が重ねられていた。

ある意味で病臥は退屈であったから、私もいつの間にか、父の静臥をまねることとなっていく。

こうして私の読書生活はスタートした。

最初にどんな本を読んだのかは覚えていない。

印象に残っている一冊の本を取り上げてみると、森鷗外の「山椒太夫」ということになるだろうか。「高瀬舟」も収載されている文庫本であった。

児童読物化された「人買い話」は、口伝えに耳にはしていたが、森鷗外の手になって「文学として昇華」された神髄を、少年の私がどれだけ味読できたかはまったく覚束ないというべきであろう。しかし、四〇年以上を経て残心、残像が鮮やかである。例えば「高瀬舟」の櫂音さえ、かすかに聞えてくる気がする。文学の香気とでもいったらいいのだろうか。

二、寺小僧

いきさつ

ともかく私は、病も癒えて高等学校に入学する。

しかしそれは、私の生活に激変をもたらすかたちで進展した。

あるお寺の準小僧という立場に立つことになったからであり、私の人間形成はこの事実によって決定的に左右された。辛さも伴ったのであろうが、今にして思えばかけがえのない生活体験であった。準小僧になったいきさつから述べることにしよう。

準小僧（変な表現であるが、完全な小僧という意味ではなかったのでご辛抱いただきたい）になった最大の理由は、私の病気であった。中学校卒業直前の私の血沈は一ケタ台に下ることになり、医者は就学を許してくれた。

しかし、入学することになる高等学校は、私の生家から一〇キロメートルほど離れていた上に、基本的には自転車通学にならざるをえない。当時の道路事情は悪く、鋪装道路などはまったく無い砂利道である。同校に通学していた二歳上の兄がまず心配した。

「忍には無理だよ。西風の強い時なんか、自転車に乗ることなどできないよ。自転車を押して歩くほどなんだから……」

父母も同じ思いだったのだろう。

「文子のお寺にお願いするか?」

文子というのは私の長姉であり、高校所在地（現下妻市）の時宗のお寺に嫁いでいた。

姉夫妻に相談すると、異存のあるはずはなく、かえって願ってもないことだということになった。

「丁度小僧さんが高校を卒業し、大学に進学することになったから、誰か見つけなくちゃあならないと思っていたとこなの。忍は小僧というわけにはいかないだろうけど、少しは助けになってくれるだろうし……」

話はトントン拍子に進み、私は準小僧としてお寺に住むことになった。

庭掃きと女子高生

さて、お寺の生活である。私の心身を見違えるように鍛えてくれた。

私は、小中学校時代、ほんとど家事労働に従事して成長するという経験がなかった。

育った家の宅地は狭いものであったし、家も小さかった。その上、姉二人兄二人の末っ子だったから、例えば家の拭き掃除にしても、補助的に手を貸せばよかっただけである。

お寺の生活ではそうはいかなかった。

「病み上りなんだから、無理しなくていいんだよ」

と姉はいってくれたが、「お寺にお世話になっている」以上、そうはいかない。私はできるだけのことをしようと決心した。

お寺の本堂、境内、墓所の清掃——拭き掃除、庭掃き、草取りなど、いくらでも仕事はあったし、風呂汲み、風呂炊き、勝手仕事などまで、私は姉の手助けになるべく奮起した。

殊に、姉もまた肋膜炎をわずらうことになった高校一年生の終りごろからの仕事量は増大した。朝晩、とにかく忙しいのである。季節的には夏と秋がせわしかった。夏休みになると盂蘭盆会が来るから、夏休み前半は毎日のように墓掃除——草取り、垣根の剪定作業に汗を流した。蜂に刺され、薮から棒に姿を現わす蛇に驚ろかされたり、その当時は土葬であったから、気をつけていても土饅頭の中に足を踏み込んでしまうなど、「気味悪い」経験を重ねることにもなった。

境内に大きな銀杏が何本も聳えていた。黄葉は見事である。しかし、その後始末を考えるとうんざりした。

与謝野晶子は有名な次の短歌を遺したが、その作品には感動しつつも、私には感心してばかりにはいられなかったのである。

金色の小さき鳥のかたちして
銀杏散るなり夕陽の丘に

　朝晩、掃くそばから銀杏の葉は無情に散り敷かれていく。しかも銀杏の葉は、「落葉焚き」という風情をもたらしてくれない。燃えないシロモノである。掃き溜めたものは竹林の肥料にするため「一人もっこ」という手篭で運搬しなければならない。その際、潰れた銀杏の実が異臭を発する。これは耐えがたいものであった。

　お寺の参道の入口に、とりわけ太い銀杏の木があり、その前が女子高校の通学路になっていた。私が黙々と銀杏の葉を始末していると、おかしな笑い声が聞こえてくる。ふと顔をあげると、女子高生たちが、身をよじるようにして笑いをこらえながら歩いている。私は「カッ」となってどぎまぎした。

　彼女たちが晶子のように「金色の小さき鳥」の乱舞を感じとっていたかどうかはわからないが、その下で黙々と箒を使っている小坊主の振舞がよっぽど滑稽だったに違いない。木の葉が舞っても笑いころげる小娘たちのことだとは考えてみても、私には許せない。私は思わず潰れ銀杏を手にすると、彼女たちめがけて投げつけていた。私も芸のない小若衆であった。

　そんな思いに晒されながらも、私にはほのかな期待があった。女子高校バレー部のYさんの通学コースにも当っていたからであった。もちろん私は彼女との面識はなかった。

　ただ、密かに級友たちの噂を耳にしてみると、彼女はバレー部のエースアタッカーということであり、色の浅黒い、いかにも精悍さを感じさせる女性であった。

　概して私は、私自身が弱っぴしであったせいか、健康美に輝く女性に憧れる傾向を強くしていた。外見からきりわかりようもなかったが、彼女は、私のそういう憧れにぴったりとかなった女性であった。

　彼女の朝の通学途上、偶然目にすることはあったが、それは稀であった。

　したがって私は、彼女の帰路に希《ママ》みを託す結果となった。

　しかし、なかなか目にする機会がない。バレー部のエースアタッカーである彼女は、放課後の猛練習に熱中していたに違いなかった。

　しかし「もしかして」ということがあるかもしれない。私は儚ない期待をもってそんなとき、ゆっくりと丁寧に庭を掃き清めるのであった。

米研ぎと茹でこぼし

　炊事にまつわる思い出もホロ苦い。

　人間には条件反射に似た記憶回帰があるらしい。ある行為をするとき、かならずある記憶がよみがえってくるからだ。

米研ぎである。私は大人になってからもきまって、米を研ぐたびに「冷たい」という心の叫びを走らせる。よっぽど米研ぎが冷たかったのであろうか。他の水使いの場合には気にならないのに、米を研ぐ際に限ってチクリとするのだ。その当時は米研ぎ道具などを使うことはなく、精米もおおまかだったから、手でザクザク、ミシミシ、水を何回もとりかえつつ研いだわけである。だから、冬場など刺すような冷たさに耐えながら研がなければならなかったのだ。可笑しな話ではある。

うどんを茹でるのも苦手であった。

お寺の勝手場は昔ながらの土間であり、片隅に「ヘッツイ」が据えられていた。燃料も薪というよりは境内の雑木まじりの竹林から拾い集めた粗朶を使うことが多かった。

当主がうどんを好んだので、よくうどんを茹でさせられたのである。

釜に湯がたぎったころ、用意のうどんを入れる。うっかりしていると突然釜からあぶくが吹き上げてくる。茹でこぼしてはいけないのだ。あわてて水を差し、火を落とす。しかし、何回繰り返してもタイミングをつかむのがむずかしかった。だから私は、今でも、うどんを茹でる時には差し水を持って鍋の傍らに突っ立つので妻から笑われる。

「火加減をすればいいでしょうよ」と。

「そうはいったってむずかしいんだよ」と私は納得しない。吹きこぼれるのが怖いのであり、心臓にもよくない。困った習性を身につけてしまったものだと苦笑をしながら、私はお寺の薄暗かった土間とヘッツイと、パチパチ燃え立つ火の色を思い浮かべるのである。

教訓1——「縁の下の力」

これらお寺での、いわば家事労働の一端——炊事、掃除の経験は、私にさまざまなことを教えてくれた。

一つは、私たちの生活の日常が、主として母、女たちの「縁の下の力」によって、どうめぐってきていたのかということへの思念、考察、おどろきである。

実家に「ぬくぬく」とくらしていた小、中学生時代、何らの疑念を抱くこともなく、「母ちゃん、飯（めし）！」と声をかければ、それは立ちどころにチャブダイに並び、目の前に現われるものとばかり考えていたわけである。

しかしそこには米研ぎがあり、水加減があり、飯炊きがあったのであった。

いや実は、それ以前に、米の工面があったのであろうが、私にはそこまで立ち入る生活の苦労があったわけではないにしろ、飯が口に入るという調理過程一つをとってみても、どういう苦労があったことか。

飯も、飯だけで食えるわけではない。最低「みそ汁とコーコ」という次元で捉えてさえ、みそ汁の実をどうするのか、漬物をつけるという工程の複雑にして微妙な文化は、おおげさにいえば、それぞれの自然と風土のなかで、おふくろたちの歴史的知恵の累積としてどう形成、継承されてきたのか――ほんとうは大変な土壌があったというべきであり、しかもそれが、毎日の三度三度の「しつらえ」として「現前」しなければならなかったのだ。

さらにいえば、三度三度の飯支度は、いつもみそ汁とコーコというわけにはいかない。そこに惣菜が多彩に添えられる知恵と工夫が付随していなければならず、これまた「面倒」この上もない仕儀である。母たちはその「面倒」を毎日、文句もいわず担ってきたのだ。一五歳の私はそれらを、以上のような理屈で考えたわけではなかったが、実感として、飯炊きは容易なものではなかったし、それが「米研ぎは冷たい」という原体験、原風景として、私の脳裡深く刻まれることになったのだろう。

話は少し横道に逸れるが、私たちのところに次のような「至言」がある。

「あの嫁さまは飯炊きも挨拶もできめえ」という言葉である。私はこの言葉を初めて聞いた時、咄嗟にはその意味を十分理解することができなかった。「何というひどいいい方だ」とも思ったし、「いや、今は炊飯器があるから」といってしまえばそれまでのことだとも思ったりしたからである。

しかしよく考えてみると、「飯炊きができる」ということの内側に秘められている意味の深さや重さには測り知れないものがあるというべきなのであろう。その意味を深刻に解明しようとすると、一編の「食文化」論になる程であろうから、私はいま、これ以上のことに言及することを慎むが、「挨拶ができる」ということについてもまた然りなのであろう。

教訓2――「食べる人・作る人」

二つ目に学んだことは、飯炊きにこだわってのべるが、「飯炊きは大変だ」と思う一方で「飯炊きの楽しさ」とでも表現したらいいのだろうか。それらを知っていったことである。

別のいい方をすれば「飯炊きができるようになっていくよろこび」――生活技術を獲得していく向上の楽しさなのかもしれない。

水加減、火加減が自在になっていくこと、物事の処理には「段取り七分」という原則があること、だからその手順をのみこむことが大切であるということ等々、自分の手際がよくなっていくことの楽しさが「大変さ」と共存していることを、私は学んだというべきだろう。

だから、これまた大げさにいえば、「人間は苦痛や苦労を自分の糧にしていく生命力を持っているんだ」ということの発見である。

「今日のご飯はほんとにふっくらとよく炊けているわ」という「ねぎらいの一言」による感動。些細なことではある。しかし、感謝される者の胸にはズッシリと重い。

先年、「私、ご飯を食べる人、あなたご飯をつくる人」というような言葉が流行していたことがあった。

私はこの言葉に本能的な反撥、嫌悪感を感じつつ、「馬鹿なことをいうな！」と腹を立てずにはいられなかった。

「作る人が下で、食べる人が上なのか！」と。

少くとも、食べる人と作る人との関係を、上下、差別の構造のなかで考えようとすること自体おかしなことだし、よしんば上下の関係で捉えるとしても、「それは逆立ちだ」と吐き捨てたいと考えたからである。

こんな「はやり言葉」に目鯨《ママ》を立てる必要はさらさらないと思うし、どういう意図や思惑でコマーシャルに乗せたのかの真意も測りかねるが、「軽薄な風潮よ」と笑い飛ばしたくなってくるのだ。

いや、笑い飛ばしていてはいけないのだ。私はもっとカリカリしなければならない。

こういう論理が、作る人＝生産者と食べる人＝消費者の対立関係を生み出す土壌を形成することに、本格的な怒りを持たざるをえないからである。

それは、昨今の米、農業問題一つをとっても歴然たる事実といわなければならない。その揚げ句の果ては、「食管法」を廃止した「新食糧法」体制への移行という愚挙である。

このツケは必ず「食べる人」に降りかかってくるのに……。

「作る人」の本質的喜びを「食べる人」が共有、共感していくところにだけ真実の道があるというのに……。

いやはや、飛んだ筆の走りになってしまってお許しをいただきたい。

教訓3――「ご飯が炊ける」

さて、三つ目は結果としての効用といっていいのであろう。

私は炊事を苦にしない習慣をいつの間にか身につけることになったから、浪人時代を含めた貧乏学生時代を、どんなにうまく切り抜けることができたことか。自炊暮らしを困惑することなく維持することができたからである。

そして今でも（現実には「妻まかせ」ではあっても）「ご飯が炊ける」男である。

それどころか厚かましくも「ご趣味は？」などと聞かれると、躊躇なく「お料理です」と澄まし顔で答えている。

そうだ。趣味はお料理なのだ。だから気が向くと「お節料理などというものは買ってくるものではない。わが家の伝統の味で楽しむものだ」と厨房に立つ。

歳末の三〇日か大晦日、朝からチビリチビリとやりながら包丁を使い、煮炊きをする一日ほど愉快なものはない。「モノ」によっては一二月早々から手配、下ごしらえをしておきつつ、集中的に何品もの手料理を仕上げていく。

おふくろが丈夫だったころは、時々手順があやふやになって電話をする。

「母ちゃん、お醤油とみりんと、どっちが先だっけ？」

「大根なますなんだけど、うまく、しんなりしないんだけど？」

「隠し味はお塩だよ！」

「とろ火でじっくり炒めなさい」

こう助言してくれる母はもう居ない。

はてさて、ここでもセンチな脱線を重ねてしまうようである。

教訓4――「ものが片づく」

お寺時代、洗濯する習慣はなかったが、先にも触れた掃除、草取りは日課だった。

ここで学んだことも、私の知恵や価値観、生活感覚になって、今に生きている。

例えば「物が片付いていく」という爽快さである。

梅雨明けを待つように墓掃除の季節が来る。広い墓地に繁茂する草や生け垣の雑然を見るとき、うんざりする。

「さて、どこから手をつけるか？」

と思案しつつ、「物事に呑まれる」のだ。

だが「物事に呑まれ」てはいけない。

じっくりと眺め、手を着ける端緒を探すことが肝要なのだ。すなわち、物事の「環」をつかむのである。

「あそこから攻めよう!」

そしてまず「一〇分の一」をやり抜くことに全力をあげる。そして、一〇分の二、三と陣地を拡げていく。三分の一ではまだまだだが、四割、五割でもまだまだと考え、三分の二位まで進んだ時、ややホッとする。一日仕事の場合も一〇日仕事の場合も同じだが、いわゆるスパンの違いということを呑みこんでおくことが必要である。自ずと足腰の据え方が異ってくるからでる。九割まで達した時、よし、もう一息だと「押しまくる」コツも覚えてくる。

ただ黙々と草取りをしているようでありながら、結局は誰の手も借りることができないと判断した場合、一定の物量を乗り切り、乗り越えるためには「段取りを見通す」という生活の知恵を身につけていくことで、思考や行動を前向きにさせようとするのだ。

くり返すようであるが、物にも人にも呑まれてしまってはラチがあかない。呑んでかかることも忌避しなければならないが、呑まれるような経験に出逢いながら、呑まれない気組み、心構えが訓練されていくものなのであろうか。

「もの書き」にしてもそうであろう。初め一〇〇枚などと提示されると、どういう「見通し」を立てたらいいか、手がかりもつかめない。

一〇枚書いても一〇分の一である。五〇枚書いても半分である。

しかし、若干訓練して、一〇〇枚を書く経験を積んでみると、五〇枚といわれたとしても、一〇〇枚の半分かと気は楽であり、一〇枚などは、それこその一〇分の一でしかない。

もの書きも草取りの場合と同じ気構えで取り組んでいけばいいのである。

また、草取りや墓掃除は、実にいい「考える時間」でもある。

手と鎌を適度の注意で動かしていけばいいのである。頭を使う場面はそんなにない。だから頭を自由にめぐらすことができる。

凝として、ただ呆然、漠然と考えるのとは違った思考が働いていく。手や足を動かしつつ考えるからであろうか。思考が一定のところに沈滞しない。進んでいく。これは不思議な事象である。逆にいえば、何かを立ち停って考えようとすると、手や足も停止してしまうものである。

寝ながら考えることは妄想が多い。

しかし、草取りをしながら考えることに妄想は少ない。だから私は「草取り思考」が好きになった。

「寝ながら思考」と対比させて一般化すれば「歩きながらの思考」ということになるであろうか。

夏休みの墓掃除は、このようにして私に、生活経験からの教訓を教えてくれた。

汗びっしょりになりながら、病み上がりの私は徐々に健康も回復していったし、墓所がまさに清々しく整えられていく爽快さは、心もが健康に洗われ、充実感、達成感を満足させてくれることであった。

「ものが片づいていく」心地よさである。

教訓5――「間合いを見切る」

お寺の清掃にまつわって「須弥壇拭き」についても触れておくことにしよう。

須弥壇の清掃は厄介な仕事であった。

本堂の須弥壇にはご本尊様が安置され、時宗のお寺であったから阿弥陀様が祀られていた。その両袖に諸々の仏様がお立ちになっており、その前に燭台だのお位牌だの、さまざまな什器が所狭しと立ち並んでいるわけである。

須弥壇は本漆の塗り物であったから、濡れ雑巾で拭くわけにはいかない。やわらかく乾いた布地で「ホコリを払う」だけである。

もの草をして、什器の透き間だけを、チョコチョコと拭こうとしようものなら、ご本尊様の佛罰を即座に食らうこととなる。什器がガラガラと横倒しとなり、転げ落ちる。この衝撃は恐ろしいものである。

「壊したら大変だ！」と心臓が縮みあがる。

「どう並んでいたんだろうか？」と惑乱する。

そして、並べ立てる時間のムダを思う。

何度かこれには手こずり、失敗した。

厄介でも、一つ一つの什器を手に取って、注意深く「空拭き」していかなければならないのである。

毎日の仕事ではなかったのでどうにか辛抱することができたが、まさに「急がば廻れ」であり、粗忽が許されないのであった。

物事にはその性質に応じた対処の仕方があるということなのであろう。

今でも私は「こわれもの」に近づくことを恐れずにはいられない。ガラス製品とか陶磁器とか、殊に骨董品等を苦手とする。足がすくみ、身体がこわばるからである。

「こわれもの」は、何も物品に限ったものではない。

生き物のなかにも「こわれもの」は沢山在る。

思うに「こわれもの」を見抜く眼力を養わなければならないのだろうし、「間合いを見切る」一瞬の判断を誤るとき、私たちはしばしば「やけど」をすることになるのであろう。

「間合いを見切る」といえば、人間づきあいにおいて、これほど貴重なことはないであろう。殊に社会教育という仕事などは、人間関係の機微に触れ、それに左右されることも多い稼業だから、この点で修業を重ねていかなければならない。

さまざまな場面でそれは展開し、さまざまな局面で転瞬《ママ》する。

不思議と初対面の人間でも、すぐに間合いを測れる人が居るものだし、長い間の付き合いを経ながらも間合いの掴み難い人間が居るものである。剣の道になぞらえれば、正剣で立ち向える場合もあれば、邪険使いに遭遇することもあるというようなことなのだろう。

いずれにせよ、物事が掃き清め、拭き清められていくということ。雨が降ったり、風が荒れたりすれば、折角立てた「箒目」も一夜のうちに掻き消されてしまうものだとは知りながら、再びいそいそと箒目を立てていく朝晩のいとなみ――それは、小、中学生時代の私には思いも及ばぬ生活体験であった。

三、本格的な読書

「若菜集」序文と「鼻」

さて、いささか脇道に逸《そ》れてしまったが、本題に戻ることにしよう。

お寺の朝晩の仕事から解放されれば、自分のフリータイムである。夜の来るのが楽しみであった。

私に与えられた部屋は、本堂の須弥壇の隣室であり、天上の高い、一五畳ほどの和室であった。北西に位置していたので冬は寒い。暖をとるのは「アンカ」か「ユタンポ」であった。勝手仕事の合間をみて、自分で準備するのである。また、部屋があまりにもだだっ広かったので、姉から六曲の屏風の使用を許してもらった。枕元に小さな空間を作るためである。

電気スタンドも買ってもらったので、私の城は完成した。寒さの冬などは、夕飯もそこそこに、私は布団にもぐり込んだ。

ところで私の読書である。

高校に入学してみて、私は国語のむずかしさにびっくりした。

小、中学校時代、簡単にいえば、字が読め、字が書け、文字の意味さえわかれば、一〇〇点をとるのはむずかしくなかった。

しかし、高等学校の国語の試験はそうはいかない。文学の「鑑賞」が入ってくるからである。私の率直な感想は、「どうしてこんなにむずかしく考えるのだろう」ということであった。

私の入学した高等学校は茨城県内でも古い名門旧制中学校の後身であったから、私が入学した昭和二九年当時、旧制中学校時代から引続き教鞭を握っている先生がたが沢山残っていた。したがって授業には気合が入っていたといえる。

高校一年の現代国語の最初に載っていた文章は、島崎藤村の『若菜集』序文であった。

「遂に新しき詩歌の時は来たりぬ」という文語の名文で始まる「序文」はむずかしかった。

続けて「千曲川旅情の歌」である。

風野といった国語教師は、身も心も入れ込んで朗々と「小諸なる古城のほとり、雲白く遊子かなしむ……」と読みあげていく。

「緑なすふすまの丘べ」と耳にしても、ふすまという語感、語いから、戸障子の「襖」をイメージするような少年であった私は、どうして先生が、あんなにも感情を込めて酔うがごとくになるのか不思議でならなかった。

しかし、私のなかにも匂ひ立つように共鳴していく何かがあった。でもやっぱり「むずかしいなあ」というのが実感であった。

そうこうしているうちに、芥川龍之介の『鼻』にぶつかったのである。

「文学の魅力とは何か」を突きつけられる感動であった。抽象的なテーマとしては、人間のおさえがたい自尊心、増長慢、自意識過剰等について「えぐった」作品だといえるのであろうが『山椒太夫』や『高瀬舟』とは異なった角度から、私のこころに迫ってきた。

「芥川の作品をもっと読んでみたい！」

――これが私の本格的な読書の出発点になった。

幸いなことに、わがお寺の坊さんが、中学校の国語教師を務めており、文学青年崩れであった。ずらりと文学全集がある。その書庫から「芥川龍之介集」を引き出した私は、芥川の他の作品を無我夢中で読んだ。『歯車』があり『河童』があり『ある阿呆の一生』があった。

このようにして川端康成に出あい、太宰治を知ることとなり、夏目漱石に邂逅していくことになった。

その中でも鮮烈な影響を受けた作家の一人は倉田百三であった。

「書く」というところでも少し触れたように、私のなかの「問い」は、多方面に発展していたが、性をめぐる悩みが、少年の私を惑乱させていた。

小説「土」との出逢い

ところで私の読書遍歴は多彩に進み、多岐にわたっていくが、高校二年生のある日、私の人生を左右する決定的な一冊の本に出逢うこととなる。

それは長塚節の『土』との邂逅である。

長塚節生誕の地は、私の在学する高等学校の隣町であった。明治一二年生れの長塚節は、当時旧制中学校が水戸にしかなかったため、水戸中学に入学する。しかし病を得て中退帰郷する。後、小康を得た節は、水戸中学の分校として発足した下妻中学校教師たちとの交遊を盛んにし、生徒たちの作文の添削を手伝うなど、わが母校との関係を密にしていたのであった。

伊藤左千夫と並び立つ子規門下双璧の歌人として世に知られるようになった節は、作歌に精進するかたわら、小説にも手を染めることとなり、大作『土』を完成させる。

しかし、節の文学的全業績のうち、短歌作品については、その冴え澄んだ写生の韻きが生前から高い評価を受けるが、小説作品については十分な理解を得られぬまま、大正四年二月八日、三六歳で病没する。

私が高校二年生になった昭和三〇年は、丁度節の没後四〇年の年に当たり、節の全文学的業績を正当に評価しようとする運動が、節の生誕の地を中心に湧き起こる。

下妻一高の教師たちもその担い手として奔走した。

当時私は、下妻一高の校内クラブ「読書会」の一員になっており、私たちのクラブでも、長塚節再評価運動の末端に連なることになった。

かくして『土』に出逢ったわけである。

私は読後、頭をぶんなぐられたような衝撃を受ける。

「百姓の貧しさとは何であったのか?」

単に地主小作制というレジームだけではない。

「貧しさが何をもたらし、貧しさに耐えるということはどういうことであるのか！」

走馬灯のようにさまざまな想念が私の脳裡を駆けめぐり、雲霞のようにわきあがる疑念が私の胸中にうず巻いた。

わたしのそれまでの読書は、どちらかといえばロマンチシズムに片寄るものであった。

小説といえばロマンであり、ドラマであり、内面の懊悩であり、葛藤であり、自我の確立がテーマであったりした。

「土」にはロマンもなく、ドラマもない。ただ克明に、作者の眼が描く「うじ虫」のように生きる村一番の貧乏百姓の起き伏し、生きざまがあるだけであり、それも一つの点描のように四季折々の自然の移ろいのなかで観照、写出される。

私には、異様なおどろきであったと同時に、グッサリと胸底に打ち込まれる釘であった。

「こんな小説世界――いや、明治の百姓たちの暮らしがあったのか」。

私は自らの生い立ちを鋭く回想しつつ、沈欝に考えこんでいった。

同級生の女子に「キミちゃん」という娘がいた。キミちゃんは駆け足が速く、器量もよし、勉強にもよく励んでいた。私は当然、キミちゃんが高校に進学すると思っていたので、キミちゃんが高校入試を受けないと知ったとき、いいようのない哀しみに捉えられなければならなかった。

「どうしてキミちゃんは高校に進学しないんだろう?」と。

後年、三五年振りに同窓会で再会したキミちゃんにその頃の気持を伝えたことがあった。

「そんなこと考えていてくれたなんて、ひとつも知らなかったわぁ。忍さんなんか別の世界の人だと思っていたもの。確かに私も高校へは行きたいと思っていたけど、家の人に言えなかったの。私の家は小さい農家で、兄弟も多かったし、私は女でしょう。父や兄の大工兼業で暮しを立てていたんですもの、上の学校なんかとても、あきらめるしかなかったの……」。

現在畳職人をしている一男のことも、私の頭から離れなかった。中学三年生の二学期のことであった。私は母に次のように頼んだのだった。

「母ちゃん、わが家でも大変だと思うんだけど、一男の高校の月謝、出してもらえないだろうか?」。

思慮深い母の返事は次のようなものであった。

「忍、高校へ行くということは月謝だけで済むというものじゃあないんだよ。一男さんは勉強もできるんだから、何とか高校生にしてあげたいという忍の気持はよくわかるけど、その家、その家に、いろいろ都合や事情というものがあってねえ。なかなかむずかしいのが世間というものなんだよ……」。

中学三年生の私に、それら世間の事情について、どれだけのことが理解できえたのかは漠然としていたというべきであろう。

しかし私は『土』を読むことによって、百姓の暮らしが、どんなにみじめなものであったのかを、つぶさに教えられることになったのであった。

私が寄寓していたお寺の檀家もほとんど農業を営んでいたから、それからの私は、これら農家のくらしや事情について観察を怠らないようになっていった。そしてそこに、さまざまな矛盾があることを看取することになった。

私の本来の職業選択は、東京水産大学に進学し、できれば鯨の養殖事業に取り組んでみたいという念願であった。どうしてそういう気持になっていたのか。その原点は、小学校六年生の修学旅行で見聞した日光の養鱒場にあったような気がする。「いしくれ」第三部にも描いたように、魚採りのくやしさがよっぽど身にしみていたからだろうか。

「なるほど、こういう風に魚を自由に養殖すれば、魚の分け前で喧嘩をする必要など、無くなるわけだ」と…。

単純といえば単純な論理というべきだろう。しかし、日光の養鱒場見学は、私のなかに大きな夢とロマンを育くむものとなり、私は自由、大胆にその夢想を広げていった。その到達点での「鯨の養殖」という着想であった。

私は「水産大学に進学したい」という念願を、あっさりと放棄してしまったわけではない。

私の読書生活がより深まる過程とからまりながら、私が「どう生きるべきなのか」を模索しつつ、何かより根源的なものを求めようと、私は波立っていった。

第三章 「いしくれ」第五部

一、新しい世界との出逢い

ルーブル美術展

前回に引きつづいて、高校時代の原風景・私の新たな世界との出逢いについてもう少し書き進めていくことにしよう。

文学以外の芸術や文化との「邂逅」とでもいったらいいだろうか。

いま、ここで「邂逅」などという、いささか大時代的なことばを使ったが、これには理由がある。

「いしくれ」その四のなかでも描いてみたが、私の夜はおおかた読書に当てられていたといっていいであろう。ジャンルは文学書であり、日本文学を読みあさり、必然的に世界文学へとさまよっていった。

しかし時々、人生論的な書物を手にするようにもなっていた。これには友人、小川繁の影響があり、大局的には、当時の人生論的オピニオンリーダー、堀秀彦や亀井勝一郎たちによって導かれていた。

ある夜、亀井勝一郎の本を味読していたが、電撃を打たれるように次の一文に釘づけになった。

「人生は邂逅である」と……。

「邂逅」——辞書を引き、鮮烈であった。そのことばの響きの魔性のようなものに酔ったきらいがなかったわけでもない。

私のなかに無性に「出逢う」ことを求める熾烈がなかったら、その当時、こうも飢えるように魂をゆさぶられることはなかったであろう。出逢いの対象が何でありたかったのか、また、どのように出逢いたかったのか、それらはもちろん忘れ去っている。重要な点は、「何かほんものに出逢いたい」という私の渇仰があったということである。

このようにして私は、乳房を恋う赤児のように、新しい世界との邂逅に躍起となっていく。

以下は「煩悶」と銘打たれた私の「青春日記」第一ページの記述である。

◇　◇　◇

青春日記——その4　一九五四年一一月六日（晴）

今日は日記が面白く書けそうである。

なぜって、勉強へのファイト、人生の楽しさ、生き甲斐などが大いに感ぜられる日だからである。

毎日、冷たく澄んだ空が私の頭上にある。この清々しい大気、抜けるような空の青さが私のこころを楽しませてくれる。今日は特にそうだ。昨日、私は、東京のどす黒いほど煤煙に汚れた空を見てきたからである。

昨日五日は、学校の先生に引率されて、友達と一緒に上野の国立博物館で開かれているフランス美術展覧会を鑑賞に行った。フランスが世界に誇るルーブル博物館に伝わる古今の有名、無名の絶品——絵画、彫刻、陶器類など三五〇余点が、朝日新聞社の招きによって日本に来ているのである。

それらを観に行ったのであるが、唯々、驚き、感嘆するばかりであった。私は今までにこのような芸術品、美術品を鑑賞したことがなかったので、どんなところを味わい、どんなところを佳しとするのかはまったく知らないし、わからない。が、私はいつも思っている。

いわゆる芸術とか称されるものは、何もしらない者が見ても聞いても、何のいやみもなく、それに魅せられ陶酔させられる力のこもったものが一番いいんじゃないかと……。自然の状態で向きあって、何か異状、異様な雰囲気、気分を引き起こされるもののなかには、それにふさわしい力が宿っているのではないかと思うのだ。

そういった立場からいって、昨日はほんとうによかったと思う。

第一室、第二室はあまり感じがよくなかったので、今まで抱いてきた期待をこわされるような思いだったが、だんだん見ていくうちに我を忘れたというか、ひとりでに溜息がもれ、もううっとりと見惚れるといった気持になってしまった。今の私の中で一番印象深く残っているものは何といっても第一三号室の油彩室であるが、と同時に、チラホラとアクセサリイのように(とはいっても独立した作品だ!)散りばめられた「陶磁器類」「聖書」などに使われている「緑色」「赤」などの素晴らしい色彩だ。快く電燈に照らされているあの明るい、ほんとに素直な、純真な色を見ていると、何故か心が温められてくるから不思議な奴だ。今もほのかにまのあたりに浮んでいる。

また、こうやって書きながら眼を閉じてみると、私の瞼に写し出されてくる姿は何だろう。あの、「ヴォルテール」の皮肉な笑顔だろうか。「ドラクロア」のギターを弾いている小さな絵だろうか。それとも、あの「児に乳をふくませている若い妻」の気高くやさしさにあふれた姿、あどけない顔、手、足を持って美しい母の乳房をにぎっている小さな子どもの姿だろうか。あれやこれや、走馬燈のように美しい姿、たくましいからだ、激しい描線や色彩が目に浮んでくる。

俺はこれから大人になっても、このような美術品、芸術品にはつとめて接していきたいと思っている。楽しみ、趣味などをあまり持たない平凡な俺の、せめてもの慰めとしての一時のために、このような所を選び、このようなところで過ごしたい。

それにしても東京の空の色ときたら何たることだ。どす黒く沈んだ、煤煙に色どられたきたない空。あの空がこの茨城の空の色だったら昨日はどんなにか楽しい一日だったことだろう。それに、上野というところに、もう少し私を慰めてくれるところ、休ませてくれるところがあったなら……。ついでに言ってしまおう。私が靴というものに履きなれていたら、足があたらなかったら、どんなに楽しい一日だったろう。往き帰りの汽車のなかでの話、友達など、みな愉快な、気持よいところだったのに……。

今朝は少し早く起き出して、冷んやりとした大気にふれ、朝食前の一時を庭掃除に費やし、美しく澄み渡る空を仰いでみたら、ほんとうに晴れ晴れとした。

こう書いているうちに、私の目の中には一つの清々しい光景がよみがえってきた。

昨日の朝のことである。

五時半に起き、朝露が金色に光りはじめた境内に出て、その黄色い肌をみずみずしく光らせた柚子の実をとっていたら、白々と明けはなたれたライトブルーの空のなかに一つ、まっ白にまたたく明け方の星が、何ともいわれない美しさで光っていた。私はきっと、あの空、あの星を決して、否、永遠にまぶたに浮かべることだろう。

◇　◇　◇

ここには、私の二つの方向に分けられる「みずみずしいおどろき」が記されている。

先ずは何といっても「ルーブル美術展」における西洋美術、とりわけ「油絵」との出逢いについての驚嘆である。

「いしくれ」第一部で私は、私の育った家の雰囲気の一部を描写した。そこにあった絵画の世界は、日本画の世界であった。床の間に吊され、奥座敷の欄間に懸けられた扁額は絵にせよ、書にせよ、淡彩や水墨以外であったことはなかった。抽象化していえば「静」の世界であり、子どもながらに、それら「静」の世界のなかで寂滅とこころをなごませていたのであろう。

ところが「油絵」の世界は、一口にいって強烈な自己主張の「動」の世界であり、色彩、描線躍動して私を圧倒した。もちろんルーブル展の作品のなかには、中世の宗教画もあり、近代絵画にしても、ミレーの「晩鐘」のような敬虔な画風のものもあったが、それらはむしろ例外的といってもよく、迫真的に私を照射し、威圧してやまなかったものの中心は、印象派以降の作家たちのものであった。

当時はいうまでもなく、このように分析的に捉えたわけではもちろんなかった。高校一年生らしい感性そのものので、けなげにもまむかい、たじろぐばかりであったが、過激な興奮に身を焼きながら、私は泰西名画というものに突如対面したわけである。

「何とすばらしい世界が展開されているのだろう！」

――異文化の一つへの、まじろぎもできない開眼であった。

その後私は、上京して浪人、大学生になる（大学では博物館学ゼミに入り、楽しかった）が、美術鑑賞の時間をなるべく多くとり、さまざまな同性、異性と連れ立つことにもなる。

滝豊先生とサローキナさん

音楽の世界もまた、私にいい知れぬ感動——よろこび、かなしみの情感を深く、豊かにしてくれた。

小、中学校時代の音楽といえば、唱歌の域を出るものではなく、それでいて先述（「いしくれ」第二部）したように、私のこころをゆさぶってくれた。

そんな影響もあったのか、私は高校に入学したあと、選択課目として「音楽」の授業を選ぶことになった。

担当教師は「滝豊」という初老の講師であった。

何げなく出席した授業のなかで、先ず私が驚いたのは、彼の声であった。話しかけてくる「バス」の渋さといっていいのだろうか。われわれの声とはどこかが違う。えもいわれぬ艶がある。

「ほほうっ」と思っていると、彼は突然、歌い出したのである。静かな語り口のこの先生は、どこにこんな力を秘めていたのだろう。

音楽教室とはいっても部屋は狭い。その教室全体をゆさぶるように彼は歌いつづけた。単に声帯をふるわせ、口から声がでてくるのではない。身体全体、満腔を共鳴体としながら、まるで頭のてっぺんから足の爪先までが表現の手段となって私たちに迫ってくる。本格的な声学の知識などまったく持ち合わせていない私だったから、ひとたまりもなく彼に魅了されてしまった。

授業が進むにつれ、私たちも歌うことになったが、いくらうるさく注意されても、私たちのほとんどは、彼のように発声できない。それでも「原語」で「歌の翼」（メンデルスゾーン）「蓮の花」（シューマン）「菩提樹」（シューベルト）などを、今でも私はどうにか歌うことができる。

彼の授業のもう一つの魅力は、バッハ以降の西欧近代音楽史をひもときながら、各作曲家たちの代表的な名曲を聞かせてくれることであった。あの頃は「蓄音機」と呼んだが、私の生い立ちのなかにはそういう文明の利器に接する機会がなかったから、再声装置が珍しく、羨しくて仕方がなかった。

そんな音楽の授業の影響もあったのか、当時、ＮＨＫラジオで、毎朝八時五分から「名曲鑑賞」放送番組があり、私は遅刻寸前になるまで名曲を聴いては学校に駆けこむのを常とするようになった。日曜日には、堀内敬三解説による「音楽の泉」が放送され、たっぷり一時間流されたから、ほんとうに楽しみだった。いわゆるクラシック音楽との出逢いはこうして生れてきたのであった。

音楽の生演奏に接するのは、浪人して上京してからのことであった。KDDに働いていた兄貴が「労音」（労働者が中心になって組織した会員制の音楽鑑賞団体）の活動家だったので、私も会員にしてもらい、月一度、生演奏を聴く機会を持つことになった。そこでは、ピアノリサイタル、ヴァイオリンコンサート、交響曲の演奏などが多彩に催された。

いつだったか、サローキナさんというソ連のソプラノ歌手のソロ演奏に出かけた時のことである。彼女は白系ロシア人であり、その端正で優雅そのものの風姿に心奪われつつ、「ヴィリアの歌」という歌唱にうっとりと聴きほれている時のことであった。突然私のからだが燃えるように熱くなったと思ったとたん、ゾクゾクとした戦慄が電流となって私の全身を貫いてきた。殊に、首筋あたりから頭にかけて、灼けるような衝撃が走っていった。一瞬私は金絞りにあったように硬直し、声が出そうになるのを抑えるのに精いっぱいであった。音楽の演奏会場というものはライトダウンしてあるので「助かった！」と思ったが、その後は演奏に熱中するどころか、自分の心身に受けたショックのことばかりを考えていた。多分帰り途の私は、ほとんど口を利くことができなかったのではないかと今でも思っている。

こんな経験は私の人生で初めてのことであり、その後も起っていない。

音楽の芸術性について考える時、私はいつでもこの原体験について思い起こす。絵画や彫刻、陶器などに魅せられる感動とはまたどこかが違う音楽の人間性は、より直接的な働きかけとして私たちに迫り、私たちの心を打つからであろうか。特に、サローキナさんというソリストの肉声歌唱であったという直接性が、私を「戦慄」させてやまなかったのかもしれない。

いずれにせよ、芸術文化との出逢いは、私にとって高校生になってからのことであり、それは私の人生の充実にとってかけがえのない出来ごとであり、契機となった。

芸術文化の諸形式――鑑賞活動と創造活動

ところで、やや理屈っぽくなることをお許しいただきたい。

私は芸術文化の系譜を三つに分けて考えることにしている。

一つは声帯系に属するもので、ことば、音声による文化系である。文学を中心とする活字文化を根幹とし、歌唱を核とする音楽文化の二つに大別されよう。

二つは、手の系列につらなる芸術文化であり、人間が多方面に発達させてきた技術をもそのなかに加えながら、手が制作する絵画、書、彫塑、工芸品などがここには含まれる。

そして、三つ目は、身体を表現の手段とする芸術文化で、舞踊とスポーツがその柱となろう。

もちろん、これら芸術の形式は、それぞれが単独に存在するだけでなく、相互浸透しながら、総合的な芸術の表現様式として豊かになっていく。

音楽一つとっても、人間の手の創作品に他ならない楽器（打楽器、管楽器、弦楽器とその総合）と結びつくことによって、音楽表現はいっそう多彩に発展していくし、音楽と身体表現（ボディランゲージ）を結合することによって、歌劇、ミュージカル、バレエ芸術などが創造的に展開されていく。

また、ことばそのものの表現をより強力にアッピールするために、人間の身体表現と一体化したドラマ、演劇の世界が広がっていくという姿においてである。

そして、これら芸術文化は、私たちの日常生活において、鑑賞活動と創作活動という二つの方向で主体化されていくことが求められる。ことばをかえれば、芸術文化の鑑賞主体としてのあり方と、創作主体としてのあり方がどう日常化されるかということが問われるということになろう。

さてそこで、まず、芸術文化の鑑賞活動についてである。

私は社会教育主事としての活動に従事してから、一つの重点目標として、この鑑賞活動の普及、充実に力を入れることになった。

一九六〇年代の前半が出発点だったから、日本の地方小都市のなかでは、文化行政が独自な分野として確立しているわけでもなく、それは社会教育行政の片すみで細々と息づいている状況であった。

たとえば、よい演劇や音楽活動に住民が生で触れようと思っても、小ホールも中ホールも、もちろん設備の整った大ホールもない。小、中、高校の学校施設についても公民館など社会教育施設と大同小異である。そんな状態のなかでは鑑賞活動といっても限度がある。ようやく近代的設備を備えた文化施設ができたのは昭和四四年一一月であった。市民会館のオープンである。

これは、社会教育施設に該当するものではなく、首長部局に属する一般の公の施設、貸出施設であったため、有料ではあったが、私たちはこれを積極的に活用しようと決心した。行政当局は独自な主催事業を行うだけの予算もスタッフも持っていなかったため、市民の手による自主事業の取り組みに、私たち社会教育のスタッフが中心になって奔走した。

青年団員や婦人会員、ＰＴＡ会員に働きかけ「ホンモノによるナマの舞台や音楽に感動しよう」という活動のまん中にいた私などは、「興行主」「手配師」などと呼ばれつつ、若さにまかせて「売券活動」に駈け回った。

その中でも忘れられないのは、長塚節原作、文化座制作『土』の公演であった。

『土』は私にとっての文化の原点でもあったからいっそう力も入ったのであろう。人口四万一千の水海道市で昼夜三回、二日間の公演に大成功したのであった。この公演成功のために奮闘した青年たちのよろこびもすさまじかったが、演劇『土』への感動とともに、「地域を自分たちの手で組織した」というよろこびに燃えたのである。

山田洋次監督の映画「同胞（はらから）」さながらのドラマがそこにはあった。

こういう活動を積み重ねながら、現在水海道市で活躍している二つの鑑賞団体の存在に私は、心から拍手を送っている。

一つは「水海道市文化を育てる会」の活動であり、もう一つは、市民の約一パーセントを組織する「水海道子ども劇場」の継続である。

これら二つの組織は、市からの補助金、財政援助をまったく受けていない自主団体である。

行政自身も単発には鑑賞活動を主催することはあるが、それは「お仕着せ」の域をでるものではなく、「慈恵的である」とさえいっていいであろう。

ところでいま、「子育てのための文化協同」というテーマを深める実践が社会教育活動のなかで注目を集めているが、その核心に据わる課題の一つは「継続的担い手の成長」であるといっていいであろう。水海道市における二つの鑑賞組織の存在は、市民が主人公になった芸術文化の鑑賞主体形成への見事な営為である。

さらに、創造主体形成への援助もまた、社会教育主事としての私の努力目標の一つであった。

これも多方向での活動を必要とした。

最も手近かな出発点は、俳句会や短歌会の結成援助である。

私はもちろん、手すさびの域を出ないが、作句や作歌の世界には、ほとんど抵抗なく入っていくことができた。

水海道市の文化史を調べてみると、幕末から明治、大正、昭和、戦後史のそれぞれの節目で、作句、作歌活動が盛んであった。

しかし、一九五〇年代後半に入ってから、個々には句作や歌作にいそしんでいる状況は見えつつも、結社等として組織的に継続している姿は立ち消えていた。

残念なことだと思った。私の社会教育活動スタイルの基本は「足でかせぐ」ことであったから、この場合もその原則に従って、句作や歌作を忘れずにいる人たちを訪ねては、思い出話を聞きつつ、「つないでいく」ことに全力をあげた。かくして、文化祭の催事などとあわせて月例会、水海道俳句大会の発足、水海道地方短歌会、常総短歌会という愛好会のグループが再生されていった。

日本画や洋画をよくする人たちもいた。それらの方々には、地域リーダーとして活躍してもらう場を設定し、「日曜画家の会」という名称のサークル結成に力添えをしたりした。

コーラスもそうである。昨年秋、女声、混声合唱団結成二〇周年を迎えたが、今春には「常総の祈りの歌」という創作組曲を発表しようと張り切っている。

このように、個々のケースを取り上げていったら切りのないことであるが、これらの総合として「水海道市文化協会」という文化諸団体の統合組織が誕生し、市民文化祭の主催者として、市民文化創造の母体になってきている。文化問題には「普及と向上」という二側面があり、それらは常に相克しつつ論議も絶えない。しかし、そこに発展のきざしが常に生成する。

スポーツ活動

ここで、スポーツ活動にも一言触れておくことにしよう。

この分野でも、一九六〇年代の後半になっても、社会体育施設の整備——グラウンド、体育館などの設立は皆無であったといってよい。学校教育施設（これさえプアーであった）の開放によって、わずかに社会体育活動の一部が支えられていた。

地域青年団組織の再建（一九六三年）が、ここでも新しい動きの核になっていった。

青年団活動は、多彩な分野で展開されていく。学習活動、社会活動、スポーツ、レクリエーション活動などである。

この際「仲間づくり」にとってスポ・レク活動は不可欠である。新しく取り入れられたフォークダンス、キャンプなどの野外活動とともに、野球チームの結成も進んでいった。その発展のなかで、球場確保がみんなの強い要求になっていった。市に要請し、河川敷のグラウンド、学校統廃合による中学校グラウンドの社会教育施設（校舎改造による宿舎型「青少年の家」整備）への転用などが実現し、社会人野球連盟の結成——とりわけ、審判部の発足がエポックメーキングとなり、社会人野球が隆盛を極めていく。それらと並行して「水海道マラソン大会」の再開、テニス、バレエ《ママ》など、各種競技組織、クラブ（少年、少女組織を含む）が蘇生するなど、社会体育活動も活発となり、時勢と相俟って、社会教育施設のなかでも、社会体育施設の建設、設立が急速に進んでいく。

　ここでも、「文化協会」の発足と同じように「体育協会」の再出発が要となっている。

　「再出発」と記したが、旧水海道町には歴史に誇る「体育協会」が存在し、その語り草として、第一回青獅子杯争奪、実業団対抗野球の全国大会は、水海道町で開催されていた。

　江戸後期以来、豪商の居揃う町であったから、いわゆる「旦那衆の道楽」がその推進力であったが、戦後の混乱期を経て「旦那文化」は陰をひそめ、体育協会も有名無実になっていたわけである。その再スタートが一九七〇年代に入って実現したのである。

　さてさて、高校時代の私の原風景から、とんだところに筆がそれていってしまったが、要するに、社会教育主事として私の原風景のなかに、芸術文化やスポーツ活動の重視といった考え方の土壌が育てられていたことを述べたかったのである。

鉄棒と「アンカー」

　ここでまた、くどいように私事に戻るが、先ほど整理した文化諸形態と私のかかわりについて、少々補足しておきたいと思う。

　私にとって、あえて「創造主体」という固いことばで表現すれば、私はまったく片寄った欠落はなはだしい「創造主体」である。

　わずかに「主体らしきもの」の分野があるとすれば、ことばの文化にかかわる少部分にすぎない。つまり、下手な俳句や短歌をものにする程度である。

　小学校時代から図画・工作の類はまったく苦手。手でものをつくることなど思いも及ばない。

　特に不得手、私の人生で決定的に欠落しているものは、からだの文化系——踊りはいうもおろか、スポーツに親しむということが絶無に近い。

小学生の頃から、からだがひ弱であるというハンディを背負っていたからだろうか。

とりわけ筋力——手足、背筋など——の無さが致命的であったのかもしれない。

私は今になっても、鉄棒と跳び箱のことを思い出すとゾッとする。

鉄棒にはただ意気地なく、ボロ切れのように、いや吊るし切られる鮟鱇のようにというべきか、ぶらさがっているばかりである。どうあがいても、身体が鉄棒のところまで上らないのである。小学校時代、捧で尻をたたく先生がいた。

「痛かっぺよ！」

と、内心のみじめさから一丁前の口応えだけはするが、尻が上らないのだ。

そうすると先生は、私に追い打ちをかけるように、

「シノブは懸垂をしていろ！」という。

これまた歯をくいしばるが、五回もできない。

「アゴまで上げるんだ！」と先生に叱咤されるが、いくらアゴだけを上げてみても鉄棒に届かない。「アゴがあがる」ということばがあるが、私はそちらの方。ただだらしなく「アゴが上ってしまう」のである。

跳び箱に向うと、恐怖と恥しさだけが私を襲う。いつだったか、無我夢中になって挑戦してみた。砂場に着手したのは手や足ではなかった。跳び箱に、ちぢみ上っていたキンタマをぶつけた上、人間にとってもう一つ最も、大事な部分、頭と顔が砂場に先行着手し、きれいでもない砂場の砂をまともにくらうことになった。火花のようなものが散ったのは、痛さのためというより、恥しさのためであったに違いない。すでに男女共学の時代であったから、女の児たちも笑いころげる。日頃威張っていたから「この時」とばかりに彼女たちは溜飲をさげていたのであろう。

こんな体たらくであったから、草野球をしても正位置につけてもらうことなどあろうはずもなく、ドッチボールの練習でさえ、あの狭いコートのなかで逃げ惑うばかりであった。

高校時代に、赤松というクラスメイトが居た。彼は鉄棒の名手だった。鉄棒の下に立つところから見事である。彼はおもむろに鉄棒に向かい、ふわりと鉄棒に飛びついていく。否、いつのまにか風のように鉄棒に吸いこまれていく。そしてゆっくりと鉄棒にからだを寄せていく。懸垂だ。よくみると彼の上腕部にこぶのような筋肉のかたまりが盛り上がっていく。数えていくと、二〇

回、三〇回をすぎてなお、身体が微動だにしない。私には不思議議を超えて感動的だった。

さらに彼は次の動作に移っていく。彼が最も得意とする大車輪だ。グルッ、グルッ、グルッ、グルッと、彼の身体は一直線となって鉄棒のまわりに風を切る。さらに一直線が大きく、細く伸びていく。片手車輪だ。

「どうしてあんなことができるのだろう。」

私はそれだけで無条件に彼を尊敬した。

これまた高校二年生の秋だったが、私は級友たちに一つのお願いをした。その時私は、クラスの委員長という立場だったので、みんなにわがままを許してもらったのである。

「あのう、今度の運動会のクラス対抗リレーにな、俺をアンカーとして使ってくれないだろうか?」

私の日頃の運動能力を知っている級友たちは理由を聞きたがった。

「実は俺、今まで、運動会のテープを一回も切ったことがないんだよ。」

「イヨウ!」と冷やかす者もあったが、「いいだろう!」とみんなは許してくれた。

私は、わがクラスの実力を次のように読んでいたからであった。

中学生時代に、茨城県西大会百米競争で優勝したY君をはじめ、私のクラスには、百米を一二秒前半で走る者が何人も居り、そのメンバーだけが出場すると、他のクラスを圧倒的に引き離すことが目に見えており、勝利が間違ないと判断していたからである。

級友たちは私を除いてベストメンバーを組んでくれ、

「谷貝、まかせときな!」

とクラス対抗レースにのぞんでくれた。

彼らの約束通りであった。とにかく、ぶっちぎりの一位で私にバトンを渡してくれた。

あとは、私が転ばぬことだけである。私は慎重にコーナーをまわり、直線に入ると全力で疾走した。爽快であった。どんどんテープが近づいてくる。ゴールと同時に「ズドン!」という音がした。私はびっくりした。「ズドン!」というのはスタートの合図だとばかり思っていたからである。リレー競争の場合、特別にゴールの際にも鳴らしてくれるのだという。私の感激は倍加した。そして、クラスメイトの友情に深く感謝した。

いま思い出しても心が躍る。後にも先にも、ただ一回だけの経験であり、それも級友たちの演出によって脚光を浴びることができたからであった。

こんな私だからだろうか。わが子たちばかりか、誰に対しても「スポーツのある人生」を勧めるため、ものの本に次のように書いたりする。

「スポーツ・レクリエーションは広く『文化の一形態』と捉えられている。『からだの文化』とされる由縁であり、そこに人生の充実の一つの表現がある。

からだを動かすことによって生理的に解放されていくよろこび。それは心理をも解き放つ。同時にスポーツやレクリエーションは、集団的競技や遊戯であることが多く、人を結びつける。さらに体調を整え体力を増強するなど健康の維持、管理に欠かせない手段でもあり、競技や演技そのものが持つ技術的性格から由来する難易など、体育能力の発展・向上は、人間の達成感を満足させる。

『からだの文化』としてスポーツ、レクリエーションがもつ多様で独自な価値は、近代に入って人権の一部として認識されるようになり、『権利としてのスポーツ』思想が広がっていく。『スポーツ・フォア・オール、スポーツ権』の公的保障を求める要求と運動の発生がここに在る」。

東京の空

もう一度この章の冒頭に戻ることにする。

その文章のなかで、「智恵子」が「東京には空がない」と透観した東京——多分私にはその時、二度目の上京であったと記憶している——東京の空と東京の雑踏にもみくちゃにされてきた故に、田舎の空気の清澄と自然への讃嘆が吐露されている。仲秋から晩秋にかけての最も明るく冴えたお寺で寝起きし、早朝には肌寒さを覚えさせられる身ぶるいのなかで境内の清掃をする生活にあった私は、殊更、空の美しさや空気のうまさ、舞い散ってくる落葉たちへの親しいくつろぎさえ感じていたからなのであろうか。自然そのものとの優しい交感に深々と安堵していく自分を思わずにはいられなかったのであろう。

この、いい知れぬ安らぎと寂しい懐かしさは、折に触れて私のその後の生活、生きかたのなかで確認されていくが、高校時代の日記帳をひもとくと、こんな風景のなかで思索する私のひとときが、稚ない沈潜とともに描かれている。

◇　◇　◇

青春日記その5　三月二〇日（水）晴

「砂山」に行ってみた。全く静かだった。

松風が気持よく響いていた。砂山の砂を半ば浴びた枯芝に寝ころび、まだ小さい、まみどりの松の枝を見上げると、まっさおに澄んだ空を背景とした松の葉が、光をはね返して、まさに生あるものとしてピンと空に向い、空中に生きている。

　この晴ればれとすっきりした感じというものは、どれほど俺を感激させるま《ママ》新しい息吹きを秘めていることよ。不思議なくらいである。

　砂山の地面は、なだらかな起伏を見せながら川岸に延びていく左手と、太い松の木が、ぐんと空に向かって枝を張って隆起する右手とを持っている。その合間に寝ころんでいると、どこか人里離れた、健康な自然のふところに抱かれている心地がして、私は安らぐことができる。静かな生気が充満している砂山。センチでなく、清爽な向上心を沸き起こしてくれる場所。私はここが好きだ。

　そんな思いにひたりながら、今日話をしたAとHとSの三人の友人を思い返していた。

　Sは別として、他の二人の視野の狭さ、排他的独善を感じ、何となく醜く、いやになってしまった。嫌いな人たちではない。とりとめのない三面記事風の話をするのには屈託もなく、疲れを覚えない。しかしすでに、もうそれだけの話題では満足しえない何物かが、俺の心には形成されつつあると思うのだ。ともすれば愚痴や他人の噂話。それも善意なものではない。悪意に満ち満ちたものばかりだとは思わないが、どこに建設的なものを見い出すことができるだろう。

　他人を一個の独立した人格、また、自分をも一つの個性ある人間と考えるということが彼らには何ら意識されていないのだろうか。他人が、あれができる、あれはできない、あれができなくてよかった、できて、くやしかったなどということは己に関係がないことではないのか。全くくだらないことだと思うのだ。彼らは自分を独立したものとして認めえないのだろうか。自分が祝福されたいなら、なぜ、他人をも祝福しえないのだろうか。どんなに嫌いな人間でも、祝福すべきときには祝福すべきだし、祝福できうることではないのだろうか。彼らの、ただ、自分にしがみついた排他精神を見せつけられることは全く悲しいことなのだ。それにまた彼らが見栄坊だということ。俺だって、他人の眼から自由ではありえず、虚偽的になる自分に苦しむ。カッコウはつけたいと思う。しかし少くとも俺はいつもその後で自己嫌悪に悩む。それから逃れよう逃れようと努力をする。しかし彼らを見ていると、そんな見栄から解放されようとせず、すぐ、つらあてとか顔が立たないとか、かえって彼らを泥沼に引きこむようなそんなことが、あたかも主要なことのごとくに問題とされる。優越感だとか劣等感だとかが入り混って、ささいなことのみに飽きもせず、あれやこれやとこねくりまわして、結局わけもなく神経をいらだたせているのだ。ひとりよがりのひとり合点。全くくだらないものだと俺は悲しくなる。俺は今日、いじわるになっているのだろうか。俺自身の苛立ちなのだろうか。シュヴァイツァー流にいえば「黒人化する」ことだろうか。「大きな見地を失い、精神的弾力を無くし、ほとんど黒人と同様に瑣事に固執して言い争うようになるという態度」。この「黒人化」を、このごろ俺はいろいろの場面でつぶさに体験し、心から悲しくなる。そして今の俺に、これに対して勇敢に立ち向うだけの勇気がないことを、ほんとうに悲しく、困ったことだと思う。

あぁ、もうすでに、俺はどこかに入りこんでしまったのか。新しい知性に生きるべきである。強い意志と勇気が欲しい。センチメンタリズムやロマンチシズムと別れることは所詮できないが、せめて自らの精神を他に比較することなく、自分らしくありたい。

◇　◇　◇

「砂山」にて

「砂山」というのは、西風が吹き寄せて造化した鬼怒川畔の河川砂丘の一つであり、現在の下妻市に属するものの通称である。

鬼怒川には、その流れの曲迂する東岸のところどころに、このような河川砂丘が点在し、人々の憩いの場所にもなっていた。夏休みや春秋の休日などには訪れる人も多かったが、平日の日中に来る者などは稀である。

だから私は安心して、学校をサボっては、この「砂山」に出かけていった。物想いにふける恰好の場所であり、誰にも見とがめられない静寂があった。物想いに疲れると、そのまま眠り込む。精神を恢復させるオアシスといってよかった。

雑木林に紛れることも私の大好きなひとときであった。「いしくれ」第三部でも、私は自然について語っているが、それはまだ、小学生時代の自然とのかかわりであり、主として自分の外側の対象（きのこ採りや魚捕り、夕映え、雷雨など）としての自然であった。

しかし物想う思春に至っての自然は、単なる外界としての自然にとどまるものではなく、私の内面に問いかけ、私の内側を抱擁する自然であった。

例えば晩秋、カサコソと雑木林の落葉を踏む。遅秋の雑木林は森閑として明るい。私が歩みを停める。その逡巡に心を添えるように、落葉たちも黙って、私と一緒に音を閉ざす。

「どうしよう?」

私は、私にともなく、落葉たちに語りかけるように私を投げ出してみる。落葉たちは沈黙したまま応えようとしない。私が、それではと、音を立てないように歩を進めようとすると、落葉たちもまた、ひっそりと溜息をもらすように、私の心を覗きこんで、しめやかに私を追う。私が一瞬激情にかられて落葉たちを蹴散らすと、パッと飛びはねて、私の次の挙動を凝《ママ》っとうかがう。遂に私も降参して落葉たちの上に身を投げ伏せると、落葉たちはふわふわのクッションを惜しげもなく提供してくれて、私のすべてをぬくめてくれる。冬ざれに近い落葉たちだって、太陽のエネルギーをいっぱいに吸いこんでいるから、暖かいしとねとなって私をつつんでくれる。

舞い落ちて私にふりかかってくる落葉を待っていると、澄み冴えてガランと晴れた空のまっただなかからひらひらと歌うように、私の胸や顔にまつわってくる。

風もまた、私を慰さめようとする仲間なのか。落葉にたわむれながら、私の頬をなですぎていく。碧空の西の方からは雲が流れてきて、そんな私をいとおしむように通り去っていく。何という静かさだ。何というおだやかさだ。雑木たちにかこまれながら、私は大きく息を吸いこんでは、私をふくらませ、高校になって初めて習い覚えた「空山人を見ず」や「からまつはさびしかりけり」という詩想への理解、共感を豊かにしていく。私の高校時代の、生きるかなしみの原風景の一つである。

二、上京

さて、私の青春時代の風景をもう少し推し進めることにしよう。

私は見事に大学受験を失敗した。いうまでもなく実力不足であり、いささか言い訳けを許していただければ、受験前後の私の心情の一端は「いしくれ」第四部で描いた通りだったからである。初恋にわななくばかりだったのだ。

だから私は「平気」で次のように日記を記す。

◇　◇　◇

青春日記その6　一九五七年三月二四日（日）晴のち曇

東大は落ちた。悲しいかな予想通りだったけれど、全然どうということもない。恬淡たり得るのは一体何故か。といって精神的に強くなった故ではない。まだどうしても受験に切実な自分をぶつけられないからだろうし、受かるなどという野望を持つには、まだまだ真剣味に欠けるからだろうと思う。

◇　◇　◇

それでもいくぶんは自分にいい聞かせでもするのか、次のようにも書き足す。

……しかし、道はけわしいと思う。どれくらい自己を集中できるか。全てはこの一点にかかっているのだろう。不安である。だが、不安だけを思うことはかえって悲劇を生むものになるのではないか。楽観するというわけではないが、結局、結果そのものについて考えることよりも、自分の日頃の経過を信じて、集中することに要諦があるのではないだろうか。不安のみにとらわれるということは、自分の精神活動をいたずらに混乱させ、何の功益をもたらすものではなかろう。建設的な力にはなりえない、愚なものだろう。故にどこまで自己を徹底させうるかに問題の核心がある。見通しとして、これはなかなか困難な課題だ。一体俺は何故物事に専心しえざるや。その根源を徹底的に追求してみる必要があるらしい。官能的なものに魅かれてみたり、好きな人のことをあれこれ思いわずらってみたり、他人の思惑などを考えてしまったり、また、自意識過剰になってみたり、思考の軸に中心がない。俺の運命は、この不可避的に揺れ動いてやまない、心の底にうずくこの欲望、動揺との対決いかんにかかっている。これをどの程度克服できるかが、俺に与えられた最大の試練になるだろう。

浪人ぐらしと「休日閑題」

かくして私は上京し、次兄と一緒に暮らすことになった。

浪人生になったにもかかわらず、私は世間には疎く、予備校の実情をほとんどつかんでいなかった。四月に入ってから予備校さがしをするわけだから、めぼしい予備校に入れるわけがない。著名（？）な予備校には試験があったのだという。仕方なく無試験の予備校に籍を置くことになった。

しかし相変らず身が入らない。小説読みの世界から抜け出せないことが最大のガンであった。午前中は予備校で学んだが、その学校が神田神保町近くにあったことが幸か不幸だったか。私の帰途はつい、神保町の古本屋街に足が向いてしまう。貧乏浪人生だったから新刊書に手が出るはずもなかったが、そこが、さすが東京だ。安くて、何でも買える。新しい読書の世界に引きずりこまれていく。

浪人第一年目は、そんな日々として、あれよ、あれよという間に過ぎていった。

◇　◇　◇

〈休日閑題〉

わが高校の同級生のうち、東大受験にいどんだのは三人だった。誰もが討死をし、共に仲よく浪人暮らしをすることになった。別々の予備校に通っていたが、時には三人集って気晴らし（いく分は相互観察の雰囲気も漂っていたが）をすることにもなる。安酒が入る場合もあった。

そんなある席でA君が語った。

「俺、東京に出てきて、一番魂消《ママ》たこと何だと思う？」

「わかんねえなあ」

「この間電車に乗っていたんだ。ひょいと脇を見たら、女の人が吊皮につかまっている。そうしたら、袖の無い奴を着ていてな。女の人の脇の下を見てしまったんだよ。毛がはえてんだよなあ。俺、ドキドキしてしまって……。何が何だかわからなくなってしまった。女の人にも毛がはえてるなどと、思ってもみなかったもの。下の方にもはえてんだっぺか？」

「そりゃあ、決っているよ。毛がはえていなくちゃあ、おとなとこどもの区別がつかねえじゃねえかよ！」

三人のうち一番物知りのO君がいった。

「おめえ、見たことあんのか？」

「いやあ、そりゃあわかんねえけど、たしか、おふくろのあそこにゃあ、毛がはえてたよなあ」

私は傍らで、ただニヤニヤ聞くばかりであった。

他愛のない話である。

A君は医者の息子だったから、もじっていえば「深奥《ママ》のお坊ちゃん」だったのだろう。

「女の人にも毛がはえている！」という発見は相当の打撃だったらしい。

その当時は今日と違って、ヘアーだの裏ビデオだのという物騒な話題やメディアなど、無縁な時代だったから、性的な知識など入りこむスキマもなかったのだろうか。

私だってよく考えてみれば、女の人の「恥毛」（こんな言葉すら知らなかった！）の存在など、見たわけでも、ましてや、さわったことなど断じてなかったわけだから、三人とも幼稚極まりないレベルで、さりながら「女性（にょしょう）」について、あれやこれや大いに話題が盛り上って、時間の経つのも忘れていた。

◇　◇　◇

こんな調子だったから、私たち親友三人はふたたび東大受験に失敗した。

私の場合、著名予備校の午前の部に入ったが、これまた「孟母三遷」風に捉えれば「シマッタ」というべきだったのかもしれない。

午前中を予備校ですごし、午後には「図書館で猛勉をする」予定であった。ところがその図書館こそ、現在の迎賓館、当時の国会図書館の赤坂分館であった。

受験浪人は歓迎される筈もなかったが、誰もが厚かましく席取りをし、受験勉強に励む。

しかし私の眼とこころは、つい、書架をにらんでいる。そこはまさに「知の宝庫」であり、神田神保町では手も出ない文学全集等がずらりと並び、手に取ってくれることを促しているかのように誘惑するのである。私はその魅惑に逆らうことができず、小説読みという「悪癖」のなかにはまりこんでいった。今でも忘れられないのは「ヘルマン・ヘッセ全集」を全巻読み通したことである。

後年私は、公共図書館長という職を約一五年間務めることになるが、この時の経験は実に貴重であった。しかし、その当時の私は、それではいけなかったのだ。ただ一心不乱に、東大入学に向って馬車馬のように驀進していることだけを要求されていたのだ。しかし私の性情のぐうたらもまた、しぶといブレーキとなって私を切り裂いてやまない。

これら矛盾に満ちた日々を、私は前著『やさしさとは何か』で次のように描いている。

打ち据えられた「あの日」

そのころの私は、受験浪人という最も不安定な身分にあったが、大学入試のための勉強には身が入らずに、初めて出てきた東京の下宿で、ごろごろ小説などを読みあさるばかりの、閉ざされた孤独を息づいていた。

そんなある日、私は次のように自分を叱咤する。

「……過去への執着を絶つことだ。そして、観念的な妄想から自分を解放することだ。手をこまねいているようなことは絶対さけるべきだ。無知でも、無分別でも、向こう見ずでも何でもいい。やってみることだ。

自分の無知をおそれるほど聡明な男ではない。たとえ聡明だったにせよ、インテリや冷やかな知性の持主であることが一体何になる。……」

そしてあくる日は次のように打ちのめされる。

「……全てがいやになった。寝るばかりだ。どうしてこんなに怠け者なのか。どうしようもなくなってしまった。しかし痛切ではない。ただぼんやり、何もしたくないだけ。考えるのもめんどうくさい。寒そうだから布団にもぐりこむだけだ。頭がさっぱりしない。何かむずむずする。不快なうずきだ」

そして一か月がすぎても、次のような振幅で揺れ動く。

「……あらゆるものに対する執着だ。執着することだ。欲望だ。その奔放な露呈だ。……」

「……あまりにも安逸に暮らしている自分がいやになってしまう。どうしてこうなのか。まったく、どうしたらいいのだろう。

今年こそはと思っているのに、大学に入れるか入れないかは別の問題として、今年こそ充実した一日を、生きがいのある一日をより多くしたいと思っているのに、すでに一月も半ばすぎようとしている。

勉強するのがいやなのか。どうして苦しむことをいとおうとするのか。こんな毎日では、まったく腐敗するばかりだ。なまけ根性。どうして張りつめた、キリリとした態度で生きられないのだろう。すべてに、まったくいいかげんに暮らしすぎている自分が、本当に恥ずかしく、なさけない。どうして実行できないのだろう。いつもこんなことを考えているばかりで、一日として進まない。遅遅《ママ》として進んでいかない。……」。

こんな日日に、どれほど自分を憔悴させたことだろうか。

そしてあの日を迎える。

その朝も私は、予備校に出そびれ、布団のなかで良からず《ママ》にぐずぐずしていた。ひ弱かった私は、三、四日勉強に熱中すると、すぐ熱を出す癖が直りきれずにいた。その日の自己弁護も、身体の熱っぽさのなかにあった。「ああ、そろそろ帰ってくる時間だなあ」と思いながらも、起き上ろうとせず、うとうと甘えた気持ちのままに日を閉じてしまった。

突然、「どうしたんだ！」という声が耳に入ってきた。驚いて見上げると、仁王のような眼が私を見すえている。一瞬、「しまった！」という叫びが心を走ったが、後の祭りであった。

私が、「熱、あるんだもん」というやいなや、私の頭は、枕ごと吹っとび、布団は引きはがされていた。

「ばかやろう！　てめえ、ぴったるんでっから風邪なんかひくんだ。おらあ、てめえのやってる勉強なんかわかんねえが、てめえがぴったるんでんのだけはわかっている。甘ったれんじゃねえ、このやろう！」――次兄だった。

その後の言葉や事態をよく覚えてはいない。しかし、兄貴の一言は私の臓腑をつんざき、私のなかのどろどろしたものを粉みじんにした。打ち据えられる者はもちろん泣き、打ち据える者の眼も光った。

兄貴は夜勤の労働者であった。今でもスポーツマンである兄貴は、「体育大学にでも入って、学校の先生にでもなるんだったなあ」ともらすこともあるが、「俺は勉強は好きじゃねえ」といって、高校三年の一二月から上京し、働いていたのである。

長兄である兄も大学進学を断念し、あととりとして父や母と田舎で暮らさなければならない事情等を察知し、末弟である私の夢を、兄弟を代表する夢としてかなえさせてやりたいと考えていたのであった。

そんな兄貴たちの心が響くときには、さすがの私も、早朝、予備校に出かける前に、部屋を掃除し、布団を敷きなおし、貧しいながら湯茶の用意もしておいたりして、兄貴がいつ戻ってきても、清潔にくつろぎ、やすめるような気づかいもしておくのであったが、自分一人への思いのめりの身勝手さが、兄貴をどんなに悲しませてしまったことか――私は、自分の涙のなかに無数のものが流れていくのを感じた。

まさにこの思い出こそ、今なお私の心を引き締めてやまない、兄貴の、きびしい愛のむちにほかならなかったのである。

こんな励ましもあって、私はその後の浪人の日日を、どうにかもちこたえることができたのであった。

ともあれ浪人生活を総括すると、人間には耐えがたく、乗りこえがたい失意の日々があるということ――それをどうくぐりぬけていくのか、水にたとえれば、陽の目を見ない地下水の日々があるということ、地下水としての日々のなかで、何を洗い流し、大地の奥底から何を付加されて、ふたたび地上水としてたぎり出ずるのかということ――私はふと人間を観察するとき、こんな思いで推し量っている自分を感じることがある。

だから今でも、自分が「二浪」も重ねたという負い日のようなものをぬぐい切れないところもないわけではないが、「よく、くぐりぬけてきたものだ」という自己へのいとおしさ――今日の名言でいえば「自分で自分をほめてあげたい」気持もあるといっていいのかもしれず、有森さんのことばが、至言として、私たち誰ものこころを打ってやまない由縁のものも、私たち庶民一人ひとりが、有森さんの言葉に共鳴、共感する何かを持っているからに他ならないとも考えるのである。

入試合格――世の中との出逢いへ

私はともかくにも浪人生活にピリオドを打つことができた。

以下の文章も私の別著（『やさしさとは何か』）からの抜粋である。

◇　◇　◇

しかし、私の、生きることへの模索はなおも続く。大学に入ってからも、日記帳に、次のように記さずにはいられなかったからである。

「……どうしたらいいのか。将来を考えると不安になってくる。なぜ生きているのかわからないというようなことはないのだが、どうやって生きたらいいのか、わからなくなってしまう。

淋しさ
淋しさ
ひとのまっただ中にあって
淋しさ
苦しさ
苦しさ
自らを苦しめられない
苦しさ

もう思いきって、今までみたいな生活から飛び出さなくちゃならないのかもしれない。

自分が観念的になるばかりで、どうしようない。行動的になるべきだという気がしきりにする。……」

「……久しぶりで清々しい気分だ。目は冴え、頭もどうやら冴えている。何をつかむのでもなく、だらだらと毎日がすぎてしまう焦りの思いをどうしたらいいのか。不安でたまらない。どうして自信をもって行動できないのかと苦しい。

自分をつきつめられない苦しさ、一生こんなものにつきまとわれねばならぬような非人間的気持ちは、どうしたって避けなくちゃならないと思うのだけれど、まだ出口を見出せない。どうやら出口は見えているのだが、腰を上げられない。切実さの欠如だろうか。腰を上げずとも、どうやら忘れていればすごしていける故からの、ものぐさのしわざなのだろうか。

毎日が明日を頼んで生きている
明日を頼めば、今日の日はなぐさめられる
今日の日がなぐさめられれば、その日は暮らしていける
明日になれば、
今日の日とはどこで結びついているのか
わからない明日になれば
ぽっと良いことが
どっかから沸いてくるような
夢みたいな日を待っている
そんな
空《そら》だのみの毎日……」

『吶喊《とっかん》』『どん底』そして三池、安保

しかし様相は徐々に変わってきていた。

私の関心が、内なるものへの傾きを抜けだすいくつかの徴候を示しはじめたからである。その時、私の二十歳の青春は、一九六〇年の春にさしかかっていた。


この年は、いうまでもなく日本の戦後史のなかで特筆すべき年となった。

青春が、歴史的、社会的に形成されると考える私の思想は、この年確立したといっていい。私自身が一九六〇年という歴史の洗礼を受けて、急速に、私自身のなかに眠りこんでいた、社会的動物、社会的存在としての本性を明らかにしていったからである。この年私は、生まれ変わるかのように自己をあらわしていく。

「……久しぶりで息苦しい、本物の本を読んだ。あえがずにはいられない苦しさ。こういう本をさがしていた。

魯迅の『吶喊』。

しめつけられるような胸苦しさ。ためいき。……」

「……ゆうべはすっかり酔っぱらって、薄っぺらなことをしゃべった。現実にはむかうと、何とひ弱な人間なんだろう。

ゴーリキーの『どん底』を見た。どう判断したらいいのか、迷う。

あの芝居にうなずき、ひきこまれ、笑いさざめく単なる観客でいいものかどうか。もっと自分に身近くひきずりこんだ、生々しい現実力となしえないものだろうか。

そういう視点で、あのエネルギーを自分につないでいくことができぬものかと考えるのだが、どうしようもない。

批評家ではありえない。また、批評家である必要もないわれわれには、どこまでも主体的判断きりいらないのだから、現実の人間劇の深部に迫りうるメスがほしい。……」

「……三井三池の炭鉱労働者の話を聞いた。信じられない事実だ。あの人たちの闘いはとても思い及ばない。社会的不正というものが、これほど悪辣《あくらつ》なものなのか。とうてい思い至れるところではない。

笑い声も、いや、笑みの表情すら出せない会場の雰囲気。淡々とは語るが、言葉の真実性があんなにひしひしと迫ってくるような時など、われわれの今の生活にあるだろうか。われわれはすぐさま、言葉の問題なんかに本質を転化してしまいながら言葉の遊戯にふけっていたのではないだろうか。

もし彼らの語ったことが真実だとしたら、われわれの生き方など何と浮薄なことだろう。根本的に修正、反省の必要がある。……」

「……驚くべき速さで日日がすぎ行く。てんてこ舞いの忙しさだ。だが、充実感に似たもの、近きものを感じているのだ。

ここしばらく、いや、数年にわたってといっていいだろう。あれほどまでに悩まされていた怠惰な心のうずきなど、ほとんど、いや思い起こせないほど皆無だといっていい。喜んでいいことなのか。ただ忙しさにまぎれて、それが潜在しているにすぎないともいいうるだろうから、何とも断を下しえないが痛快だ。これを本物に、そしてもっともっと自らを鮮明にした生き方を確立していこう。……」

「……一か月ほどごぶさたしている間、どんな驚くべきことがあったか、こういう断章的な日記ではほとんど役に立たない。

政治のからくりが、その虚偽のしくみが、これほど露《あらわ》に、何の恥じらいもみせずに暴露している事実の前に、いったいどうしたらいいのだろうか。しみじみと心からの悲しみにくもらされる。そして、腹からの憤りのやり場をしらない。

怒りが、憎しみが、ものすごい速度で、絶望の奈落に舞い落ちていくようなアナーキーな心情に時折り痛みながら、非情な虚構に対して、体制内的な反撃きり加えられないはがゆさに、耐えがたい、耐えがたい。

そして、更に苦しみを深める不信のうずまき。政治的現実を前にした憎むべき運動の混迷。錯綜する人間の醜い憎悪の葛藤。荒みただれいく見さかいのない闘争は地獄の泥沼に落ちて行け。

よく身体がもっていると不思議になる。日本の民主主義というものの姿を知りえた。形があって実があるなどというのはまっかな嘘だ。実がある時、そういう形をとるだけなのだ。当り前のことを知った。

それにしても、驚くべき左翼とハタととまどうプチブル性との奇妙な野合――所詮は政治的ヴェールをまとったデカダンスの一種にすぎない」。

◇　◇　◇

大学生になり、いささか、気張っていたのかもしれない。この過程は、私が「自分さがし」の時代から「世の中との出逢い」を求めるに至るプロセスの一部を物語るものである。

この点については、もう少し詳細に分析しなければならないところであり「いしくれ」第六部の主要な内容になっていくと思うので、稿を改めさせていただくことにしたい。

第四章 「いしくれ」第六部

一、大学入学以前

はじめに

さて、「いしくれ」第四・五部は、思春期に入った私の「自分さがし」を追いかけるものとなった。

自我の分裂――自分のなかの二人の自分、分裂している自分に気づき始めた葛藤――まだるっこい自分にいらだち、男や女である他人への傾倒、つまづき――今日的表現をすれば、アイデンティティ（自己容認）の確立ができず、闇雲に自分に突き当り、突き立っていき、心身徒労困憊さえしつつ、さりながら自分を突き離せず、自分に執着する。今思えばいとおしいまでに懐しく、いじましい日々だったと、胸を熱くする。

こんな私にも転機が訪れる。それは、私のなかでの「社会性」への目覚めである。私のなかで胚芽としてくぐもっていたものが、主として時代という光に照らし出されて育っていくことになったのだろう。

「人という字がすでに支えあうかたちで成り立ってい る。まして、人間という文字に託して考えれば、人間とは人の間、人と人との間柄（関係）のなかで、真の人間になっていく」——こんな言葉を知ったのはいつのことだったのだろうか。「知った」というより、この言葉に「ハッ」とするおどろきを感知した私のなかでの変化はどのようにして育ってきたのだろうか。

「そうか。自分のなかだけでのたうちまわっているだけでは、出口は見つからない。他者とのかかわりか。人間は社会的に存在し、社会的に生きることに気づいたとき、たこ壺のような世界から抜け出せるのか！」

「世の中とのであい」といいかえていいのかもしれない。

自分さがし——自己を発見しようとする悩みと並行して、世の中とのであい——自分の思春、青春をとりまく客観世界がいやおうなしに怒涛のように私の世界に打ち寄せはじめ、私はその波頭にさらされて浸蝕を受け、新しい世界との出逢いのなかに引き込まれていく——このようなプロセス——私のなかでの、「社会、世の中とのであい」について、今回は描いていくことにしよう。

ところでこの際、私の問題の立て方、原風景への回顧は次のような出発点にさかのぼっていく。

烙印

よくよく考えてみるに、と書き出そうとしたが、よくよく考えてみなくとも、私のものの考え方や生き方の根底に、社会的に生きる——ものごとやできごとを世の中との関連でとらえ、考え、行動する習癖が性（さが）になっていることを痛感する。いわゆる「ノンポリ」では生きられない——ラジカルにポリティーク（政治的）な生き方をしているわけではないが、ものごとをポリティークに把握しないと不安であり、本質をつかみそこねると考える性癖とでもいったらいいだろうか。端的にいえば「政治的観点がないのは魂がないのに等しい」と喝破した毛沢東の言葉に電撃的なショックを受けた青春を持つ世代だからであろうか。「政治的観点」という言葉を「社会的観点」という言葉で置き換えてみればわかりやすいといえるかもしれない。

するとこうなる。

◇　◇　◇

「社会的観点がないのはふぐりがないのに等しい」、と。

さて思うに、私は「いしくれ」第一部で触れたように、いわゆる「肺病たかり」の家に生れたという宿命に烙印されており、そのいたみが私の胸中深くに氷塊のようなものとして溶けずにあり、その痛恨が私をして「社会的ひがみ」を噴出させずにはおかない原体験を生みだすことになっているのかもしれない。

これはいまさらあげつらっても仕方のないことであるが、「肺病たかり」の家に生れた子どもは文字通りキリキリと胸を痛めずにはおかない経験を重ねつつ育ってこなければならなかった。この点につき、読者の皆さんの深甚なるご賢察を賜わりたいところである。

おまけにわが家を「アカの家」と称するおとな（わけのわからぬ子どもらまで）もいる始末である。私の小さなこころはさらに傷つかざるをえない。

さて、それはいずれにせよ、私における「社会的観点の形成」土壌は、私の家のなか、私の父母や祖父母、父祖たちの生き方にかかわってはぐくまれてきたのであろうことはまぎれのないところである。

小学校時代を回想しても、私の家はよく「もめごと」の解決を持ちこまれる家であった。

「本宅のおじさん、どうしたらよがっぺ」――さしずめ今でいえば子どもの不登校であったり、大人たちの別れ話のもつれ、借金取り立てへの対処等々、もろもろの相談事だったのだろうが、たとえば次のような話となる。

わが家の分家のおじぼ（長男でなく二、三男のことを称する）の一人に孝三さんという男がいた。終戦間もない頃で、三〇歳前半の年令には達していたであろう。

この孝三さんは除隊後結婚し、行商のようななりわいでくらしを立てていた。

どこからか何かを仕入れて来ては、女房と二人で商って歩くのである。縁日などになると、孝三さんの無口で小柄なからだと女房いちさんのキビキビした甲斐々しい姿を目にすることができ、そんな日は、子ども目当ての商品も並び、気前のいい若女房いちさんから「あらあら、本宅のしのぶさん。これ持ってきな」と、ワタアメやたこ焼きをもらうことなどもあった。私の家では買い食いなど絶対に許されないことであったから、私が戸惑っていると「鬼おじさんには内緒にしておくから、ほらほら」といちさんは、片眼をつぶって私に押しつける。囲りで他の子どもたちは羨やましそうに見ているし、私も本心では欲しいのだ。

「（お父ちゃんには知らんぷりしていよう）」と私もついおいちさんの好意にこたえてしまう。

そんな何ケ月かが過ぎたあと、しおたれて、泣き濡れたおいちさんの姿がわが家にある。

「お父ちゃんは？」と見ると、苦虫をかみつぶしたような顔をして腕を組んでおり、母は「ほら、また始まった」とばかりに、お茶をすすめたり、おいちさんを慰さめたりしている。

「孝三もこれで二度目だ。今回は勘弁しねえ。孝三の将来も考えて、おいちには悪いと思いながら我慢してもらったが、今度はおいち、出ていけ！　あの男は眼がさめねえ！」

おいちさんは「出ていけ（別れろ）！」という言葉にギクリと肩をふるわせたようだったが、じっとしなだれている。

いきさつは次のようである。

孝三さんは商いで金が溜まると「トンヅラ」をする癖を持っているのである。しかも悪いことにスッカラカンになるまで女郎屋や料亭に居続ける。現場に踏みこんだ分家の親父や弟たちの話によると、それは豪勢であったり、ベロベロであったり、普段のおとなしい孝三さん（一部では仏の孝三さんといわれたりしたらしい）からは想像もつかない有様だという。

「孝三の野郎、今度もまた下妻だろう！」

父は大方の見当をつけたらしい。

結局孝三さんは「居続け」も金の切れ目には勝てず、すったもんだのあげく、おいちさんとまた一から商いを始める。「よりをもどす」のだが、こんな相談ごと一つひとつに父も母も他人（ひと）ごとながら、他人ごとならず心痛して惜しまなかった。

「お父ちゃん、身体、大丈夫だろうか…」

「お母ちゃん、少しは休めばいいのに…」

「いつもは煙たがって寄りつかないのに、どうしてあのおじさんが来ているのだろう…？」

私はこんな気持にさえなって、私心を超えてあれこれ奔走する父母たちを気遣わずにはいられなかった。

ある時父がつぶやいた。

「谷貝の家はしようがないんだ」。

「（どうしてしようがないの？）」――私の内心の疑問である。

「（谷貝の家って、何だろう？）」――と疑問は広がっていく。

「（どうも、谷貝の家に根があるらしい）」。

これについてはまず、祖父彦一郎について描いてみなければならないだろう。

「田一歩無くて……」

小学校の六年生の時だったろうか。ある友人の家に遊びに行った時のことであった。

友人の家の柱に板書された俳句が懸けられており、その俳句の下に「一渓」という文字が書きこまれていた。子どもごころにも「一渓」という雅号が祖父彦一郎のものであることを知っていた私は、句意そのものは不明のまま「おじいさんが書いたのだろうか」と不思議に眺めたのであった。

帰宅後、父の機嫌もよさそうだったので、

「お父ちゃん、石川の家に俳句を書いた板がかかっていたんだけど、おじいさんの俳句らしかったの、意味がわかんなくて……」

「どんな俳句だった?」

「田一歩無くて二百十日哉」

父はちょっと考えていたが、私に次のような話をしてくれた。

「俳句の意味は（谷貝の家には）田一歩――田んぼ一枚無くなってしまったが（台風の来る）二百十日前後を迎えると、稲作への被害が出はしまいかと心が騒いで仕方がないというような意味なんだよ。

おじいさんがどうしてそんなに気をもむのか、それはねえ、石川の家のあるあのあたりの田んぼ――約八〇〇町歩あるんだけど、おじいさんが中心になって拓いた田んぼなんだよ。関本の町には田んぼが少なくみんな苦労、貧乏をしていた。何とか田んぼを広げられないか？あのあたりはもともと鬼怒川の氾濫原でありながら、江戸時代に鬼怒川の川筋を削って掘り下げてしまったので水が廻ってこない。そのため田んぼとして使えなくなってしまった。何とか水を引くことができないだろうか？そうすれば田んぼとしてまた、使えるようになる。おじいさんたちはそう考え、田んぼを作る工夫と運動を起こした。耕地整理というんだけど、そのためには時間も金も莫大にかかる。しかしそれをやりとげ実現した。谷貝の家も本来は百姓であり、江戸時代は名主といって、百姓みんなの代表として、あれこれ苦労をしてきてねえ。学問のある家でもあった。六〇〇年ぐらい前にさかのぼれば「さむらい」、小さな城の主でもあったという。今でも筑波山の麓に谷貝村（現真壁町）という村があり、そこには谷貝廃城という城跡も残っている。室町時代の前に南北朝という時代があり、日本は二人の天皇を立てて争う時代であった。その時谷貝城は南朝の側に立って闘い、北朝方に敗れてしまったんだよ。その結果、わが家の先祖は谷貝村から関本町の桜塚というところに落ちのびてきて、そこを拓いて土着することになった。谷貝という姓はほとんど桜塚にあるだろう？　谷貝の家、わが家だけが仲町にある。それはねえ、おじいさんが耕地整理事業に全財産を投げ出して、田んぼ一枚無い家になってしまい、家、屋敷まで売り払って、仲町に引っ越してきたというわけだ。お父ちゃんは桜塚の家で生れた。しかし、その後、お父ちゃんも病気になってしまい、どうすることもできずに貧乏しているが、貧しくなってしまったとはいえ、彦一郎爺さんとしては、手塩にかけた耕地整理田の稲刈り前になると、二百十日を中心とする台風の被害に逢いはしまいかと、心が騒ぐというような意味で、ああいう俳句を作ったんだろうねえ……。」

そういえば肥土（あくと、地名）の友だちを訪ねたとき

「お前（めえ）、どこの子どもだ」と聞かれ、「仲町の谷貝の子どもだ」と答えたら、「彦一郎じいさんの孫か？」と尋ね返され、「この辺の百姓は彦一郎じいさんに足を向けちゃあ寝られねえんだよ」といわれたことがあった。

「（どうしてだろう？）」と気にもとめなかったが、「（彦一郎じいさんという人はそういう人だったのか）」。

私は父の話を聞き、何となく「谷貝の家の人間は仕方がないんだ！」という意味の一端が解きほぐれされたような気持になった。

ただここで、一つお断りしておきたい点は、私には決して「谷貝の家の人間」ということを、特別視しようなどという魂胆はまったくないということである。

「谷貝の家の人間」ということで、他人とは「育ちが違う」とか優越感を持つとか、ましてや、他人を差別したり、蔑視したりする理由や根拠にしようとか、露ほども考えたりするわけでないことをご承知いただきたいと思う。これについては次の文章を一読していただくことで得心してもらえるかもしれない。

「いのちをもらう」

さて、ややキザないい様になるが、「社会的に生きる」ということを単純化して「みんなのために生きる」「みんなとともに生きる」と置きかえてみると、多分「みんなのために、みんなとともに生きた」のに違いない彦一郎じいさんの話の核心を、私は燠火《おきび》のようにこころのどこかに宿して育つことになったのだろう。

そこでこれを一般化して、二つの面から解明することにしてみたい。

一つは「いのちをもらう」ということである。「いのちのつながり」への着目といっていいかもしれない。

今日の人間の育ち（巣起ち）、自己形成にかかわって、主として子どもたちは多くの人たちから、血の通っ

た、ぬくみのあるいのちの知恵、生きる力をもらうことがむずかしくなっているところに自立の弱さが指摘されなければならないのだろうと私は思う。親から子へ、祖父から孫へ、あるいはもっと時間、世代をさかのぼった父祖たちの話のなかから、人間が生きるということはどういうことなのか、この家の人たちはどう生きてきたのかという物語を伝えられて育つということが少なくなってきているところに、子どもたちの発達要件の欠落が生じていると捉えてもいいのだろう。

卑近な例でいえば、どこの家庭でも大なり小なりの違いはあれ、その家庭（の歴史）にとって誇るにたるべきもの、抜きさしならない生活智のようなものが伝承されているといっていいのであろうと思料する。そして私たちの人格形成はそこに一つの、育ちの土台を据えることとなる。

「わが家のひいじいさんはな、それこそ力持ちで、村内で誰にも引けはとらなかったという。昔の若い者（もん）は、遊び道具などに恵まれていなかったから、やたらと重いものをかついだりして力比べをしていたわけだ。『力石』と呼ばれる石がどの村にもあって、二〇貫、三〇貫、五〇貫（約一九〇ｋｇ）近いものまで転がっていた。しかも持ちにくいように丸い、すべすべした川石などを見つけてきては、転がしたり、かついだりして遊んでいた。ひいじいさんは自分の村だけでは力比べにおさまりきれず、近くの村々を廻っては力自慢に挑戦し、まず敗けなかったという。六〇貫の石を差したというんだからな！」――話が伝わるなかで、あれこれと誇張、着色されたりしたであろうが、こんな話を親や年寄りから聞いた孫たちは、興奮して頭を上げ、背筋を伸ばして、腕を撫したに違いない。

「わが家のばあさんは、今でこそ腰は曲ってしまったが、田植え上手なばあさんでな。娘の頃からあっちの家、こっちの家に呼ばれて引っぱりだこだったんだよ。何しろ、娘一人前が五畝（五アール）植え（苗を取り、田植えする一日当りの面積）だったというのに八畝も植えたっていうんだから、どんなに手早やで、どれほど器用だったんだろうね。おばあさんがわが家に嫁いできた時にゃあ、おじいさんはみんなから羨やましがられて鼻たかだかだったんだとさ。昔は、嫁というものは何しろ子どもを産む働き手だったんだからねえ」――えてして自慢話になりかねないこれらの話は「ああ、またか」と敬遠されることもしばしばである。

だからこそ私たちの父祖は、それを誰にも納得できる昔話や民話として結晶させ、語り伝えることにしたのであろう。そこには民衆の底抜けの明るさがあり、しぶとさがあり、笑いころげずにはいられない奇抜、奇想天外な想像力が展開され、摩訶不思議な知恵の湧出、爆発が示されていく。

それが今、どう伝えられなくなり、何に置きかえられ、最近のニュースでいえば、ポケモンなどを生み出す仕掛け、キャラクターに痴（こ）け脅されているわけである。

親や父祖たちからもらういのち、生きる力を経（たて）糸のいのちであると考えれば、実はもう一つ、緯（よこ）糸からもらういのち、生命力にもふれておくことが必要なのであろう。

それを私は「地域に生きる人びとからもらういのち」だと考えている。「いしくれ」第三部で「地域とは何であったのか」という点に光をあてて考察してみたが、地域を織りなす自然、風土、歴史、文化、そこに生きる人びとのくらし（生活と労働）のなかから私たちは、それぞれが生きる豊かな知恵や感性、社会的ルールを学びつつ自らを確かな存在に高めることができるというのが、私の立論であった。鍛冶屋の親方や下駄屋のおじさん、養蚕農家のおばさんたちの所業に触れつつ記述してみたが、あの項ではふれることのできなかった次のような風景もまた、私のまぶたにくっきりと刻まれ、私のものの見方に深い影響を与えるものとなった。

それは、地域のくらしに欠くことのできない葬祭にまつわる風景である。

また私事になることをお許しいただきたい。

隣近所で葬式ができると、いや、しばしば、隣近所を越えて葬儀が営まれると、私の父はいつも帳場に座っていた。見ると、日頃の父親には感じることのできない立ち居、振るまいで、テキパキと帳場を仕切っていた。

「本宅の父ちゃんに帳場をまかせときゃあ、枕天井よ。ビタ一文狂わねえし、香でん帳も毛筋一本間違うことはねえ」。

これが通り相場だったという。

お寺との交渉にしても、わが家は代々壇家総代の家筋だったし、「お寺は坊主のものではなくて壇家のものだ」という筋論だったので、いざという時には壇家の人たちからも信頼され、もののけじめにうるさい父であった。

そんな潔癖が時には誤解され、敬遠、けむたがられたが、父は一向、意に介する風はなかった。

また、町内で祭礼などが始まると、父は行事（祭典委員）として御輿の前に立ったり、後に着いたりして同行した。体調の悪い時には祭典事務所の奥に居並び、気むずかしい顔でタバコ盆をたたいたり、茶碗酒を手にしたりしていた。

葬祭などにかかわって、こういう父を見るのを私は好きだったし、何となく誇らしい気持になるのであった。病弱のため職業につくことができず、昼間から奥座敷に伏せり、読書にふけっている父への気遣いに、私たち兄弟、姉妹は、父にあまり近寄らず、父の前でひっそりしていることが多かったから、日常とは違う場面で、父の存在感というのだろうか。父の挙措の変貌に、喜びを隠しきれない安らぎを持ったのだろう。

いのちを、このような経糸と緯糸の交叉のなかで「もらって生きる」こと――私はしみじみと少年時代を回顧しつつ、人間形成の土壌、土台として了解（りょうげ）せずにはいられないのである。

「草分け」の系譜

これをさらに押し広げ考えてみると、私は次のような事実にも注目したいのである。

つまりもう一つの視点――「草分け」への思いである。

むらを歩くとよく「あの家はこのあたりの草分けの家でな」という話にであうことがある。そう呼ばれる家は、今なお豪壮な屋敷を構える家であったり、わずかに「井戸塀」だけに往時の面影を残している家であったり、まったくどこにもよすがを偲ぶ余地なく零落してしまっている家であったりさまざまである。

しかし、草分けを語る人びとの表情の奥には往々にして、その草分け家への尊崇の念をにじませているあたたかさが見られることが多い。

天皇家や貴族、大寺社のひしめく京の地から見れば、東国、関東はみちのくへの入り口の地であり、せいぜい坂東武者たちの跋扈、跳梁の地として眉をひそめさせる辺地であったかもしれない。

しかし、それら東国のあらえびすにつらなって関東の荒蕪地は、一〇〇〇年の歳月を閲しつつ農地、田畑として拓かれ、定住の郷村を形成してきた歴史を持つ。その際、一鍬一鍬に渾身、懇切の力を込めて大地を切り拓いてきた者、井戸掘人たちは誰であったのか。戦国時代の領国経営、江戸の幕藩体制のなかでさえ、地下人（じげびと）――土着してきた者たちの「内部リーダー」の協力なしには、権力上層のアメとムチだけで事が治まりえなかったと考えるのが歴史の真実に立つ理解であろう。歴史を皮相に看過する蒙は啓かれねばならない。

そして、すぐれた「内部リーダー」こそが草分けと称せられるにふさわしい知徳の持主であり、みんなの信頼をかちえていた者たちである。草分けだからといって「みんな」の上に立つわけでなく、草分けだからこそ、みんなと苦楽、苦節をともにしつつ、知恵を集め、知恵をたばねて事の成就に献身する。その連綿とした試練に耐えて「草分け」は「草分け」としての尊崇を保持しえるのだと痛感するのである。

場合によってそれは「長老たち」であることもあったであろう。

そして時としては、草分けや長老たちは支配層の意志に蹂躙され、屈服させられる悲劇にも逢着したであろう。しかし歴史は物語り、人びとは語り継いでいく。たとえば有名、無名の義挙、義人たちの存在について……。

いささか記述がオーバーになってきたようである。

草分け論にもどれば、草分けの思想、思いとして、私たちの幼い原風景のなかで、人はどう生きるのか、みんなのために、みんなとともに生きてこそ、人はみんなから信頼され、生きるにふさわしい自分を確立していくことができるのだという価値意識をはぐくんできたのであろう。

草分けを、新治（にいばり）、墾道（はりみち）の人々、開拓者、フロンティアのリーダーと捉えていいのかもしれない。フロンティア・スピリッツはアメリカ西部開拓者だけの特許ではない。

風見章政談演説会

さて話を進めよう。

言葉を変えれば、私の中での社会的矛盾への最初の自覚的覚醒は、次の風景によって強烈に印象づけられる。

それは、風見章政談演説会への参加であった。政治家風見章は茨城県水海道町（現水海道市）出身であり、戦後は公職追放の立場にあった。追放解除後の衆議院議員選挙に茨城県第三区（結城、真壁、猿島、筑波郡市）から再出馬したのが昭和二八年の選挙である。

もともとわが家は古くから赤城宗徳陣営に属していたようであるが、たまたま風見章の旧制下妻中学（第一回、ストライキ事件により中退）在籍中の恩師がわが家の深い縁故に当っており、それを機縁に来宅したのであった。その時、どういういきさつになったのか、風見章は、小生谷貝忍に為書き[※1]の色紙を揮毫してくれたのである。

そんな感激もあり、私は母校の小学校講堂で開催された彼の政談演説会にもぐりこんだのであった。今考えてみても、中学生など誰一人聞きに行く者など居なかったであろう。

彼の話は大きく、まさに国政を語った。しびれをきらした聴衆が野次を飛ばすと

「諸君、静かに聴きたまえ。私が架けようとしているのは鬼怒川や利根川の橋ではない。日本と中国を結ぶ新しい大きな架け橋だ！」と、手で制しつつ、にこやかに説諭して一歩もたじろがない。堂々とした風格が聴衆を圧倒した。

彼の話のなかで、私の心を捉えたのは、医療問題についての言及だった。詳細は忘却の彼方に消えてしまったが「日本国民は今、病気にかかっても十分な治療を受けることができない」と彼は指摘した。

「ほんとうだろうか？」

——結核の父を抱えているわが家の現状を知りながらも、それはあまりにも極端な話ではないかというのが私の疑問であった。

傷病と入院

しかし、その話は私の心に深く残ることになった。そして、それを痛感する事態が間もなく私の身に振りかかってきたのである。中学三年生の三学期、私は思いもかけず肋膜炎をわずらう病臥の日々を送ることになったからである。

昭和二八、九年当時、私にかかわる医療費はどういう社会的保障、保険制度にささえられていたのかを、私は知る由もなかったが、それを捻出しようとしている父母の思いを察知できぬほど私もノーテンキな人間ではなかったから、私のこころは痛んだ。

約三ケ月余の療養生活のあと、私は幸い高等学校に入学することになるが、その直前またしても私は手ひどい右手肘骨折に見舞われる。

事情はこうである。肋膜炎からはやっと解放されたし、晴れ々とした気分で、わが家から二里半ほど離れた高校の所在地（下妻市）に新学年の教科書を買いに行った帰途のことである。砂利道の県道を自転車に乗ってルンルン気分で走っていたのがいけなかった。突然小さな女の子が道路に飛び出してきたのである。思わずハンドルを切りかえようとブレーキを踏んだとたん、私は横転した。その瞬時の行動のなかで私は、右手に持っていたパラソルへの思いをよぎらせていたのであろう。「パラソルを壊してはならない！」と……。

パラソルは下妻市に住んでいる姉からわが家に住む姉に託された「大切なもの」であった。

「パラソルを折ったら大変だ」と私は、無意識のうち

にパラソルをかばい、右手の肘を思い切り大地に打っていたのである。疼痛も走ったであろう。しかし私はその前後のことは覚えていない。右手が曲らないのである。私はすぐさま下館市の接骨院に運ばれた。意外に重症である。

高校に入学しても右手は縫帯で吊るしたまま、筆記することもできず、三ケ月以上の通院にわずらわされることになった。下妻市と下館市の間は（日本一運賃が高いと評判の）常総線で四〇分の距離——時間的負担とともに交通費、治療費の心配をしなければならなかった。自転車による不注意の自損事故だから、保険はおろか、どういう医療保障の対象になっていたのであろう。

「災害は三つ続いてやってくる」という。その通りだ。高校一年生の秋口になってから、鼻がぐずぐずして頭も重い。

「医者にかかれ！」と担任教師がいう。

「（また医療費か！）」

私はうんざりした。結果は比較的簡単に治療できる「鼻竹」だという。

麻酔注射もいいかげん（？）なまま鼻竹を切られた時の痛みは、今なお忘れることができない。そのあげくに全治しない。結局は蓄膿症だったのだ。これは本格的な入院手術を必要とする。上唇の内側からバリバリとメスが入れられ、どこがどうしてどうなったのか。気がついてみると顔面は縫帯でぐるぐる巻きの白い鉄仮面姿。縫帯をはずすと海坊主かお岩さんかといった顔面膨脹——ガマの油売の口上ではないが「おのれの姿の醜さにたらあり、たらありと油汗を」流さざるをえないような体たらく——これまた顔面を張られる衝撃であり、私は初めて入院加療という生活を体験することになった。

「（弱っぴしの身体で、重ね重ね、親たちに申しわけない。よくよく考えてみれば、やっぱり風見先生の話はほんとうだったのだ！　世の中どうなっているんだろう？矛盾に満ちすぎている）」。

私はしみじみ、貧乏をのろう立場を知る。

「社研」と「読書クラブ」

私の社会的関心は、高校時代のクラブ活動によっても増幅される。

私の入学した下妻一高は、明治三〇年、旧制水戸中学の分校として発足したという古い歴史を持ち、茨城県西地区の名門校といわれていた。したがって、教師、生徒ともにさまざまな個性をもった人間の織りなす学園生活が展開されていた。戦後の教育改革により新制高校に衣替えするが、時代の動向を鋭く反映する知性や感性のぶつかりあい、切磋琢磨が盛んであったから、自ずとして、いわゆる「社研――社会科学研究会」というクラブが、戦後いちはやく結成されていた。

この間の消息を伝えるものとして、『為桜百年史』に納められた小生の兄の手記を紹介することにしよう。兄は昭和七年生れ、旧制中学への入学が昭和二〇年四月という世代である。

「新教育の推進のもと一連の改革は是としても私には『男女共学』はどうしても納得できないものであった。私が当時、ドイツのデータ『女性の創造性は男性に劣る』という統計を入手し、だから男が頑張らなくては……とプライドをこめて信じ切っていた。共学は正にその根幹をゆさぶるものだった。『映画を観てよい』の時には黙っていたが、今度は我慢がならなかった。手当り次第に共学反対を訴え、上級生を含めた関本からの列車通学生六、七名にさえ訴えた。往復とも一時間の乗替待ちがあったから議論の時間に充ててもらい、丸三日間口角泡を飛ばした。しかし、だんだん四面楚歌になった。私はこの問題で態度を曖昧《あいまい》にしている人とは付き合わなくてよい、との意気込みだった。その時東京から疎開してきていた木村隆一（五〇回）君が『女性は長い長い歴史の中で創造性を失わされてしまったのではないかな』と重い口を開いた。眼から鱗を落とされる指摘だった。私は『そうか、この点がキーポイントだ』と気付かされ、みんなに詫びて、女性史を読むことに集中した。エレン・ケイ、ベーベル、厨川白村や様々の評論などを読み、エンゲルスの古典『家族私有財産及び国家の起源』に辿りついた。エンゲルスのこの膨大な調査と総括は、難かしく二度精読したがわからない。解ったのは木村君が指摘した通りの深い根があること、人類の発展史、社会科学の勉強をする必要性があることなどであった。従ってこの共学問題が、私のめざめの原点だった。その後、河上肇の『第二貧乏物語』、宮川実の『やさしい経済学』、エンゲルスの『空想より科学への社会主義の発展』、毛沢東の『実践論・矛盾論』へと読書は拡大し、マルクス、エンゲルスの巨大な近代思想に触れていくことになった。しかし、この一年間、懸命に読んだのにその読書量は、大小合わせ、僅かに三〇冊に過ぎなかった。私は考えた末、好きなテニス部を止めることにした。完成目前だったテニスコートに別れを告げることは辛かった。ポンポンという球の音を聞くに堪えられなかったので、音の聞えない正門の方で読書に耽った。この様子を嗅ぎつけた吉葉芳彦（四九回）先輩が時々正門へ来て励ましてくれた。丁度その頃、校内に『社会主義研究会』（社研）が発足していた。星野・大久保両君に誘われて入部した。部員一〇名前後、大学生の先輩が時々訪ねてきてくれた。顧問の先生は居たが、運営に一切口出しせずニコニコと様子を見にくるだけだった。部屋に入ると正面に太く墨書きで『調査なくして発言権なし』『学べ学べ――レーニン』とのビラが高々と掲げてあった。そのため、社研はアカだという陰口はあったが、部員は夫々真面目で学業成績も良かったので、私達の発言は、半ば官制の新聞部員より重きをおかれたと今でも思う。ほどなく機関紙『黎明』を二ケ月毎にガリ版紙で発行した。内容は校内のことよりも天皇制存続の是非などの社会問題が多かった。文化祭の時など、為桜新聞部、文芸部に伍して堂々とPRし、論陣をはった。やがて女子高から一年先輩の数名が、一緒に勉強したい、と来るようになった。私達は放課後、スターリン著の『弁証法的唯物論と史的唯物論』を一行づつ精読し合った。社研は学び合うことが主体であったが、後記する生徒会活動の指針の柱となったことも否めない事実であったろう。高二から高三まで花開いた部活だったが、三年終期には夫々受験勉強に追われ、活動は停滞していった。

現在、この種の自由に学びあい議論しあう場がないとしたなら『燃える青春時代』として甚だ残念なことだと思う。私の小さな自我は叙上の過程を経て、まぎれもない自己へと変質しながら成長していったのである。そのチャンスをつくってくれた共学議論の木村君とその時の仲間の方々に今も有難いと感謝している」。

因みにこの兄は新制高校卒業と同時に、当時の相互銀行（現在の第二地銀）に入行し、労働組合結成の中心となり、さまざまなドラマを演じる。その一端は「いしくれ」第一部に記した通りである。

ところで私が入学した昭和二九年には「社研」はすでに姿を消していた。当時の政治的状況――いわゆる「逆コース」「反動化」の進行が、社会科学研究会というあぶない存在、名称を立ち消えさせる事態を生み出していたのであろう。しかし、新制高校に集う思春の青年すべてのなかから、その精神までを一掃することなどできるはずがない。社研の伝統は「読書クラブ」という文化部サークルによって受け継がれていた。

私がどうして読書クラブに入部することになったのか、その経緯はつまびらかでない。

二歳年上の次兄はテニス三昧の生活を送っていたが、やはり読書クラブにも若干のかかわりを持ち、生徒会活動などにも関係していたから、その影響もあって入部することになったのかもしれない。

また、読書といえば、私は高校入学後、主として文学書を中心とした読書生活にのめりこんでいたから、そんな生活のありようが、自ずと読書クラブに入部する動機になっていたのであろうか。

読書クラブの活動は、その名称が示すとおり、ある書物の輪読会、合評会、機関紙誌の発行等が主なものであったのだろうか。そこでどんな本を読み、どんなあげつらいをしていたのか、記憶は定かでない。長兄のようにまとまった社会科学書を読んだ記憶もない。

しかし、うすぎたなく、雑然としたクラブ室の壁や扉に、やたらとアジテートのステッカーが貼られ、ビラが散らばっていた光景は鮮明に残っている。

当時国際的には東西対決――冷戦はますます熾烈となり、日本の国連復帰、講和条約締結後の政治的抗争は、いわゆる「五五年体制（保革対立）」を構築するさ中にあり、ステッカーやビラの文言は政治的なラジカリズムに色どられていた。学内でも単純に「読書クラブの連中はアカだ」と敬遠、ウロンに思われる風潮はあったし、私はどうだったのか。決して政治的に「のっていく」タチではなかったにせよ、「アカだ！」というレッテルを貼られれば「何を！」といった反発から、読書クラブに踏みとどまり、三年生に入ると、その中心にすわる立場であったのかもしれない。そんな時、格言好きの母から聞かされた言葉――「義を見てせざるは勇なきなり」と心につぶやいたりしながら……。

そして、この読書クラブの活動のなかで「長塚節没後四〇年祭」、小説『土』とのであいが生れてきたわけであり、私の生き方を決定的に左右する契機をもらうことになったのである。

『土』とのであいについては既述したので繰り返さないが、とにかく衝撃であった。

「貧乏とは何か」「貧乏がいかに人間性の発露をさまたげ、ねじまげるか」――実は、それをくぐりぬけ、乗り越えようとする道を発見するなかでこそ、真の人間的成長と覚醒が実現するとまでは十分知りえずに、ただひたすら「貧乏の根源に何が在るのか」「貧乏を押しつけるものを許してはならない」とばかりに、社会の矛盾を弾劾してやまない性根を深めていったのである。

高校時代はこうして過ぎる。

初めてのメーデー

浪人中は残念ながら「もぐら」のような生活を余儀なくされざるをえない。浪人生といえども、社会の動きからまったく隔絶されて生きているわけではなく、「世の中許せない」と怒ったにせよ、それをもろに社会的行動として訴えていくことなどできるものではないのが普通である。

ただ私の次兄が高校卒業後ＫＤＤに入社し、官公労に所属する労働者として、その自覚的生き方を模索し、活動家の卵になろうとしていたことが私の生き方に幸いする。

上京した四月の末日のことである。

「忍、明日はメーデーだから、俺と一緒に参加しよう！」と、連れていってくれた。

その日のことを私は次のように日記に記している。

「……初めてメーデーに参加し、疲れてフラフラだったけど、恥しいも、遠慮するもなく、とにかくワッショイ、ワッショイと声を張り上げてきて、全く愉快だった。生理的嫌悪感も何もない。まず、参加してみることだ。こみあげてくる嬉しさに、熱狂してしまうくらいだ。早稲田の学生デモと逢った時など、てんで嬉しくて、嬉しくて、怒鳴ってしまった。本当にいい。ああいう健康でたくましい力の結集は実に素晴らしいものだ。来年からは学生と一緒に出るつもりだ。シャツからＹシャツまで汗でびっしょり。足も痛くて、フウフウだった。でも帰りには、兄貴と一緒に冷たい生ビールを飲んだ。実にうまいものだ。グット腹に沁みこんでくる。あのうまさは格別だ。全く気持のいい一日だった。……」

こちらは浪人だし、無聊《ぶりょう》の毎日だ。思いもかけず鬱憤をはらすことができたのだろう。

その後、この次兄には散々世話になり、生き方の上でも深く教えられる。

たとえば後日、私は学生運動の一翼につらなるが、もしこの兄が身近に居なかったら、錯綜する学生運動のセクト争いのなかに軽薄にも巻きこまれ、不毛で自己満足的な「革命論議」に酔い痴れる道に踏み迷っていたかもしれない。このことについては稿を改めて記述することになろう。

二、大学の青春

「アンポ」と「セツルメント」

さて私は浪人生活を抜け出し、晴れて大学生活を迎えることになった。しかし、生きる道を定めることができず、ぐずぐずと「明日を頼んで生きている毎日」と訣別することが容易にできなかったことについては「いしくれ」ＮＯ・５で述べた通りである。

しかし私の青春は時代のなかに存在した。時代の流れが否応なしに私を新しい世界にいざなっていく。私にとって時代とは、一九六〇年日米安保条約改定をめぐる戦後史上の、政治的転換、節目を中核とする時代である。

今でも忘れえないが、駒場に入学しての最初のクラス会、自己紹介の場面である。みんながそれなりにおずおずと自分を語ろうとしていたのだったが突如、そんな自分の個人的なことなどどうでもいいとばかりに、「僕は〇〇といいます。来年は『ニチベイ・アンポ』の年です。どうぞ私を、このクラスの自治委員に選出していただきたい！」と挨拶する級友が現れたのである。

私は突差に「アンポ」ということばを理解、翻案することができなかった。「アンポ」という語からイメージされるのは「アンポ柿のアンポ」であり、まさかこの場の状況からいって「アンポ柿」である筈はないだろうから、何の「アンポ」だろうと受けとめたのが私の「アンポ」との出逢いであった。

この「アンポ」を口にしたのは、K君だけではなかった。その後何人かが「アンポ」発言をした。私もドギモを抜かれるほど初手（うぶ）ではなかったが、「ほう、政治の話か」と、いささか耳目をそばだてずにはおられなかったし、何か、そこはかとない期待感のようなものにも捉われたのであった。

このようにして大学生活は始まったが、大学の授業には出たり、出なかったり、多分出なかった日の方が多かったであろう。私にはなお、わが内面の対話が必要であり、それは自分にとって、授業以上の課題であった。

ただ、皆勤の日があった。それは「デモ日」である。大学構内での集会はさぼったが、清水谷公園とか日比谷公園とかで開かれる集会とその後のデモにはいつも「どこかから現われ」（級友の評言）て、参加していた。しかし私は、誰かの説得に耳を傾けて、学生運動、活動家のなかに踏み入ろうとする姿勢をとることはなかった。はぐれ猿である。その当時、私の精神状況は孤独だったし、自分の生活から抜け出すには、心理的ぐぐもりが強かったから、気弱く防御的に生きろという本能的命令、臆病風のようなものに吹かれていたのであろう。

そういう私を観察していたのか、いなかったのか、級友Kが私をあるサークルに勧誘した。川崎セツルメントとの出逢いになる。

「何をするのか？」と聞けば「川崎市のある集会場を根城にした、地域のお母さんや子どもたちとの共同活動だ」という。

「（どうせ下宿でごろごろしているのだから）……」と

私は、セツルメントの活動をのぞいてみることにした。

セツルメントの事務所に入って驚いたのは、黄色い声が弾けていたことである。セツルメントに集ってくるのは東大の学生ばかりではないらしい。多くの大学から女子学生も多数加わって、わいわい、がやがや、熱気を飛ばしている。

私のこの時の直感は「開」であった。私は「閉」だったから、開けっぴろげに笑いころげながら、人形劇の脚本を工夫したり、それなりのキャラクターを縫いあげていく明るさとは何であり、そのエネルギーはどこからくるのだろう――野暮に思弁的な私はそういった自問に捉えられていると、挨拶もなしに「谷貝君ていうの？　何かいいアイデアないかしら？」などと、まっすぐ問いかけてくるお姉さん学生らしい瞳に逢ってどきまぎしつつも、いつの間にか余計な衣を一枚一枚脱ぎ捨てていき、セツルメントのぬくもりにつつまれていった。

川崎セツルメントの活動は多様であった。私は何となく人形劇のグループに加わることになったが、診療所活動があり、法律相談活動があり、地域のなかで多彩に信頼をかちとっているようだった。

残念ながら私は、この有名なセツルメントのなかにあっても、決して、目立つ、積極的活動家だったわけではない。もちろん居心地が悪いということはなかったが、私の物的、心的条件がセツルメント活動にのめりこんでゆくことを許さなかった。

私はまず、アルバイトをして生活を支えていかなければならなかったし、兄貴との生活の約束もあった。精いっぱいセツルメントに通いながら、下宿を駒場近くから本郷に移す段階になって、自然退会のようにセツルを抜けていった。つけ加えれば後述するもう一つの条件によって、私はセツルメント以外の分野で忙しくなっていったからでもある。

しかし、ここでの短い体験は貴重であった。

私が社会教育の道に進もうと、より明瞭な自覚を持ったのは、セツルメントの活動に参加したからであり、そこは、社会教育研究者や実践家の多くの先輩たちの、若き日の揺籠となっていたのであり、彼等の息吹きと足跡が鮮明に刻まれている場所でもあったからに他ならない。

一九六〇年五月一九日

さて、安保に戻らなければならない。

大学二年（一九六〇年四月）に入ると、安保斗争もいよいよ高揚――最後の政治的決戦を間近に迎えることになった。運動は熾烈に激しさを加えていく。私ものんびりとデモの会場に姿を現わすという姿勢を変えていく緊張につつまれるようになった。

私のクラスでも活発な議論がかわされるようになり、これまで無関心、あるいは消極的立場に終始していた級友たちもクラス討議でさまざまな意見を開陳するようになった。私もこれまでの態度を改め、熱心に耳を傾けていた。ドイツ語を第二語とする私のクラスには五七名の級友がいたと記憶しているが、初めから安保に賛成を表明していた一〇名ほどのクラスメートを除けば誰もが、何らかの形で安保斗争に参加する大勢となり、いわゆる「五・一九」の日を迎える。

私もあの日、級友と一緒に「すんなり」と国会構内に突入していた。何ともあっけないことであり、私たちはその先に「待ち構えていた」事態などを予測できる由もなく、盛んな気勢をあげ、浮かれるような騒ぎに酔い痴れていた。どのくらいの時間が経過してからだったろうか。空気が一挽に緊迫した。同時にひしめくような悲鳴と怒号のうちに、身体がきしむように締めつけられてきた。満員電車が突如急停止したような衝動に倒されそうになりながら、私たちは必死に体勢を立て直そうともがく。しかし巨大な物理力が私たちをもろともなぎ倒そうと襲ってくる。私の記憶では池端さんという女子学生が隣りにいたように思う。私は本能的に彼女をかばいながらジリッ、ジリッとひどく傾斜した身体がもどかしく、何とかしようと焦る。だが、頭とバラバラになったような足に力がこもらず、足元を見ようにもどこにあるかわからない。その混沌の中で、私たちを締めあげ、踏みつぶそうとする「暴力」の本体が目撃された。それは鉄冑と梶棒に身をかためた黒い軍団であった。その集団は無言である。しかし黒いかたまりは、無慈悲、非情なジャッキーが何ものをも打ちひしがずにはおかないかのように、グイッ、グイッと私たち無辜《むこ》の学生を押しつぶしにかかる。

悲鳴と怒号が絶叫に変る。その叫喚の極みのなかで私たちは、まるで、道路にぶちまかれたバケツの水のようにドッと路上に投げ出された。国会の構内から排出、排除されたのだ。誰もが夢中になって我先にとチャペルセンターの坂を転げながら逃げる。今度はあちこちから異様な音と臭気が私たちを襲ってくる。催涙弾だ！　眼と鼻をおさえつつ、またけころぶ。ほうほうの体でたどり着いたのは法政大学の構内であった。

「大学の構内からバラバラに出ないでください。今夜はここで徹宵《ママ》し、明日はまた堂々と隊伍を組み、ふたたび国会を安保条約の締結に怒りをこめて包囲しよう！

そして「たたかいのなかで、嵐のなかで、若者の魂は鍛えられる。たたかいのなかで、嵐の中で若者の心は美しくなっていく……」と合唱した。

マイクがそう呼びかけ、合唱がたかまる。

私はそのマイクに聞き入り、歌いながらも、小さいイタミにこだわっていた。ズボンの膝が無残に破れており、すりむけた傷も痛む。

「(ズボンをどうしよう。明日のバイトにこんな格好では行くわけにもいかないし)」……と。

ご承知のとおり、この「五・一九」斗争のなかで、東大の女子学生樺美智子さんが命を奪われていた。私は犠牲者が樺さん一人だけとは、どうしても信じることができなかった。

私自身も棍棒で突かれ、殴られ、よくも踏みつぶされずに生きて帰れたものよ、と考えた一人だったからである。

いずれにせよ、六〇年安保斗争は、一九六〇年六月二三日、条約が自然成立するというかたちで一応の終結となり、さしもの国民的大斗争は一つの転機を迎えることになった。

「帰郷運動」

このような安保斗争の結着のなかで、ある意味では若く純粋な情熱と正義感にかられて参加した学生のなかに、重い敗北感がただようことになった。いわゆる安保斗争後の、「挫折感」の高まりであり、安保斗争以前から芽ばえていた学生運動のさまざまな潮流、分派、セクトが、安保斗争の評価、総括をめぐって新たな斗争をくり広げることになっていく。

まだまだ政治的自覚に乏しい私もそのなかで困惑した。私は本来楽天的、きびしくいえばノーテンキな人間だから「(何もそんなにメクジラを立てることもあるまい)」と鷹揚に受けとめており、さまざまなセクトに同調する友人たちも多く、その間にあって言葉を控えていた。そして痛感したことは、私のこれまでの読書が文学書に偏っていたことへの反省であり、本格的に社会経済史——歴史や社会科学の学習にとりくまなければならないという決意であった。

そういう私の思いは、安保斗争後のある学生グループの提唱——「帰郷運動」に結びつくことになった。

帰郷運動とは、簡単にいえば、「安保斗争が東京ではあれほど高揚したのに、なぜ、全国すべての地域でたたかわれる運動として展開、発展していかなかったのか？

東京で学び、たたかった学生は郷里に帰って、東京での安保斗争の高揚を伝えてこよう！」という、若干「学生的思い込み」に起因した運動である。

私はこの提唱に共鳴、帰郷運動茨城センターの中心的メンバーの一人になっていった。女子学生を含む多くの大学の学生が顔をあわせ、それぞれの故郷に帰っていった。私は当時、知りあいになったばかりの女子学生に次のような書信を送っている。

Kさんへの手紙

「こんなお手紙を書いていては、Kさんの生活に闖入《ちんにゅう》するのではないかという気がして、大変責められるのですが、許していただけると思って、勇を奮いました。

お逢いして、チョット話しただけ、それもほとんどあなたは話してくださらずに、何となく気張っちゃって、こちらだけが手さぐりするような格好でお話しするといったトンチンカンな一方交通でしたので、さらにおっかぶせるようにして無鉄砲をくり返すのは、ほんとうに心苦しいのですが、失礼だと思わないでくださいね。せいいっぱいなんですから……。

この間少しお話しした、帰郷運動に関するパンフレットを同封させていただきました。

ぜひお読みになってください。どんなことを、どんなふうに進めようとしている運動なのか、だいたいわかっていただけると思います。

具体的に動く場の行動形態などは、詳しく決めてはいないのですが、それは結局参加する人たちの主体的な条件と、その地域の客観的な状況がからみあったところで、あらゆる可能な行動様式となって現われてくるのではないかと思っています。

帰郷運動などというものは、あまり簡単なものではなくて、こういうものにこそ、ねばり強い、しかも鋭くみがかれた知性が要求されるのではないかと思っています。

だから、苦しいのは覚悟です。あきれはて、ばかばかしくなり、逃げだしたくなるようなこともあるんじゃないかと思っていますが、自分の甘さや弱さやあいまいさ、わがまま、主観が、そこでこそ試練されるのではないかと思って、焦らず、じっくりやってみるつもりでいます。

東京では相当盛り上っていながら、それが農村部、地方に行くと、意外に沈滞しているという不均衡のなかに、運動を進める側の大きな問題点が浮きぼりにされている（全学連の跳ね上りと見られる行動も、こういうギャップの悲劇性を物語っていないでしょうか）

と同時に、マスコミというものの、恐ろしいといえる程の影響力をも示しているのではないかと思っています。

ある外国人が〝日本人ほど自然を愛する国民はいないが、同時に、日本人ほど田舎を嫌う国民もない〟といったそうですが、やっぱりそういうものともからんで、政治、文化、あらゆる面での不均衡の因をしっかり見つめたいとも思っています。」

すでに述べたように、私は長塚節の小説『土』との出逢い以降、農村、農業問題に興味を持っていたから、安保が日米軍事同盟強化を主目的とする条約であることを理解すると同時に、日米経済協力関係の緊密化――対米従属的立場に立った日本経済の再構築をめざすものであることに強い危惧を感じていた。私の郷里――北関東の平場農村地帯の人たちに何を、どう伝えたらいいのか、私は学生なりに苦心せざるをえなかった。

そんな思いを抱きながら、私はまず、小・中学校時代の同級生たちと酒を酌みかわした。私の親友たちは、それぞれの事情があって、といっても最大の理由は経済的事由によったのだろうが、高校進学を断念し、家業（主として農業）にいそしんでいる者がほとんどであった。

久しぶりに歓談しながら当然のように、安保斗争における学生たちの役割、課題に話は集中し、「樺さんという東大の女子学生が死んだけど、あの場面に忍さんもいたんだっぺ？」と話が進んでいった。私は英雄ぶってあの場の状況を物語るようなことはもちろんしない。実態をつぶさに語りながら、みんなの関心、みんなの考え方などをよく理解しようと心をくだく。一番心にひびいたのは、「忍さん、これからの百姓は馬鹿じゃできなくなるよ！」という発言であった。

「どうして？」

「ほんだって、これからは外国の農産物がどんどん日本に入ってくるんだっぺ。しかも、経営規模がまるっきり違うというし、値段の太刀打ちなんてとてもできるわけがねえ。米ばかりじゃねえ。この辺の豚飼いだって、養蚕だって、先行きがどうなるんだか、さっぱりわかんねえもの……」。

私の故郷の農業は、北関東の平場の農村（山間部の農村と異なるという意味）として、稲作を中心としながら、商品作物としての養蚕とタバコ、スイカの栽培、特殊果樹として梨の産地として知られ、残飯、イモ養豚といわれる繁殖、肥育豚などを小規模に経営する形態であった。だから今後、どういう経営と技術力を高めていくのか、それには当然、新しい資本投下も必要だろうし、みんなはこもごもに、先行き不安を口にしていた。

私もうなずきながら、改めてわが故郷のくらしの土台をみつめる思いであった。

そして、「(よし！　これでいこう！)」と決心した。つまり「貿易自由化の日本の農業」というテーマで、日米安保条約の本質について解明、訴えていく講演会を開催してみようと決意し、若き経済学者花原二郎先生に来県していただくことを考えた。

さて会場をどこにしよう？　思い切って母校の下妻一高の講堂を借りられないだろうか？　案ずるより生むは易し。母校は快く受け入れてくれた。

どう宣伝し、組織化をはかっていこうか？　ここで出逢ったのが地域青年団であった。私の小・中学校の同級生たちのなかに青年団員がいたし、それは真壁郡青年団協議会、茨城県青年団協議会という上部組織とつらなっており、とりわけ真壁郡青協は安保斗争にも深くかかわっており、積極的に協力してくれた。

こんなわけで、講演会には三〇〇名近くの青年、おやじさんたちが集ってくれ、私としては大成功だったと肩の荷をおろした。

地域青年団との出逢い

ところで、そんな気運も手伝ったのか、県内のある市の連合青年団の指導者研修会に来てほしいという依頼があった。

「安保問題について、学生さんの立場から話をして欲しい」のだという。私は勇みこんで指導者研修会なるものに出かけていった。

その青年団組織こそ、水海道市連合青年団であった。行ってみると会場は「稚蚕飼育所」という農業施設の大広間であった。驚いたことに先客がいる。肩書きが亜細亜大学教授とあり、安保条約推進派であった。その時私がどんな話をしたのか、つまびらかには覚えていない。しかし青年たちのなかには好意的に受けとめてくれた人たちもおり、酒を酌みながら夜更けを忘れてあれこれの質疑に花が開いた。

余談になるが、私がこの研修会に参加し、深く印象に残ったのは、彼等の会合に散りばめられていたレクリエーション大会の楽しさであった。特にあるスタンツ(寸劇)は圧巻であったと今も瞼に残っている。稚蚕飼育所近くの神社の境内に場を移しての余興であったが、一同笑いころげ、一瞬緊張、また腹をかかえる。野卑という言葉は適切ではない。野尊とでもいうべきか。ワイルドな迫力と無礙（むげ）の艶笑を誘ってリアルだ。

私にとってこれは驚きだった。

「（青年団って何だろう？）」

「（どうしてこんなに底抜けになれるのだろう？）」

セツルメントで感じた明るさとはまた趣きを異にした「開《ママ》」が、私のこころを弾ませてやまなかった。

「（まるで、フランス人の恋（ラブシーン）とロシア人の恋（ラブシーン）との違いのようだ！）」

こんな思いを含めて、水海道市の青年たちとの出逢いが生れていく。そして次のような経緯に発展していく。

実はたまたま、水海道公民館の館長さんのお嬢さんが実践女子大に学んでおり、その彼女も帰郷運動のメンバーの一人だったのである。

水海道市連合青年団の研修会に一泊した私は、翌日館長さんにお逢いすることになった。

お話を伺うと、当時としては珍しいフリーライターであった。

「私たちの仲間は〝日本のイリーンをめざそう〟と励ましあって仕事をしています」と語る。

「（失礼ながらこんなところに、こんな人がいるのか。おどろきだなあ）」と内心舌を巻いていると、「東大に宮原誠一という先生がいます。日教組主催の教育研究集会でご一緒したり、先生の編集なさった小学校の教科書『むらのしゃかい』に書いたりしています」ともいう。

私は半年後、宮原ゼミの一員となり、社会教育主事の資格取得課程に進むことになるが、さらにその二年後、水海道市教育委員会から「社会教育主事を採用したい」という依頼が宮原研究室に届き、私が奉職する奇縁が生まれるのである。

帰郷運動に戻ると、この運動は六〇年安保斗争全体のなかでは、ささやかで地味な試行にすぎなかったかもしれない。しかし少くとも私は、この運動に参加することによって、私の生き方の選択をより鮮明に自覚することができたと思っている。その体感的な意味について、私は別著で次のように表現している。

「一九六〇年の夏休みが、このように過ぎていった。

これらが私自身の成長にどんな意味を持つことになったか、くどくど述べるまでもないことであろう。

ひとくちでいえば、私は初めて、本格的に、社会のなまなましい現実と出逢い、それをつうじて歴史の創造に参加する道に自分を連ねていくことになったといったらいいだろうか。

このようにして私は、こころまで日焼けして、ふたたび九月の東京に戻っていったのである。

それは私にとって、第二のほんものの上京であったといっていい。

漠然と上京した数年前とちがって、ひそかに私は、大学卒業後、郷里に帰る決意をもって上京したからであった。」(『やさしさとは何か』より)

学生自治会委員長当選

大学二年生の夏休みが終ると、三、四年生としての専門学部の選択が待っていた。

私は改めて、田舎に帰ろうという思いを強めていたから、どういう力を蓄えたらみんなの役に立つことができるのだろうかと、あれこれ思案した。手ぶらで帰るわけにはいかないからである。

そして、社会教育の仕事、公民館で働こうと考えるようになっていった。

「(それにしても俺は、政治や経済、農業の知識がまるでない。今のままではあまりにもお粗末すぎる!)」

私は勉学、といっても読書の傾向を少しずつ変えていくことにした。と同時に、夏休み中知りあった青年たちとの交信を深めていった。

こうして大学の二年間が過ぎ、駒場から本郷の生活が始まる。

ところが本郷に進学したとたん、難題に直面することになった。それは「自治会の委員長に立候補せよ」という事態が発生したのである。

「とんでもない。俺にそんなことができるわけがない!」と私は強く辞退した。

「それでは、今の学生運動の実態を、このまま見過ごしていいと思うのか?」と級友に問いつめられる。

「いいや、いいとは思っていないし、変えていかなければならないと思っている。」

答えるほどに抜き差しならなくなっていく。

「俺も一緒にたたかうから…」

畏友Kは雄弁かつ論理の舌鋒が鋭い。私はとうとう説き伏せられ、「(どうせ当選するわけがないんだから)」と立候補することになった。

事は案に相違し、私は東大教育学部学生自治会委員長に当選した。

何ということだ。俺は小・中学校を通して児童会、生徒会、いやクラスの委員長歴だってほとんどないんだ。高校生になってからも他人の応援演説をしたり、立候補者の挨拶文を書いてやったりはしたが、自分が自ら先頭に立つなどというおこがましいことには縁がなかったんだ。末子育ちという依存心の強さもあり、俺にはリーダーシップ、リーダーになる能力など備っていないのだという子ども時代からの思い入れもあり、私は途方に暮れた。

しかし、直面してしまった事実は事実である。まさか、逃げ出し、投げ出すことなどできるわけもない。

約半年間の四苦八苦がこうして始ったのであるが、結果的にはこの経験が、さまざまな意味で私を鍛え、私を変えることになるのだから貴重であった。

何よりもまず、みんなの前で「演説をぶつ」必要がある。一〇分も二〇分も、いや、時には三〇分も、一時間以上も……。

当時の学生は、国際情勢から始って国内情勢の分析、そして学生の任務と、紋切り型に「大言壮語」するのが通常だったから、考えただけでも頭が痛い。しかも私には、決定的な「言語障害」――標準語が苦手であり、愛する言語は「生粋の茨城弁」だから、これをどうするかだ。

「そんな日本語はねえぞ！」と野次るバカが居る。

「君イ、テ・ニ・オ・ハを知らないのか！」と枝葉をあげつらうコケもいる。

しかし私は茨城弁まるだしで押し通した。要は内味なのだと……。

この経験、鍛練は、後年の社会教育主事という職務能力の一つを実践的に生得させてくれるものとなった。

さらにもう一つは、そしてこれこそが最も重要な点であったのだろうが、当時の学生運動の激しい、セクト間の「理論」斗争（まだゲバ棒までは至っていなかったが）に耐えうる力を獲得させてくれたからである。情勢や状況判断のどこが、どう、何故違うのか。それらを識別、分別し、しかもそれらを十分説得的に学生仲間に伝え、訴えていかなければならない。

私たちの立場は、跳ね馬のような過激な言動を弄して、学生運動を主観的に突出、突撃させ、国民的立場から遊離、訣別させる道――それは学生運動の自殺行為の道だ――を選ぶのではなく、学生運動の根拠を学生大多数の生活と勉学の要求のなかに見い出し、社会進歩をめざす若い知性を国民的要求に重ね合わせながら、学生運動の大衆的再建に向けて結集しようというのが主張であった。これこそが、平和と民主主義の危機を乗り越えていく当面の運動の主要な環であり、ひとすじに見い出すべき大道につながる道であると考える立場であった。

それ故「カッコウの悪い」こともあり、一本気に突っ走ることを抑えなければならない場面も生ぜざるをえない。すかさず「日和見！」「反革命！」「裏切り！」

などという激しい、声が飛びかい、投げつけられる。一見勇ましいラジカリズムが学生の気分をあおり、アジテートのボリュームがいっそう強烈となり、そこに「正論、正統」があるかのように熱気を吹き立てる。私たちも動揺しかねない。

こんな時、私の思想、判断を強固にサポートしてくれたものは次兄の存在、次兄につらなる、直接的にはKDDの労働者先輩たちの力であった。「セキノヴィッチ」と仇名された関さん、「キネ」さんと親しまれた杵渕さんご夫妻、「忠さん」に「仁さん」――学生運動の領域にとどまらず労働戦線においてもきびしい路線上の選択、判断、たたかいが展開されていたが、彼等の、断乎としてたじろがず、ねばり強くしたたかな知性と意志はしばしば私を迷いから救いあげ、眼から鱗を落としてくれた。

兄貴と同居していた私は下宿先で深夜まで語りあい、時にはKDDの社員食堂にもぐりこみ栄養と英気を補給するのであったが、そんな時セキノヴィッチが次のように聞かせてくれる。

「忍君、人民のたたかいというものはねえ、試練を経た冷静、沈着な叡知に支えられなければならず、時として非情な忍耐、刻苦を強いられることさえあるんだよ。そういう理性的な覚醒に立脚していかなければ、たたかいは大きく、正しく前進していくことができない。焦らずゆっくりと、といってもいいのかなあ。われわれは個々の局面の勝利にこだわっていることはできない。最後の勝利があるのみ。たたかいは『長期且つ困難』、長い道程なんだよ」。

こういう話を聞くと、私はハッとして、遠く故郷でたたかう同世代の農業青年たちにも思いを馳せ、私の歩むべき道について熟考、思索したのであった。

今日になってみれば、当時「華やかな革命論」に酔い痴れていた過激派諸セクトのたどっていった道――陰惨で酷薄な末路は、無残、卑劣な「仕掛け」に奔弄されつつ「押しくびられ」ていった道であるといっても過言ではなかろう。

サークル「社教協」

それはさておき、私は学生運動に並行しつつ、新しいサークル結成にむけて級友たちと力を合わせることにもなった。

その一つは「社会教育研究学生連絡協議会」（略称、社教協）の結成であった。

東大と早大で社会教育を学ぶ学生が中心になって、都内の公私の諸大学に呼びかけた。東京教育大、お茶大、東洋大、社事大、日本女子大、青山学院大、国学院大学など十指に余る大学から七〇名に近い学生がこの協議会に参加してくれることになった。定例研究会の会場として「日本青年館」の全面的協力を受けることができたのは、日本青年館の夜警として働きながら勉学していた岸川、矢島両兄の存在によるものであった。

　私たちは週五日を、国民教育部会、労働者教育部会、農民教育部会、マスコミ教育部会、女性教育部会と名打って参集した。誰もが十分な知識、問題意識を持っていたわけではなかったので、学習会のチューターとして、東大大学院に在籍していた室俊司、藤岡貞彦、花香実、それに女性問題研究家の桜井絹江さんたちが勇んで、私たちを指導してくれることになった。

　私は当然のように農民教育部会の一員となったが、ここで親しく教えを受けることになった藤岡貞彦さんとの出逢いが、その後の私にとって生涯の財産となる。

　藤岡さんの指導はきびしかった。

　まず最初に読むことになったテキストが、レーニンの処女作『いわゆる市場問題について』という文献であった。その後『ロシアにおける資本主義の発展』『帝国主義論』と進み、マルクス『資本論』第一部二三章、カウツキー『農業問題』等々、ビシバシと大作に挑戦させられた。野呂栄太郎、山田盛太郎、栗原百寿などの文献も指定され、容赦はなかった。

　しかしこの知的鍛練は今も思うに鮮冽であり、私など十分な理解もできず汗顔十斗、恥じ入るばかりであったが、強烈だった。

　週一回の学習会と並んで、年何回か開催された合同合宿も楽しいものであったし、仲間を増やそうと、飛びこみで各大学に「オルグ」に入ることも魅力に満ちていた。ところでここらで、余談に入ることをお許しいただきたい。こんな余談を散りばめながら、私の大学生活の後半が燿（かがよ）ってもいたからである。

「さ百合の花」

「いしくれ」第五部で語った幸子さんと出逢ったのも、オルグの帰途であった。

　日本女子大学寮に、桜井武雄先生（茨城県在住の著名な農政学者）のお嬢さんが下宿しているという情報を得た私は、ある日級友と二人で、アポイントメントもなく訪問したが不在であった。やむなく帰ろうとして「ああそうだ、学生自治会（ポン女では常務委員会と称していた）に言伝《ママ》していこう」と翻意し、自治会室のドアをノックした。応対に出てくれた女性が幸子さんであった。

ニコヤカに好意的であり、私は翌日早速礼状を書いた。折り返すように書信が届き、「実は私も農業問題を学びたいと思っています。」と書いてあった。その当時の私は、農業問題について話ができるとなれば、取るものも取りあえず吹っ飛んでいく心境だったので、すぐデートの約束となり、東大小石川植物園で待ち合わせることになった。私は植物園のすぐ近くに下宿しており、ポン女からも遠くはない。入園料も安い上に、何しろ入園者も少く、私のお気に入りの散策公園であった。

門前で待っていると間もなく、ワンピースを水色にまとった幸子さんが、さわやかな五月の風になびきながら、ルリ蝶のように輝いて馳け寄ってきた。私は呆然としながらも、あれこれと話に熱を入れることになった。

そしてデートは、植物園の樹木が色づくころまで何度も重ねられることになる。

この間私は、八月に筑波山ホテルで開かれる「筑波のつどい」に参加しないかと彼女を誘った。「筑波のつどい」とは、「五色のつどい」(福島県磐梯山、五色沼)などと並ぶ、農村青年たちの交流交歓集会である。

彼女は二つ返事でこの集会に飛んできてくれた。

この時の思い出である。

二日間の日程の合間に、幸子さんが「筑波山にも登ってみたい」とつぶやいたのである。「つどい」の日程を見るとスケジュールがいっぱいである。知恵を絞った私は「明日の朝四時に起こしてもいいですか?」と顔をのぞいた。

「ハイ。」

と幸子さんがほほえむ。若者の一念というものは怖いものである。目覚まし時計もなかったのに、私はカッキリ四時に彼女の部屋をノックした。幸子さんもまた、もう身繕いを整えて待っていた。

夜はまだ明け初めやらぬ。しかし「山極すこし明かりて」登山路を踏み迷う懸念もない。私たちはご来迎には間にあわなかったが、筑波山の「女男(めお)のいただきの間(あわい)」にたどり着き、男体、女体を征服した。

「教養豊かな」私のことだからこの間ずっと、「筑波の燿歌(かがい)」を復唱していたに違いなく、あるいは「鷲の住む筑波の山のもはぎ津の……」を朗詠して彼女に聞かせていたかもしれない。

その帰途の山路でのこと。男女川(みなのがわ)上流の瀬音に耳を澄ませつつ、一歩、一歩、時には手を差しのべながら下っていると、幸子さんが「まあきれい、あんなところに山百合の花が……」と指さしている。

私も一息入れる思いで「ほんとだ。山百合だ！」と声をひびかせて幸子さんを振りかえった。

その瞬間である。

白いポロシャツ姿の幸子さんの胸のあたりが波打つように弾んでいる。思わず私は声を飲み、眼を凝らした。色白な幸子さんの額から頬、おとがい、首筋がポロシャツに消えていくあたりまでが、ピンクに上気しているではないか。

「(何という艶やかな無垢、匂い立つ無心だ！)」

私はまっ赤に熱くなった自分への恥かしさに、身を翻して沢路に下りたっていった。

「あぶない。あぶないですから、戻っていらしって《ママ》！」

「花も折らないでください！」

私は幸子さんへの新しい発見にいとおしく心を高ぶらせながら、幸子さんもまた、黙しがちな充実を深ぶかとかみしめているかのように、そこからの山路を二人ともゆっくりとたどっていった。会場に戻ると、まだ八時にもなっていなかった。

『万葉集』巻二〇に、次の東歌が収録されている。

筑波嶺のさ百合（ゆる）花の
夜床（ゆどこ）にも愛（かな）しけ
妹（いも）そ晝も愛しけ

この歳になってもふと、この歌を口ずさんでいる私である。

そして美しいソプラノだった幸子さんが好んで歌ってくれた次の唄をいつも思い起こす。

丘はいまも芝山
いぬふぐりが咲いていた
息をはずませて登った
「クニ」さんと一緒に登った

私たちも「息をはずませて」さ百合が花の匂い咲く筑波山に登ったのだった。

私たちが恋人となるには冬まで待たなくてはならなかったが、恋人になってからも私たちは「愛しけ夜床」を共にすることなく終った。「晝そ愛しけ」幸子さんが今に生きているばかりである。

読者諸賢よ、私の感傷をどうぞ許されよ。幸子さんはもう、この世に息づいていないのだから……。

涙の「ラーメン」

これも社教協で一泊研修会を計画した時のことであった。

早稲田大学二年生の光恵さんが合宿に参加できないと

いう話が伝わってきた。理由は「お母さんの許しが出ない」のだという。

私は驚いた。聞き及んでいるところによれば、彼女のお父さんは大学教授だということであり、そこから考えても、お母さんも「インテリ」に属する女（ひと）だと了知していた。

「いったいどういうことなんだい。確かに彼女は良家のお嬢さんに違いないだろうが、まじめな学生たちの合宿に、いまどき、参加させないなんて……。東京の知識人のご家庭なんだろう？　田舎のおぼこな箱入娘じゃあるまいに……。よし、俺がお母さんを口説いてやる！」と意気込んだ物のはずみで、私が彼女の家を訪問することになってしまった。

ところでまず腹ごしらえである。私と光恵さんは、目白駅前のラーメン屋に立ち寄って、それから出かけることになった。

ラーメンが運ばれてきて箸をとろうとした時のことである。光恵さんが突然「谷貝さん、どうしてそんな怖い顔をなさっているんですか?」と私を見つめている。

「なに、怖い顔だって……?　わからず屋のおっ母さんを口説こうっていうのに、そんな、のんびりした顔なんかしているわけにいかないだろう?」と私も光恵さんを見つめ返した。

光恵さんのつぶらな二つの瞳が大きく開かれて、ほろほろと涙が、光恵さんのラーメンの丼にこぼれていく。私はドギマギし、突差に手を伸ばし「それ、寄こせよ！」と光恵さんのラーメンを引き寄せるや、一気にラーメンを食べはじめ、顔を上げてきれいにラーメンの汁をのみ干してしまった。

この間光恵さんが、どんな表情をし、どんなふるまいをしたかは覚えていない。

「さて、行こう！」

私の説得は見事に功を奏し、光恵さんは無事合宿に参加できることになった。

交渉の間、光恵さんのお母さんいわく。

「主人がいま、客員教授としてアメリカに赴任しているものですから、つい私も心配がつのって……。ごめんなさいね。娘もいけないんですよ。〝シャキョウキョウ、シャキョウキョウ〟というばかりで、私も学生さんたちの政治団体の合宿か何かと感違いしてしまったんですわ。」

「（なるほど、ママさん、社教協を社共協とでも取り違えたか?）」

私は苦笑した。

交渉成って光恵さんとの帰り道、彼女がそっと声をかけてきた。

「谷貝さん、一つご質問していいですか?」

「あいよ、何でも」

「さっきのラーメンのことですけど……。あんなこと、他の女の方にもなさるんですか?」

「(馬ッ鹿こけ! そんなことするわけねえだろう!)」

と私は心に叫びながら、彼女に問いを返した。

「どう思う?」

「だって私、始めてだったんですもの。びっくりしちゃって……」

「(俺だって始めてだよ!) きたねえ男だと思ったろう?」

「いいえ、そんなこと、私、すごく嬉しかったんです」

「(ラーメンのテーブルがなければ抱きしめてやりたかったよ!)」

わが心のうちも知らず、光恵さんは私の腕にぶらさがらんばかりに足をはずませて、私に顔を上げている。

このできごとがあってから、私と光恵さんは兄と妹のような仲良し関係を続けることになった。

さて、社教協に戻れば、このサークルを通して、事実、社会教育の道に入って行く多くの学生が育った。私もその一人になるが、私の収穫は、藤岡さんによる特訓も含めて、サークル活動の実際――運営や人間関係への配慮などを身をもって経験することができたことである。そして、その中で生れた疑問などは、あの「ロハ台」の実践で有名な大田堯先生の名著『農村のサークル活動』をむさぼり読むことによって、知的に整理することができた。


「茨城弁を語る会」


ここで一寸、変った実践にも触れておきたい。

私は兄と二人、巣鴨駅近くに下宿していたが、面白い事実を発見した。最初の契機は風呂屋の番台に座っている「姉ちゃん」との会話から生れてきた。大柄なきりりとした娘さんで、いつの間にか声をかけあうようになっていた。ある時彼女が、真剣なまなざしで、「あの、もしかして茨城出身ですか?」と問いかけてきたのである。

「どうして? そうだよぅ!」

「あらあ、よがったあ、おれもほなんだよ!」ということになった。

「どこ?」「おれ、真壁郡」「わたし、筑波郡」

「隣郡だっぺな」「いっかいどこがで話、しねえが?」

「よがっぺ!」

とんとん拍子で話がまとまった。

「どうも、あそこの文房具屋の店員も茨城出身らしいんだ」

「そうがあ、声かげでみっか。」

たちまち七、八名の茨城県出身者が集まることになった。

「こどばに気イ使っちゃってよう。ほんとに心細がった」

「おれもよ。みんなでクスクス笑うんだもん…。やだくてよう」

「ここじゃあ、かまねがら、どんどん使うべよ」

「あ～あせいせいすら。まるで水（みず）飲んだみでだよ！」

みんなに聞いてみると、ほとんどの若者たちが中学校卒業と同時に「金の卵」などといわれて上京していた。下町の商店や工場に勤め、ちんまりと必死に生きながら、言葉の「障害」に悩まされていたのだ。常々私は、ラジオ放送劇などに登場する東北なまりの娘役などが、いつも女中さんや下働きを演じさせられることに許せない憤りの感情を抱いていた。

「（東北人ばかりじゃないんだ。茨城の青年たちもこんなに傷つけられていたのか！）」

新しい発見であった。

私たちは茨城弁でだべったあと、近くの六義園に出かけたりして、あの頃流行っていた次のような歌を歌ったり、ゲームに時を忘れたりした。

夕陽が汚れた工場の屋根に沈めば
俺たちぁ街に散らばる
若者や娘たちの胸に灯をともしに
心にぁ夜は無いいつも夜明けだ
心にぁ夜は無いいつも夜明けだ

野呂隆と笹島保

社会教育の授業もまた魅力的だった。

一つは宮原ゼミである。

ある夜、「文京区青年学級」に連れていってくれた。「青年学級振興法」成立のいきさつなどを語っていただいたあと、「実際の青年学級をのぞいてみよう。」ということになるわけである。

野呂隆さんが青年学級主事をしておられた。学級生は、氷川下近辺の印刷工場（の下請け）等で働く若者たちである。その日は、何かをテーマにした話し合い学習のようであった。そして最後に野呂さんが「今夜話しあったことについて、それぞれ自分の言葉でまとめてみようか。」というふうにしてしめくくっていった。

次の週のゼミで、青年学級参観の感想について発表しあった。

私はつい物事を感性的に捉える癖があり、いつも宮原先生の微（苦?）笑を誘っていた。

「谷貝君〝いい青年〟がいましたか?」と先生が、おかしそうに尋ねる。

「いました。○○君です」

「どうして〝いい青年〟だと思ったの?」

「どうして、どこがといえば、眼の力です」

「谷貝君はいつも〝いい青年〟を発見して幸せだねえ。眼の力か……。眼は口ほどにものをいうともいうしね」

「(先生のおっしゃる意味はどんなことなのだろう?)」と私は恥じ入りつつ、いつもとんちんかんをくり返しているのだが、その日はふと、野呂隆さんという主事さんに思いを馳せていた。

「(話しかたもどちらかといえば、一言一言、かみしめるようだったけれど、ゆったりと構えていた。あの、間合いのとり方もいい)」などと……。

野呂さんといえば、いつか宮原先生が「谷貝君は茨城だったね。隣の栃木県に茂木町というところがあって、そこに笹島保という公民館主事がおられる。時間がとれたらいつか、笹島さんを訪ねてみないかい」とおっしゃってくれた。

「茂木町なら知っています。益子の先ですから……」。

ある日私は、茂木町に出かけ、笹島さんにお逢いすることになった。

その夜青年たちは「生産費調査」に取りくんでいた。茂木町一帯は葉タバコ生産の盛んなところであり、一人ひとりが一年間の葉タバコ生産に費やす労働時間――播種、苗作りから始まって葉タバコのし（タバコの葉一枚一枚をていねいに延（の）し広げ、一定の規格に揃え、結束出荷する最終段階の労働）――を克明に記帳し、単位労働時間当りの金額をはじきだすのである。

みな真剣である。でき上ると笹島さんのところへ持っていく。笹島さんは「おめ家（げ）はてえしたことねえな」「おめ家はいい線だな」などと評言《ママ》し、「同じ地域でタバコを作ってもそれぞれ成績は違う。どこに原因、ワケがあんのか、この次、みんなで考えべえ」とおおざっぱである。

「さて谷貝君、待たせたなあ。酒を飲もう。おお、みんな。宮原先生の弟子だとよ。ばんばんやるべえ!」

いつの間に用意されていたのか。鍋だの漬けものだのが出てきて、夜の更けるのを忘れたかのように座が盛り上っていく。

「保ちゃんかあ。俺らの兄貴分よ。何でも相談に乗ってくれらあ！」

野呂さんとは味が違う。これまた構えが大きく奥が深そうであり、野放図に見える情念が重く、よどみがない。

「ほれ、かずみ！　話にはっこむのもいいが、酒つげ！」

と身体がゆらゆらする。

「若（わげ）えもんに遠慮なんかするこたあねえ。言うごとはきちんといい、一緒に大いに喜ごべばいい。俺はそれで生ぎ、食っている」。

私は、その自然流に圧倒され、心地よく酔いながら、自分の未来の姿を夢見るようであった。


「リンゴ村からの報告」


碓井ゼミでは、信州中野市に一週間の調査実習に入ることになった。助手の千野先生が大学卒業とともに一〇年近く、社会教育主事として勤務されたところであり、五級先輩の水谷さんが公民館主事として現に活躍しているところである。

予め中野市に関する統計的な資料を調査、分析し、更には戦前の青年団自主化運動、自由大学運動、戦後の青年団の再生、学習、サークル活動の展開などについて予備知識をえた上で、ゼミ全員で出かけることになった。

信州は山間の地であり、北信に属する中野市周辺は果樹地帯である。私の故郷関東平野とは様相を異にする。

中野市のなかにあっても、リンゴと桃を主産とする「竹原」地区に拠点を定めた調査である。

官庁統計的調査はすでに終っていたので、実際に個悉皆調査をすることになり、さまざまな人たちに面談し、学生らしい初々しさで矢次ぎ早に質問をくり出し、爆笑談にも事欠かなかった。農業生産の中心的担い手である壮年男女ばかりでなく、集落の歴史的変化を知るためにも老人との会合、子どもたちの生活と文化、とりわけ青年たちとの交流は夜を徹して繰り返され、一週間がまたたく間に過ぎていった。

私はこの調査で、二つの点について大きな感銘を受けることになった。

一つは、田中清見という中学校教師との出逢いである。学校の教師が一個人としてではなく、教師集団としての教員組合の活動と位置づけて、地域に深くかかわり、中卒就労（農）青年のフォロー、継続教育として青年学級、青年団活動のよきアドバイザー、さらには地域（民主化）活動の仲間として振るまっている典型を田中先生を通して強く実感できたからである。

清見先生も酒豪であり、焼酎を「トリスン（酉寸）」と呼んで大いに飲み、羊肉をジュージューと焼いては「バーベキュー」と称して頬張った。

もう一つは女たち、かあちゃんたちとの会合から感知したものである。

「農村婦人」というイメージは、暗く、しいたげられ、「引っこんでいろ」「黙っていろ」と怒鳴られ、睨まれ、おどおどと頭を下げ、腰を曲げているといった先入観をどこかでぬぐい去れずにいた私である。

しかしここの婦人たちはどっかが違う。明るく、しなやかである。私たち学生を大いにもてなし、大いに笑い、気遣いに活気、明瞭がある。食い盛りの学生である。

「こんなもの、食ったことねえづら！」

——野沢菜の漬けものに舌鼓を打ち、リンゴのテンプラには眼を丸くした。

生活文化——その自然と風土と歴史が生んだ知恵のかたまりである衣食住の文化——の真髄を、特に食の文化のなかに切々と感じ、それを受け継ぎ、たく《マ》みも見《マ》せず日常としている女たちの生活知・生命力のたくましさをしたたかに見せられる思いで胸を熱くし、私にとって改めて新しい発見となった。

ゼミの総括は「リンゴ村からの報告」という冊子にまとめられたが、私はこの冊子のなかでも「いい青年」畦上忠治との出逢いについて語っている。

「信濃生産大学」

中野市調査による信州の発見は、私に次の出逢いを準備してくれることになった。

「信濃生産大学」への参加である。

信濃生産大学は、戦後日本の社会教育史に燦然と輝く「農民大学運動」の主峰である。

南信駒ケ根市に信州全地域——北は豪雪地帯の栄村から、中信、南信の隅々の村々まで、いわゆる「農村実力派」と呼ばれ始めた農民たちが二泊三日の学習会を開催するのである。

「生産学習と政治学習の統一」を合言葉に、観念ではなく「実践をぶらさげ」て集う農民の背景には「農業基本法」政策（一九六一年制定）が「農業近代化」の名の下に押し進め《ママ》られようとする緊迫感があった。私たち学生の参加はもちろん「書記係」という立場である。

だから、一旦、分科会、分散会、全体会での報告に接してみると、立ち入ることは無論、付いていくこともできない。ただ無我夢中でテープを廻し、要点のメモにキリキリ舞いするばかりである。私は「すごい」と思った。

考えてみれば、ここで討議されている理論と実践の質量の高さ、重さは、当時の日本農業の矛盾と隘路をさぐり、創造しようとする最先端、最先鋭たちの最前線、深奥部での議論だったのである。馳け出しの学生に歯の立つわけがない。

とりわけ強烈だったのは、小林節夫という三〇代前半の牛飼いさんへの刮目である。

私は小林節夫さんから受けた感動を、もう一人の「おとな」山口一門さんとの出逢いを含めて拙著『やさしさとは何か』のなかで次のように描いている。

「世の中には、何とすばらしいおとながいるんだという身のふるえるような感動に遭遇したいくつかを、私は今もって鮮やかによみがえらせることができる。

一つは、長野県佐久平の、ある牛飼いさんによってもたらされたものであり、もう一つは郷里茨城の、ある農協組合長によって得たものであった。

二人に共通する、気張るところのない、淡々としたおおらかさ、それでいて、まぎれなく事実を直視してものをいうたじろぎを知らない不屈さ――八ケ岳のふもと、霞ヶ浦のほとりという対象的な自然を背景に、立ちすくみさえした二人の先達との出逢いは、私に、それまで知らなかった人間の雄勁さを教えてくれた。

これまで思ってもみなかった骨太く不動なるものの力強さ――そこから沸きあがってくる底知れない安らぎの感情――自分が粉々に打ちくだかれていくことさえが喜びになっていく不可思議な情感の満溢――二人が私を貫いた感動の核心に、私は以上のようなものを感じとったのであった。」

信濃生産大学への参加は、郷里に帰って農村の社会教育主事になる私の決意を不動のものとしてくれたのであった。

このようにして私は、「ユネスコ学習権宣言」（一九八五年）にいう「社会のあるがままに流される客体から、歴史を創造する主体」へ成長する道を、ようやく体得することができたのである。

【※1】　風見章先生が私に揮毫してくれた四字熟語は「寧静致遠」――「寧にして静なれば致（ゆ）くこと遠し」という諸葛孔明の「戒子経」の一句。風見先生は色紙の裏に「学問は深く考うべし、然らずんば大成せず」と意訳を書き添えてくださった。

おわりに

　自分の現在を明日につなぐためにも、過去をしっかりとみつめてみたいと書きとめてみた自己形成史ノート「いしくれ（石崩れ）も六回目を迎え、分量としては四〇〇字詰め七〇〇枚近くに達してしまった。

　何よりもまず、このような機会を提供してくださった北田先生、小林先生に心からお礼を申しあげる次第である。

　ただいつも、忙しさにまぎれ、締切り日をすぎて、推敲もままならぬ書きなぐりとなり、編集の方がたにご迷惑をおかけし、したがって「出来映え」もままならず、お恥しい限りであったことをお詫び申しあげたい。

　ただ一言、あえて弁解させていただけば、「こんなもの」でも、「青少年文化論」（日大文理学部講座の一コマ）という授業のなかで、サブテキストの一つとして学生さんたちに読んでいただいたところ、「先生、私も自分をふりかえり、自己分析してみたくなりました」という声もチラホラ聞こえ、「少しは役立つのかな」と、意を強くするところもありました。

　いずれは整理をし、自分の記録として残すのも一興かななどと考えております。

　長い間、紙面を穢させていただき改めて厚くお礼申しあげます。

　ほんとうにありがとうございました。

II　社会教育実践論

「寿比南山　しのぶ」

「南山の寿」と読む。中国陝西省にある終南山の異称。この終南山が崩れることがないようにいつまでも栄えること。転じて「長寿を祝うことば」

水海道市婦人議会をひらいて

一、水海道市婦人議会実施要項

（1）目的

市内の地域婦人団体による「水海道市婦人議会」を開催し、市政についての関心と認識を深め、婦人の教養の向上を図り、実践活動を推進するとともに市政の発展に資する。

（2）主催

水海道市地域婦人団体連絡会

（3）後援

水海道市、水海道市議会、水海道市選挙管理委員会、水海道市教育委員会

（4）場所

市議会議場（本会議）、委員会室（常任委員会）

（5）参加者

水海道市地域婦人団体連絡会会員

（6）議会の運営

婦人議会事務局を構成（一一名）し、市議会事務局及び教育委員会の指導助言によりその任にあたる。

（7）議会の内容

（イ）常任委員会（学習会）

昭和四五年一月二八日

（ロ）本会議

昭和四五年二月一九日

（8）実施方法

（イ）常任委員会（学習会）

各地域婦人団体から推せんされた婦人議員三〇名と婦人議会事務局員一一名による学習会を開催し、市政の概要、地方自治のあり方、議会の運営等について学習するとともに、常任委員会を構成し、所管課長等より市行政について説明をうけ、一般質問事項の設定、質問者の選

定等を行なう。

常任委員会の構成は次のとおりとする。

・総務委員会……広域行政、開発、消防、財政問題など……8名

・文教厚生委員会……教育行政、保育問題、社会福祉、環境衛生、公害問題など……8名

・建設委員会……道路、住宅、水道問題など……7名

・産業経済委員会……農林行政、商工観光諸問題など

（ロ）本会議

会期を一日とし、婦人議員三〇名及び婦人事務局員一一名をもって行なう。

会議は初議会方式により行ない、市長の所信表明にはじまり、一般質問を主体とし、意見書（案）の上程を行なう。（議事日程は別に作成）

二、婦人議会開催までの経過

（1）一月九日

市地婦連（「水海道市地域婦人団体連絡会」の略―編集者註）新年会をかね第一回準備会、婦人議会開催についての基本構想を協議する。さらに本会議にむけての具体的段取りを検討。

出席者、地婦連会長、各単位団会長一〇名、市助役、市教育長、市議会議長、市議会事務局長、教育次長、社会教育主事。

（2）一月二四日

第二回準備会。各単位団から選出された議員、事務局員のとりまとめ。各議員から提出された案件の整理。各委員会への割りふり。

（3）一月二八日

第一回学習会並びに常任委員会

・市行政について（市助役）

・地方自治について（教育次長）

・議会の運営について（事務局長）

・常任委員会の開催

各婦人議員より寄せられた一般質問事項につき関係課長から説明をうけ、本会議における質問事項並びに代表質問者を選定する。

・全員協議会において各常任委員会の報告を行なう。

（4）二月九日　代表者会議

本会議のリハーサルを行ない、一般質問案件の内容につき深く検討学習する。

（5）二月一四日　代表者会議

二月九日の補足

（6）二月一九日　本会議

三、婦人議会で出された問題

三〇名の議員から出された一般質問案件は、六〇をこえたが、その主なものを列記すれば次の通りである。

（1）総務委員会関係
・市の開発計画について
・統合による廃校利用をどうするのか
・臨時所得に対する公平な課税について
・農村地区の急病人対策について
・新都市計画法による地域決定の進行状況について
・市役所関係行事日程の調整について

（2）文厚委員会関係
・農村地区の危険物並びにゴミ処理について
・老人ホームの設置について
・公害対策について
・学校給食について
・遊園地の設置について
・保育所の園児バスの運行について
・市立図書館の設置について
・通学道路の整備について
・健康診断所の開設について
・プールの衛生管理について

（3）建設委員会関係
・市内貫通主要橋に歩道橋を並設することについて
・市営住宅の増築について
・宅地造成と公共用地の確保について
・農村住宅改善資金の対策について
・側溝、下水、部落内市道の整備について
・通学道路における駐車の時間的制限について

（4）産経委員会関係
・農業振興対策について
・空中防除実施時期の再検討について
・園芸組合の組織強化について
・稲作の集団ならびに委託栽培について
・農村後継者対策について
・米の生産調整に対する市当局の考え方と今後の農業経営について
・消費者行政について

その他もろもろの問題が出されたが、事務的な報告としては以上のとおりである。

四、反省とこれから

私たちは、先ごろ「日本の社会教育第一三集――都市化と社会教育」のなかで、「茨城からの発言」として、次のような考えを明らかにした。

「……近代の教育は、生活の地点をはなれ、都市と農村、都会と田舎という対概念の一方のみに比重がおかれ、それはそれなりの個性をもち、生命感にあふれた豊かな生活や文化の場として等しく考えられるということがなかったといいうるであろう。事実においては、農村というものが、生活と文化をもつ個性的な「地域」と考えられるよりは、中央に対する地方として常に把握され、出世主義的価値観のもとで、「世に出る」というよりは「世を出る」という形になりつつ農村が去勢されてきたといっても過言ではないであろう。……社会教育の原点は、まず、地域に、生活の場に文化を創造するという仕事でなければならない。そこに生の意義感が匂い、生命の尊厳が認められ、主体的に個々の生命が息づく文化の創造に貢献するものでなければならない。……社会教育は、より本質的に自治的なものであると考えるからである。社会教育は（学校教育と比較する時）、より本質的に生活的地域的実践という本質をもっていると考えることができる。これまで、社会教育は、主として教育権、生存権にもとづく主張と考えられてきたが、われわれは、同時に自治の概念、自治の範疇に属して社会教育の実践を明らかにしていく方法をもたなければならないと考える。……それぞれの地域、それぞれの生活の場において、主体的文化、主体的人生を創造し確立しようとする課題にこたえ、奉仕する行政として社会教育の実践を位置づけなければならないと考えるものである。……」

この主張は、いま、七〇年代問題といわれるものの中心的課題の一つである地方自治の問題を、社会教育の実践のなかで深め、論証したいという考えを秘めたものであった。

ある意味では、水海道市における婦人議会の開催は、その一つの試みだといっていいであろう。

そもそもの発端は、茨城県が全県的な規模で行なった「茨城県婦人議会」にあったが、当市の地域婦人団体が、その趣意を非常に主体的積極的にうけとめ、独自の内容をもって地域で実践化したのが今回の試みであった。実際のとりくみのなかから、

一つには、準備会から本会議までの期間が短かく、開

催の趣旨が全体のものになりきらぬまま、常任委員会（学習会）、本会議を迎えてしまったことと同時に、婦人議員の多くが、議会運営の整えられた複雑さ、男たちの心根がそそがれる議会運営の妙、深遠さに眩惑し、内容的な検討以前の手続き的理解にエネルギーと時間が消耗された結果の準備不足。

二つには、その結果、六〇以上の質問事項が出されたとはいえ、組織的に末端会員の声がくみあげられ、その集約として本会議が開催されるには至らなかったこと、

三つには、婦人議員が、地域婦人団体の幹部を中心として構成されざるをえなかったため、多くの婦人団体やグループの声が多様な型で反映されなかったという欠陥を持たなければならなかったこと。

四つには、お母さんたちから出された案件が、意外に多くの、意外に深い内容をもっていたのだという点での認識不足、学習不足を否定できず、せっかく鋭い重要な問題を提起しながらも、つっこんだところで論議がかわされ議論が進んでいくという場面が少なかったことなど、いくつかの反省が出されたが、お母さんたちが地域の具体的生活から問題を発見し、それを掘りさげ、明らかにしていくなかで、地方自治の実態にふれつつその重要性を学びとっていったということは、内容方法ともにこれまでの婦人教育、婦人の学習活動に一つの出口を与えるものではなかったかと、考えるものである。

事実、はじめはそれほど多くの結果をまねくと考えぬまま、常任委員会を迎えたのであったが、出された案件が含む内容の豊富さと深さに、問題を出したお母さんたち自身が驚き、一回だけ予定した常任委員会ではとうてい本会議での一般質問事項をしぼりきれず、三回にわたって学習会が重ねられ、そのたびごとに問題意識が深まっていくおもしろさに、目をみはり、腕を撫したといってても過言ではなく、婦人会の幹部として相当高い意識をもったお母さんたちであったにもかかわらず、改めて学習するよろこびを深めていったといいうるほどであった。

それには、こんど婦人議会というものが開かれるのだそうだと洩れ聞いた一般会員から「こんなこともとりあげてほしい、あんな点についても聞いてほしい」というような激励電話が何件かあるなど、多くの人たちの関心を集めたこともあったであろうが、ある婦人会の幹部が、反省会の席上しみじみとした実感をこめて語った「毎年婦人学級を開くたびに、こんどはどんなテーマをとりあげていったらいいのか頭を悩ませつづけてきましたが、こういう風に問題をとりあげていけば、学習課題などというものは無数にあり、無限につづいていくもの

なのですね」という言葉が、みんなの気持を代表していたということができるであろう。

県下ではじめての試みであったということもあり、各紙はそのタイトルで「市政との断絶をなくそう、主婦らが一日議会、キメ細かい施策要求へ」「婦人の声を市政に、水海道市地域婦人団体連絡会、来月中旬に〝一日市議会〟」というように報じ、地婦連会長・関根千代さんの話として「県婦人議会に参加して、婦人でなければならない問題の多いことを発見した。私たち婦人も、市政の根本を知ることは大事なことだと思う。これによって、たとえば総合開発などから出てくる公害や風紀問題など、先手先手と勉強していけばある程度まで防止できるのではないでしょうか」と掲載したが、これがお母さんたちのいつわりのないホンネである。

先にあげた四つの反省をどう生かしていくか、四五年度の仕事がいま進んでいる。その集約された型は、次のような中央婦人学級の開設である。

・学習目標

生活に直結する地域課題の発見、掘りさげをすすめ、婦人としての市民性社会性の向上をはかる。

・テーマ

(1)開級式、婦人学級のねらいと進め方
(2)四四年度婦人議会から学ぶ
(3)水海道市のこれからとお母さんがたへの期待
(4)環境衛生について考える
(5)子どもたちの教育と安全をめぐって
(6)変貌する社会における婦人の生き方と団体活動のあり方
(7)経営上の問題を掘りさげる
(8)婦人の健康と体力増進を考える
(9)くらし(消費生活)と政治
(10)地方自治と婦人のあり方
(11)婦人議会の参加と傍聴
(12)他学級との交歓会
(13)閉級式、四五年度の反省と次年度の計画

たまたま委嘱をうけた文部省の十万学級《ママ》を活用し、時間をかけて、本議会にむけ系統的に予備学習をつづけていこう、その際できるだけ一回ごとのテーマについて多くの意見を反映していくような姿勢でとりくもうと約束しあった学級である。この作業が、どこまで、お母さんたち自身の仕事として深められ、広げられていくか、期して待つべきものの多い現在である。

自己主張が弱い、社会性に乏しい、政治にうといといわれつづけてきた農村のお母さんたちが、たしかにあが

りきって、なかには、声をふるわせながらも、精一杯に本会議の議場で質問する姿は、たどたどしいものではあっても、ほんものの議会以上につめかけた傍聴席のお母さんたちに深い共感を与えたようであった。

今年度は、第二回の婦人議会とともに青年議会の準備もすすめられている。

それもまた楽しみであるが、とにかく歩み出した婦人議会が、上すべりすることなく、十分な準備のもとに、すそ野をひろげつつ、若いお母さんたちやお年よりの声までも含んで、一歩一歩成長し発展していくことを、ほんとうに大事にしたいと考えている昨今である。

（『月刊社会教育』一九七〇年八月号）

「青年議会」を考える

一、ねらい

「水海道市青年議会を開催することによって、青年に、水海道市の現在と将来によせる抱負と希望を発表する機会を提供し、若々しい市政の進展に資するとともに、青年が、地方自治に対して、正しい認識をもつ一助とする」。水海道市青年議会実施要項にしるされた、青年議会開催の目的は、以上のようなものであった。一つには、青年の声を市政に反映させようということであり、二つには、青年議会開催の過程のなかで、青年が、地方自治のしくみとその現実を正しく知る手がかりにすることであった。

現在、社会教育の停滞や形骸化が問題にされ、教育というよりは、対策といった方がいい仕事の分量が、ますます増えつつあるというのが、行政社会教育のいつわらない現状ではないだろうか。そして、その停滞と形骸化をもたらした要因の一つに、社会教育の政治からの逃避、社会教育における政治教育の回避という事実があると考えることができるであろう。

行政社会教育を進める核心である、社会教育主事の専門性の未確立、身分の不安定が、その根本原因であるといえようが、もし、社会教育の今日を、そのままで放置しておくならば、社会教育の明日が、いったいどんな明日になっていくのか。いやそれ以上に、地域の明日全体がどんな明日になってしまうのか、社会教育の社会的存在そのものにかかわる本質的な課題の一つとして、社会教育にたずさわる者が、日夜心をいためずにはいられない問題であると思われるのである。

中央たると地方たるとを問わず、議会、それは、立法機関ないしは議決機関として、主権在民を根本原則とする民主主義社会における最高の政治機関である。それゆえにこそ、最も神聖なものでありながら、時には、血みどろのたたかいの場となり、恥ずべき汚辱が公然と行なわれたりするのであろう。

そのことを考える時、主権者たるにふさわしい政治的教養が、近代市民社会の構成員としての最低の条件である以上、地方自治のしくみや現実がいったいどうなっているのかを知ることは、社会人としての第一歩であり、社会の未来がその肩に託さるべき青年の学習として、必須の課題であることは、いうまでもないであろう。それでいながら、現実の政治に圧倒されがちな社会教育の現実は、ややもすれば、それゆえにこそ、非政治主義という一種の政治主義のなかに安住しようとしているといえるのである。

青年議会を通して、地方自治の一端を知ろうと考えた理由の一つは、社会教育の以上のような消極性を悲しむところから出発していたということができる。

しかしそう考えただけでは、市長以下全管理職が出席して一日模擬市議会を開くことはできなかったであろう。

もう一歩つっこんで考えれば、そのような現実にある社会、教育活動ではあっても、政治の現実がある期待をもって社会教育を必要とせざるをえないという条件に支えられたからこそ青年議会が実現したのだといえるからである。

社会教育にたずさわる者は、その実践を、教育的な尺度、教育的な価値を基準にして判断したいと考えるが、それは常に、政治的な評価、政治的なものさしで推しはかられているという悩みにぶつかる。それを、一口に教育の政治性ゆえといってしまえば簡単なことであるが、それでは常に政治優先であり、教育の独自な社会的価値は存在しえなくなるともいえる。「教育と政治に本質的な波長のちがい」があると考えるとき、教育の論理が容易に理解されず、政治の論理が何よりも先行し、教育抜きの対策や行事が、社会教育の日常となって社会教育が血の気を失っていく時があるにしても、いつかはかならず、両者の波長がまじわり、教育の波長が政治の波長をのりこえる現実となって政治の論理を変えうる力を持つようになるであろうと思うのは、ひいきの引き倒しであろうか。「青年の声を市政に反映させる」主体が誰であるかは当面措くにしても、青年の声に謙虚に耳を傾けない以上、政治自身の現実が立往生する可能性が生まれ、社会教育と政治の波長の交点に、今回の青年議会が開催されたと考えるゆえんは、以上のような心で、現実の動きを見ていたからである。

二、背景

茨城県に住む者として、茨城という風土を安直に論ずることはむずかしいが、ある意味では、茨城県の教育以上に、政治の論理に密着した教育は全国的にもまれだと いえるであろう。いや、自己弁護がましくいえば、茨城の政治の論理ほど、教育の論理にほど遠いものはないといった方がいいのであろうか。県議会の黒い霧事件、那河湊市役所ガードマン導入事件、波崎町長選における現ナマ郵送事件など、全国版の新聞紙上をにぎわした「政治的後進性」の見本は、はからずも露呈した氷山の一角ともいうべきものだからである。

しかし、その茨城にも、いくつかの変化があらわれはじめたのである。

四年前の黒い霧解散の直後は全国的注視をあびながらも、「アンシャンレジーム」は基本的には維持された。獄中当選者八名という他に例を見ない結果で新生県議会がスタートし、連座係争中の議員が正副議長を占めるという状態だったからである。

それから四年、四五年一二月に行なわれた県会議員の選挙結果は、おおかたの予想に反し、注目さるべき事態を生んだのである。

一つは、県議会の全般的若返りであり、二つには、水戸市におけるトップ当選による共産党議員の誕生であった。

まず、若返りについて考えてみよう。

例えば、水海道市における県議選は、元市長、県議会常任委員長、自民党県連政策審議会長を肩書きに持つ、常勝現職県議と市議一期を中途で辞退した昭和生まれの保守系無所属新人候補の一騎打ちとなった。故風見章の生地として、県内では革新票の固定比率が比較的高いといわれながらも、候補者難から社共両党はこの選挙を見送ったのであったが、地元選出自民党国会議員、現市長、市議会議員の大多数をその陣営に擁した現職候補の勝利は、ほぼ動かし難いという見方が支配的であった。

しかし、開票結果は、予測に反した新人候補の快勝に終った。しかも、同じような結末となった選挙が、水海道市だけにとどまらず、東京に近い県西南部、開発にあえぐ鹿島などで、ぞくぞくと生まれたのである。

また、共産党による県議会での初議席獲得しかも水戸学の地、県都における共産党の常識的固定票に一〇倍にもなんなんとする大量得票は、まさに、ああと驚く出来ごとであった。

選挙は水ものだった。しかし、それだけでは割り切れない。有力議員の安閑たる油断や読みのなさが個々には責められもしようが、ここまでの客観的事実になってみると、これは時の流れと考えるほかはなかったのである。

そして、県議会の選挙に引きつづくいくつかの選挙結果は、さらに時の流れを痛感させざるをえなかったのである。

市制施行にともなう都心からの玄関口、取手市の市長、市議補選は、以上二つの特徴をいっそうきわだたせる役割を果したからであった。

市長選は、元助役、元社教主事、洋裁学校長の三名で争われたが、ここからは、元社教主事、三八才という全国最年少の市長が生まれ、同時に行なわれた市議補選においては、二六才の共産党主婦が、当選した市長の得票を五〇〇票近く上回る圧勝となって衆目を驚かしたからである。

事態がここまで明らかになってくると、統一地方選挙をひかえたそれぞれの首長、議員も、はっきりと自己の体制と政治姿勢を再検討し、何が彼らをこうさせたのかについて、正確な分析を試みざるをえず、それなりの謙虚な反省にもとずきエリを正して最後の一点鐘に全力を傾注せざるをえない。

よしあしの評価はともかくとして、このような新人抬《ママ》頭と共産党の進出という二つの特徴を示したこれら一連の選挙結果を生み出したものは何であったのだろうか。根本的には、茨城県のような過密、過疎の中間地帯にあっても、地域に根ざした生活の安定が大きく揺らいでいるという深刻な事実に求めることができるであろう。

そのなかでも、もっとも大きな打撃をうけているのは農民である。今や、各種の開発政策によって、農耕地の他目的用途による移動、かてて加えて生産調整による減反は、貧しいながらも安定を誇った農民の生活を大きな不安におとしいれているといっていいであろう。

たしかに、手っとり早い出稼ぎや工場勤めによってその日の生活に困るというようなことはなく、土地成金ともなれば、衣食住すべてにおいてわが世の春をうたう栄華に酔い痴れ、かつての「お伊勢参り」も、農協さんとして海外にまでその名を知られるような外国旅行になっているようなところもあろう。しかし、これは、一部の一時だけのまぼろしのようなものであり、普通の大多数の農民にとっては、先行き不安こそが基調であり、端的にいえば、農村における土地問題、経営問題の帰結としてあらわれた最底辺の農民の賃労働者化による政治的動揺として「ハプニング」したのが今回の一連の結果であると考えてこそ、ことの本質に正しく迫りうると思われるのである。

　そして、賃労働者化とはいっても、それは極論すれば、社会的にはその日ぐらしに近い保障のない未組織のそれであるがために、その政治勢力、政治意識のあらわれかたは、無方向のものであり、ただ何はともあれ、今のままではあきたらず、現状打破の力として、新しいもの、変化の方向に有利したと考えることができるであろう。したがって、最近の選挙に見られる「現ナマ」の横行などに対しても、一部は無節操なものをもっており、「金のかかる選挙」の土壌になる側面を含みながらも、基本的な方向としては、政治の「革新」を受け入れる要素が主であり、当面「がんくびをすげかえてみる」役割をになったのだといえるのである。

　そして、共産党の進出は、「革新」の中心である社会党の低迷という事態を背景にしながら、開発、公害、物価、減反、交通地獄など、いのちとくらしに鋭くかかわる生活課題、地域問題をすばやくとりこんで、赤ん坊から年寄りまで、一人一四枚にも及ぶといわれる大量宣伝（水戸市の例）を行ない、一つの明確な方向に、精力的な組織活動を展開したことによってもたらされたものであるということができよう。

　このことは、県都、鹿島開発によってストレートな問題をひき起されている鹿行、首都圏過密による人口の逆流入等都市化の激しい県西南部を中心にして、新人抬頭《ママ》と共産党の進出が顕著であったということによっても裏書きされるのである。

　これらの事実を考えるとき、常とはかわって、「一人一人の人間が票に見える」ほどにさしせまった統一地方選挙をひかえて、選挙民の心をどうつかんだらいいのか、ことに情熱と行動力を生命とする青年の心をどうとらえたらいいのか、「青年の声を市政に反映させる」機会は、いわば渡りに船だといってもいいものであった。

三、論点

さて、以上のような、いわば、グッドタイミングとして開かれた青年議会は、はたして教育でありえたのか、対策であったのかということにふれてみたい。

昨年、第一回婦人議会の開催について、本誌七〇年八月号の誌上を借りて報告した際、その後の意見として、社全協の会合等において、はたしてこれが社会教育なのか、「社会教育」であったにしろ、結局は、体制順応の社会教育でしかないのではないか、という批判があったように仄聞した。こまかい内容を十分知りえないまま、同じような青年議会を開いたわけであるが、それらの批判を念頭におきながら、社会教育としての学習の成立という問題を考えてみたいからである。

今回の青年議会は、たしかに、青年たちにとって、突然のせわしい日程であった。二年ぐらい前から、県の青年議会にならって、独自の青年議会を開いてみたいという希望があったのであるが、それが実現しえぬまま、四五年度も終ろうとしていたからである。したがって、青年たちにとって、青年議会開催の意向が示されてから、四〇日たらずで準備をし、当日を迎えるというスケジュールになってしまった。四〇日もあれば、時間としては十分のようであるが、ただおざなりに、きめられた人数を指定して開催するのであれば、ありあまる日数であったかも知れない。

しかし、昨年の婦人議会の反省として、「一つには、準備会から本会議開催までの日数が短かく、開催の趣旨が全体のものになりきらぬまま、常任委員会（学習会）を迎えてしまったことと同時に、婦人議員の多くが、議会運営の整えられた複雑さ、男たちの心根がそそがれる議会運営の妙、深遠さに眩惑され、内容的な検討以前の手続き的理解にエネルギーと時間が消耗された結果の準備不足。二つには、その結果六〇以上の質問事項が出されたとはいえ、組織的に末端会員の声がくみあげられ、その集約として本会議が開催されるに至らなかったこと。三つには、婦人議員が、地域婦人団体の幹部を中心として構成されざるをえなかったため、多くの婦人団体やグループの声が、多様な型で反映されなかったという欠陥を持たなければならなかったこと。四つには、お母さんたちから出された案件が、意外に多くの、意外に深い内容をもっていたという点での認識不足、学習不足を否定できず、せっかく鋭い、重要な問題を提起しながらも、つっこんだところで論議がかわされ、議論が進んでいく場面が少なかったこと」などが出されている。

それを克服する方法として、「回覧、有線放送等によって、市内全青年に青年議会開催の趣旨を周知し、各公民館（一〇か所）ごとに、公民館長を主宰者とする『青年議会開催のための地区別懇談会』を開き、青年諸君の市政に対する要望を集約し、各地区毎に、議員および事務局員を選出する。各地区から選出された議員、事務局員によって学習会を開催し、市政の概要、地方自治議会のあり方等につき学習するとともに、常任委員会別にわかれ、各地区より集約された要望をもとに、一般質問のテーマを設定、正副議長および代表質問者の選定をおこなう。常任委員会で選出された代表質問者により研修会を催し、問題意識を深めるとともに、本会議の日程、質問順序等を確定する。会期を一日として、一般質問を主体とする初議会方式によって本会議を実施する。」という方法がとられた。

しかし、この過程もわずか一週間ということになってしまったため、その意味では、第一回婦人議会と同じような欠陥をもったままではあった。

それでも、二〇日近い準備活動を通して、旧町村ごとに、一〇か所に及ぶ「懇談会」が開かれたこと、連合青年団イコール農業専業青年だけでなく、市内の多様な職種、職業をもつ青年の代表が選ばれてきたこと、しかも各地区懇談会ごとに、青年自身の手で代表が選ばれた点などは、昨年の婦人議会にくらべて、根本的にちがう要素をもつことができたといえよう。

青年議会開催の重点は、一日議会がどのような形と内容になってあらわれてくるかの原動力である、準備過程、組織活動のなかにおかれたからである。

それは何故か。

青年議会が、青年にとって、学習として成立しうるかどうかのきめ手が、たとえ青年議会をめぐって、どのような意図・評価が、あらゆる立場からなされようとも、青年自身にとって自らの認識を深め、高め、変えることにつながりえたかどうかにあると考えたからである。

一つの行事、大会、研修会、学級会、社会教育のあらゆる集まり、学習過程が、主催者の意図とは別個に、それ自身として、ある状況のなかで、客観的意味と役割を持つものであることを無視してはならぬであろう。しかし、ただ、外側からの客観的意味あいだけを考えて、教育という実践が評価されきるならば、そもそも、教育という独自な社会過程、実践は、ほとんど積極的な価値をもちえないといってもいいであろう。

問題の核心は、その内部で何が、どのように行なわれたのかということであり、学習主体の認識の発展にかかわる内側からの評価、青年抜きにではなく、青年自身の成長という項を通した評価でなければなるまい。

われわれは、一九七一年というある特定な時代の日本に住んでいるのであって、それ以上でもそれ以下でもない。そして、七〇年代の日本に対する客観的な方向におけるある確信なり、主観的願望をもち、その願望にもとずいて未来をオリエンテートすることは自由であろうが、そのことによって、現実から未来を、性急に描くことはできない。

もちろん現実のなかにその芽ばえや可能性を正しく見なければならぬであろうが、だからといってその可能性は、常に能動的、触発的な状態として存在するとは考えられず多様な過程を必要とする多様なイッシュウをもって存在するというのが実際である。

そして、社会教育という一つの分野がになう位置や地点は、多くそれ以前の問題にかかわるという手間とひまのかかる分野であろうと考えるのである。

即ち、社会教育、ことに行政社会教育の限界を、それぞれの客観的、主体的条件のなかできびしく認識し、裁断することなしには社会教育という独自性はまもられず、時には自ら政治主義的自滅の道さえたどることになろう。

社会教育における条件整備や指導助言の範囲は、社会教育主事の主体的な、しかし自戒に満ちた裁量によってきびしくまもられなければならないと考えるからである。

運動のない存在はないが、存在のない運動もない。一つの磁場が設定され、それが始動するとき、その磁場は、自ずとそれ自身の法則性にもとずく運動を展開していく。形式としてではなく、内容として、どのような磁場を提供するのか、そこに社会教育の独自な意義を見い出すことができるであろう。禿鷹がこようが、何がこようが、あとは野となれ、山となれというわけではないが、その磁場における独自な運動法則が貫ぬかれていくことを確信する以外にない。それ自身の自律的な運動がはじまった以上、リモートコントロールなどという外力などによっては、それ自身の本質的な運動法則、運動形態をかえることはできないからである。

ともあれ青年議会は開催された。旧町村のうち、青年団が消滅していたただ一つの地区を三日間まわり、地区別懇談会の呼びかけを行ないながら、三万八千近い人口のなかで、社会教育専門家として、外まわりをしているのがわずか一人という手不足を考え、気の遠くなるようなまだるこしさを思わずにもいられなかったが、その地区での会合に集った二〇名近くの青年は、これまでほとんど社会教育の行事や学級に顔をあらわさない人たちであった。

そして、青年議会の趣旨をあらためてくわしく話し、市政に対する要望を聞きはじめると、五〇いくつかの問題が次々と出されたのである。話しはじまってから約四時間、翌日になることを考えて打ち切ったのであったが、結局、今回青年議会開催過程を通して出された問題は、一五〇余件、参加人員は三〇〇名であった。

青年たちは、今回の青年議会が、どういう意味で開かれようとしたのかに、すばやい、確かな反応をしめし、青年議会の活用をはかった。そして

①とにかく、青年の声が直接届く場を、今後も継続的に持ちうるようになったこと

②無関心だった市政に対して関心を持つ契機になったこと

③ある程度、地方自治、行政のしくみや現実を知ることができたこと

④身近かな地域での問題、生活上の課題をとらえる眼を養うことができ、問題のとりあげかたがわかったこと

⑤自分以外の職業にたずさわっている人たちの生活や意見を聞くことができたことなどを率直に喜んでいる。

青年議会は、それだけポツンとした行事としてではなく、その他の青年の学習や活動との関連のなかで今後も開かれていくことであろう。とすれば、青年議会が、青年たち自身のものとして、自らの手で運営されていくかどうかだけが残されることになるであろう。

（『月刊社会教育』一九七一年七月号）

登録率三〇パーセントの秘密

はじめに

まず、私たちの町のことからご紹介することにします。「ミツカイドウ」と読む私たちの市は、地図でみますと、関東平野がまっ青に染まった丁度どまんなかあたりに位置する典型的な農村地帯です。人口は四万一〇〇〇人強。利根川の支流である鬼怒川の水運で発達してきた旧水海道町を核にして周りの九村が合併し、昭和二九年に市制が敷かれました。とはいっても市街地の人口比率が約二五%という水田散村といった方がよく、歴史をたどってみると、近世以後、文化的・経済的に活発な様相を呈していた時代もありましたが、今日では特別の地場産業もなく、商業町としての伝統も、こんな大消費時代ですから、年々近隣の新興都市等（柏、松戸、土浦など）に蚕食され、将来展望がなかなか大変だというありふれた田舎町です。

さてこんな私たちの市に「ヒナニハマレナ」市立図書館が生まれました。開館後一年間の利用状況をみてみますと、主な指標は別掲のようになっています。

開館前の予想値は、登録率一五%、年間貸出冊数八万三〇〇〇冊ということでしたから、大いなる見込違いでした。面積が七八平方キロメートルと広く、図書館までの平均距離が五キロメートルをこえている状況のなかで、どうしてこのような高い利用が実現したのか、私たちはおおよそ次のように考えています。

万機公論に徹した基本構想作り

まず第一点は、図書館ができあがるまでのプロセスのなかに大きな鍵があったということでしょうか。

そのなかでもとりわけ大事だったと思う点は、基本構

水海道市立図書館　開館一年間の主な指標

（昭和 57.7.24 ～ 58.7.23）

A．基礎数値

1．人口……41,576 人（昭 58.7.1 現在）
2．利用登録者数……12,310 人（同上）
3．レコード・テープ利用券……1,394 人
4．蔵書冊数……43,472 冊（入力ずみのみ）
　内（1　児童図書　13,250
　　 2　参考図書　2,068
　　 3　一般図書　28,154）
5．紙しばい数……405 組
6．レコード・テープ保有点数……1,160 点
7．貸出冊数……109,912 冊
8．レコード・テープ貸出点数……12,376 点
9．総貸出点数……122,288 点

B．指標

登録率　12,310 人 ÷ 41,576 人 × 100 ＝ 29.6％
人口一人当り貸出冊数……122,288 点 ÷ 41,576 人 ＝ 2.94 冊
登録者一人当貸出冊数……109,912 点 ÷ 12,310 人 ＝ 8.9 点
レコード・テープ同上点数……12,376 点 ÷ 1,394 人 ＝ 8.9 点
蔵書回転数……109,912 冊 ÷ 41,404 冊 ＝ 2.65 回
レコード・テープ回転数……12,376 点 ÷ 1,160 点 ＝ 10.67 回

想に時間をかけたということだったように考えています。「いま私たちの市にどんな図書館が必要なのか」ということを、まず行政内部で、さらには市民をまじえて相当時間をかけて討論してきたという事実が図書館の内容をよくし、図書館への期待を大きくしていったと総括できるでしょう。

その一例を紹介しますと、図書館構想が浮かび上ってきた年に、図書館づくりの原動力の一つとなった子ども文庫を中心とするお母さんたちのグループで、市民文化祭を舞台として「文庫展」を開き、「私たちはこんな図書館がほしい」という夢を寄せあいました。こういう努力は勉強も必要だし、手間ヒマのかかる仕事ですが、それだけにワイワイやってみるとそれ相応の効果を生むものだといえましょう。

例えば図書館建設地の決定にしろ「静かな場所に」といった通念が相当強くあったのですが、「できるだけ市民の生活動線の結接点に」という考え方に変ってきましたし、将来の都市計画等を見通しながら現在地を選ぶという結果もみちびかれました。また敷地面積の確保にあたっても、直接的な図書館サービスをワンフロアーで行うためにはどのくらい必要なのか——貸本屋のように終らないための市民の文化活動の広場——集会機能をどう

位置づけたらいいかというようなことも、なるべく万機公論に決すべく時間をかけたからこそ可能になったのだと思います。

このようにしてとにかく建設計画の段階で図書館への期待感を市民のなかに広げようとしたこと――このことが高い利用への前提的な土壌づくりになっていったのだろうとふりかえっています。

重要だったスタート――夏休み開館

次にはいよいよオープンということになっていったわけですが、実はオープンそのものが市民への図書館PRの決定的な契機になったと今考えても興奮します。

期日の選択のことですが、私たちは夏休みの最初の日を開館日と決めました。竣工が四月にずれこみ、書架の配置や図書の購入などもギリギリのスケジュールになり、目録等にいたっては基本目録さえ出せない準備過程でしたが、とにかく貸出しできる最低の条件さえそろえば、見切り発車をしても夏休み開館にこぎつけようと毎晩夜なべをし、がんばりました。その結果開館日に二四〇〇冊の貸出しをするという爆発的人出になりました。「百聞は一見に如かず」――七月の一週間に市民の五％にあたる人数の利用者があったということになるわけです。このスタートは重要だったと思います。もし慎重な開館を望み一〇月開館に後退していたら大きなハンディを背負うことになったでしょう。

新鮮だった図書館のイメージ

しかも入館してみて、これまでの図書館とはまるで違うイメージに出あったこと――いかめしい建物ではなく、明るくてオープンで、借りる手続きも極めて簡単であること、図書もすべてが新刊で、「水海道市立図書館」などというハンコが全然押してないこと、レコードや紙芝居用の貸出袋が非常にカッコイイこと等々――建物の意匠、スペース構成、図書の内容、装備、職員の姿勢や応対（この点についてはオープン前夜ミーティングを行ない、図書館の職員は清潔で親切だという印象を鮮明に与えようと確認しあいました）等々、さまざまな要素が総合されて「図書館に行ったかい？」「まだいかないよ」といったクチコミ、話題が広がっていったのだと思います。

もちろん私たちのところでも、オープンに際して、利用案内を全戸に配ったり、要覧を作ったり、市の一般広報誌で建設経過を何度も紹介してもらったり、いわゆる文字によるＰＲも行ないました。しかしそれだけだったら果してどれだけの宣伝効果が期待できたか、極めて疑問の残るところだったと思わずにはいられません。地域が悪い意味でバラケてしまっているといわれる今日だからこそ、クチコミの力は大きいというべきなのでしょうか。子どもたちを原動力に、市民のなかに広がっていった波紋のような力をしみじみと感じとったオープン直後でした。ところでここで私が注目している一つのほほえましい風景を紹介しましょう。冒頭にも記したように私たちの市は面積も広く、まだまだ農村部を多くかかえています。そんなわけで、孫にせがまれて時々百姓爺さまたちが車で送ってきます。初めはまったく場ちがいの所に来てしまったという表情でただまわりを眺めているだけなのですが、そのうちそろそろと動きだし、雑誌を手にとったりしはじめます。そんな一、二回の入館のあと「俺らでも借りられるのげ」とか「ゼニはとられんのげ」などと声をかけるようになり、いつの間にか利用者になっていくというケースが間々あるということです。永い間社会教育主事をしてきた私の場合、地域に比較的知人が多く、そんな爺さまたちと酒を飲む機会などもあり、図書館について尋ねると非常に好感を寄せていることがわかります。そんな時しみじみ、図書館員がどれだけ住民と親しみ、知りあいになれるかということがさまざまな意味で図書館の内実のバロメーターなのだと考えさせられますが、本題にもどりますと、文書活動にまさって本質的には住民や図書館職員の人を介在とした広がりの大切さを、図書館ＰＲの根底的な課題として確認しておかなければならないのだと思います。

集会機能の持つ意味

次に以上の点とも関連ある問題として、図書館の集会機能の持つ意味も大きいと考えさせられています。私たちの図書館には三つの部屋とギャラリィが作られています。最近定期的な利用が多くなってきました。俳句会、短歌会、囲碁会、古文書講座などが主なものですが、市民の皆さんが自由に使うようになってきたわけです。また時には写真展や書道展などにも利用されています。これらの催事がもたらす宣伝効果はバカにできません。初めて来たという人が沢山おり、それがきっかけで利用者になっていくからです。私たちの図書館ではまだ主催事業としての講座や著者をかこむ会などをほとんど実施していないのですが、集会施設だけは夜も開放する配慮を加えつつ、市民の皆さんのくらしのなかへの図書館の定着をいっそう進めていかなければならないと念願しています。

さいごに

現在登録率はやっと三〇%をこえてきましたが、内容をきびしく見ると、実質的には半分程度の活用だと考えています。したがってもっともっと市民の皆さんのなかに広がっていくものでなければならないことは明らかです。そのためにはどうしたらいいのか――「としょかんだより」の問題、新刊ニュースの発行、関連するさまざまな公私の広報媒体の活用、それよりも何よりも八名の職員が皆初体験者という日の浅いスタッフばかりなので、よりいっそう地域を、そこに住む人々、そのくらしや願いを知ることに全力をあげていかなければならないといえるでしょう。気どったいい方をしますと、知恵だけでなく「足でかせぐ図書館」とでもいったらいいのでしょうか。そこに一番大事な眼目をすえたいものだと心を新たにしています。

以上大変ありきたりの報告になりましたが、お近くにおいでの際にはぜひお立寄りいただき、ご教導願えれば幸いに存じています。

（『みんなの図書館』一九八四年一月号）

「学ぶこと」の復権
――その基本的視点への私見

一

「学ぶことの復権」というテーマに迫ろうとするとき、私たちはいま、いくつかの基本的視点を確認しておかなければならないであろう。

その第一の、根源的視点とでもいうべきものは、いささか大言壮語するようであるが、学ぶという人間の行為・能力は、人類の永い歩みのなかで「形成され、獲得されてきた、しかもまた未来にむかって創造され続けていかなければならない行為・能力である」という視点であると私は思う。

いうまでもなく人間の学ぶといういとなみは、人類史のそれぞれの段階、到達点において節目を追って質的転換をとげつつ、新たな地平を切り開き、創造的な道を歩んできたものであるということができる。しかもそれは、言語的能力・芸術的能力・意志的能力等々の全分野に及ぶ発展であったといえる。因《ちな》みに言語的能力の核心を形成した「ことば」を例にとってみよう。

類人猿の一つの種にすぎなかった私たちの祖先は、自己表現や相互理解の一方法として、手ぶりや身ぶりなどの身体言語の壁を突き破って、直立することによって発展させてきた脳や声帯の力等を借りながら音声言語を生みだしたわけである。音声言語（ことば）の創出は、人類の知的能力の発展に決定的な加速をもたらすことになったが、その最もめざましい成果は、思考能力を深化、拡大するという姿として現われたということができよう。

途方にくれるほど永かった人類の知的生活に、さらに革命的な事態が生み出されていく。人類の学びの能力の発展は「文字の発明」という段階を迎えることになったからである。

人類史のたかだか五〇〇分の一、七〇〇分の一にしか相当しない文字発明以来の歴史は、人類を「野蛮」や「未開」の時代から劇的に決別させることとなる。私たち誰もが承知している「文明時代」のあけぼのが到来するからである。文字の発明の核心は、人間個々の自然や社会に対する認識や思考、その成果としての知識、情報が蓄積、伝承されるというところにあったことはいうまでもない。人類の学びの能力の発展は、ここに爆発的な解放を約束される。さらにまた、私たちの祖先が、地球上のさまざまに異なる条件下に生きる事実に促されて、人類は集団、民族等の個々の能力を多極的、全面的に発達させるという姿をとる。ある民族は主として視覚の系（コロン）において人類としてのすぐれた資質を開花させ、ある民族はまた聴覚の系、はたまた思索の分野において輝かしい能力を発達させるといった具合においていある。この多様は深く注目されていい。いずれにせよこれらの総和としての人類の「文化遺産」の到達点の上にいま私たちは生きているのであり、それ以下であることを本来許されない。

人類史の到達点の一つの節目である「近代」（それはいつから、誰にとって、どんな民族と国家にとってのものであったにせよ）という社会原理の一つは、文化遺産の発達的継承という課題を、その社会構成員すべてが自らのものにするという価値観に気づくことになる。すなわち組織的教育の体制と体系を社会的に創り出す――学ぶ権利、教育への権利保障である。人類の知的、感性的、道義的獲得物の総体である文化遺産が富や権力によって独占、寡占、横奪されてきた時代はここに至って終わりを告げる端緒が原理的に開かれたわけである。このこともまた私たち誰もが承知しているとおり、わが国においてはわずか一二〇余年の歴史を持つにすぎない。

人類全体からいえば、文化遺産の精髄を誰もが共有するという時代と社会はまだ到来していない。しかしそのような意志で私たち一人ひとりの「学びのいとなみ」が方向づけられ、保障されなければならないという認識は時代の潮流（Ｚｅｉｔ－ｇｅｉｓｔ）となっている。

いうまでもなく社会に現存する組織的教育の根底に教育政策――権力によって支持された教育理念の実現という意図が働く以上、私たち国民の教育、自己形成は常にゆがめられ、ねじまげられようとする現実に逢着する。矛盾である。しかし矛盾は矛盾のまま固着しつづけえない。事物の運動は常に矛盾を止揚発展させていき、新しい矛盾を生み、またそれを止揚発展させていくという循環形態をとるからである。さもあらばあれ、私たちの国の現実に目を向けてみれば、現時点での国民教育をめぐる矛盾は「生涯学習」政策・論というかたちをとってせめぎあっている。

二

しかし論議を本筋にもどせば、巨視的に、人類が形成し、獲得し、発展させてきた「学ぶという行為・能力」はさらに未来にむかって創造的に形成され、獲得され続けていくのであろう。そして私たち国民一人ひとりがその創造主体として「育っていく」であろう。

それゆえに「学ぶことの復権」にかかわる第二の視点は、学ぶことが育つことと切りはなちがたく結びついているという問題意識に立ちきることだと私はいいたい。

むのたけじ氏が『詞集たいまつ』（三省堂）のなかで鮮烈にいい貫いたことば――「生きることは学ぶこと、学ぶことは育つことである」という観点の確認である。

言葉を変えれば、学ぶことの復権は育つことの復権であり、学ぶことの危機は育つことの危機である。したがって、学びの復権の道程は、私たち一人ひとりの国民の、育ちをはばむものとのたたかいのなかにあるといってもいいであろう。この視点なしに私たちは「学びの自由」を手にすることはできない。なぜなら、学びのいとなみは、私たち一人ひとりの「知的自立の実現」をこそ目的とし、学ぶことをとおして形成、獲得する能力――自己自身のなかに内面化し主体化していくもの――は、認識、分別、判断、行動等の諸能力であり、その純化、解放だからである。

　このような視点に立つとき、人類はいま、未曽有の存亡の危機、文明崩壊の懸崖に立たされていることに思いは及ぶ。

　人間的生命の存在の基盤である大気、水、土壌、微生物、動植物の生命系等の危胎《きたい》を初めとして、核戦争の危険は依然として私たちの脳裡から離れはしない。これらはグローバルなかたちをとっているばかりでなく、人間の知性や感性、意志や道義のこころにまで入りこんで、現在の混迷の諸相を顕在化させている。幼児の誘拐殺人を見よ。はたまた一部政治家のうすぎたない退廃を見よ。わが眼をおおう「末世の極道」は枚挙にいとまがない。かくしてニヒリズムや不可知論、エセ宗教やエセ哲学、チミモウリョウの類いの跋扈《ばっこ》となる。私は次のような先人たちのことばにこそ励まされる。

「……教えるとは希望を語ること、学ぶとは誠実を胸に刻むこと……」（ルイ・アラゴン）。

「希望ということに考え及んだとき、突然私はギクリとなった。閏土が香炉と燭台を望んだ際、私は、彼の相変らずの偶像崇拝ぶりを思って、いつになったら忘れる気かと、心ひそかに彼を笑ったのであったが、いま私のいう希望なるものも、私自身の手製の偶像ではないだろうか。ただ彼の願望は手近であり、私の願望は遙かなだけである。（中略）思うに、希望とは、もともとあるものだともいえぬし、ないものだともいえない。それは地上の道のようなものである。もともと地上には、道はない。歩く人が多くなれば、それが道になるのだ」。（魯迅『故郷』）

　さらに、私は田中正造の次のことばも忘れえない。

「……人間にとって学ぶべき最も大切なものは生きる覚悟を学ぶことである……」。

三

　人類は今や、民族や国境を越えて、日々同胞としてリアルタイムを同時状況的に生きる可能性を手にしていながら、貧困や差別、支配や従属、いわれもなき敵意や憎悪といった諸要因によって「共に生きる道」を閉ざされ、切り裂かれている。「学習権こそがキーワードである」という『ユネスコ学習権宣言』の必死な呼びかけにもかかわらず、学ぶ手段、方法としての「識字」を自分のものにすることのできないイリテラシーが一〇億人に及ぶといい、ファンクショナルイリテラシー（機能的非識字者）を加えれば途方もない数に達するだろうという。ここでもまた私は嘆きの道に陥りそうになる。しかし私は踏みとどまる。なぜなら、こういう現実――事の一面を直視しうる勇気と知性もまた「人間に属するもの」だからである。すなわちここにこそ私は人間としての希望を見い出し、人間の可能性の連綿について、希望を語る者となる。

「私はふと、人間であることを考える。生きるということが誰にとっても日々一回きりのかけがえのない時との対面であるとするなら、ひとりひとりがそれなりの個性と創造で、わが時を埋めていかなければならないのだろう。もちろんひとりひとりの毎日が、個性と創造に満ちているということはよろこびだけが連なっていくというようなものではないであろう。若き日の堀口大学が『彼らよく知るよろこびに果あることのかなしさを。彼らは知らずかなしみに果あることのかなしさを』と詩ったように、悲しみばかりか、苦しみも怒りも、時には自分の怯懦《きょうだ》にさえおびえもすることだってある日々のことである。人間の実際はいたたまれないほどの弱さやちっぽけさ、みじめさやうすぎたなさにだって満ちている。しかし人間であること、人間的であり続けたいと願うならば、人間はかならず、そのままじっとはしていられない内なる契機をもっているといわなければならないのであろう。それは、いのちというものの自律的な性に起因しているのかもしれない。そして、人間という生命体だけがそれを『希望』というかたちで知性化し、『未来』というかたちで展望化してきたのに違いない」（谷貝忍『やさしさとは何か』より）。

学ぶことの復権とは過去への回帰ではない。明日にむかっての限りなき創造である。私たちはいま、人間の学ぶいとなみを矮小化させるものと必死にたたかわなければならない。

（『月刊社会教育』一九九二年四月号）

図書館のあるくらしを創る——いくつか確認しておきたいこと

一　プロローグの風景

図書館のカウンターでいささか剣呑な次のような風景が展開されている。

老夫妻らしいお二人のうちでも奥さんの方が興奮気味に「……どうして私たちは借りられないんですか！」と職員に詰めよっている。

「図書館の利用がおできになれる方は、市の規則からいって、市民の方か市内に通勤、通学なさっている方と定めてあるものですから、そのことをご説明申しあげているわけでございます……」

図書館の職員も一生懸命説明をするが、ご老妻はなかなか納得をしない。

「それじゃあ図書館長さんを出してください。申しあげたいことがありますから」となかなか強硬である。

私の勤めている図書館長室は、カウンターのすぐ後に位置し、ガラス張りになっているから、カウンターでのやりとりはほぼ見当がつく。

「館長さん、お願いします」と声がかかる。

「だいたいのご事情はわかりました。図書利用カードの発行については、原則上、ただいま職員がご説明申しあげた通りでございます」と、私も丁寧に対応する。

「……私たち夫婦は、主人が長い勤めを退いたものですから、隣りの守谷町にマイホームを求め、引越してきたのです。老後ぐらいはゆっくりと好きな本に親しみながら過ごそうと、楽しみにしていたのです。守谷町に移転してみると、図書館がないじゃございませんか。それは公民館に三万冊ぐらいの本はあるようですよ。あれじゃあ、ないに等しいです。がっかりしてしまって、取手市の図書館に行ってみたのです。腹立たしいことに断わられてしまいました。そうしましたら、水海道市にもいい図書館があると教えられ、こうして主人と二人で訪ねてきたのです。今、職員の方にお聞きしましたら、やっぱり規則上だめだというんでしょう？　規則は規則としてわからないわけじゃありませんが、私たちだって日本国民だし、茨城県民です。税金だってきちんと納めているんですから、貸してくれてもいいじゃありませんか。水海道って、昔からこの地方の中心都市だというんでしょう？　図書館のない町村にかこまれているのに、中心都市が泣くのと違いますか？」。

「中心都市うんぬん」はともかくとして、うちの図書館も国や県の補助金なしには設立できなかったことだし、内心、若干乱暴な論理だと苦笑しつつも、「おばさん、日本国民だっていうこと、痛いほどわかるよ」と私の心は動く。

「では考えさせていただきます」――職員の誠実な応対にも考慮しなければならないし、私がワンクッション置こうとすると「何も考えることなんかないいんじゃありませんか？　図書館長さんなんでしょう？」と、この「おばさん」、なかなかうるさい「おばさん」である。

もちろん規則には例外規定があり「図書館長が認める場合」利用カードの発行は可能となる。

あれこれ気をつかった上、この例外規定を適用することになったが、この老夫妻、ほんとうに「読書人」のようであり、私には嬉しいことだ。小一時間経ってからだったろうか。

「先ほどは失礼なことを申しあげてしまいまして」と、若干まだ固い表情ながら、老夫妻満足そうに本をカウンターに並べている。

「いちおう地方自治体というものは市町村単位になっており、規則上はどうしてもそれにこだわってしまうのですね。私たちとしてはもちろん、市町村の枠を越えてオープンでありたいとは願っているんですけどね。特に茨城県は公立図書館設置等の後進県で、水海道市は六つほどの市町村に隣接しているんですが、他の市町村には独立した図書館がないんですね。だから私たちは余計に、当面オープンであることを考えてはいるんです……」。

「そうでございますねぇ。私たちは東京から引越して来たんですが、図書館って、当然身近にあるものだと思っていましたから、ほんとうにがっかりしてしまったんです。これから、どうしようかとさえ思ってしまいました。それにしても、ありがとうございました」。

二　市民と図書館

さて一件はこのように落着したが、その後私たち図書館では近隣市町村民への利用カード発行について、ある条件（家族一枚の共通カード発行）を付しながら、オープンな方向で規則の運用を広げることにした。

それはさておき、公共図書館は市民にとってどういうものになりつつあろうとしているのだろうか。

冒頭の風景は何よりも次のことを物語るものだといっていいのであろう。

公共図書館サービスを身近に経験した者にとって、そのサービスを受けられないということは耐えがたい精神的苦痛であるということである。ましてやこのご夫妻のように、多分年金生活者であろうか、精神的苦痛にとどまらず、つましい生活のやりくりのなかで、それは経済的にも多大の負担を強いるものにならざるをえまい。精神の自由はいっそう損なわれるというべきであろう。

私たちが読書世界をもつ（この際、ＡＶ資料等の活字媒体以外のものをも含めて使用する）ということは、人生における最大の発見、喜びの一つである。私たちが自分らしく生きようとする時、自分の内側から発したさまざまな問いをもつこととなり、その答えを、これまたさまざまに模索する。その問いの手がかり、糸口が図書、読書のなかにあると気づくことは、私たちが新しい世界との出逢いを実現することと同義である。大げさにいえば、そこにはすべての問いへの回答が潜んでおり、生きていくことの慰めや励まし、愛や勇気を存分に鳴り響かせつつ、自らの問いを新たに発展させていくよろこびやかなしみにさえ出逢う。

このように読書は、本来私たち一人ひとりのプライベートな内面的契機、行為を出発点とするものであり、この原理は明快に確認されておかねばならない。私たちの内面的、精神的行為である読書（の秘密）が、いかなる場合も、いかなるものによっても侵犯されてはならないという根拠を提示するものだからである。

と同時に「私人」である私たちは、共に、私たちの生きる時代と社会の切り離ちがたい構成員であるという考え方――それゆえにわたしたちはＰｅｏｐｌｅという概念を大切にする――が、私たち一人ひとり＝国民の読書（行為）を社会的事象と捉え、その豊かな内実と発展を公的に保障しなければならないとする考え方を形成していくことになる。

すなわち、私たち一人ひとりの国民が、読書を通して獲得する精神的、知的自由と自立の水準、総和が、その国民、国家の知的、精神的財宝として現在と未来を照らし出し、切り拓くものであると考えられるからに他ならない。私たちの社会の戦前と戦後の精神的、知的水準の総和を考えただけでもそれは自明である。そのメルクマール、指標はさまざまに表示することができるであろう。たとえば、国民全体の総読書量と公共図書館全体の総蔵書量との関係などとしてである。しかし、その根底を決定的に支えるものは「思想、信条の自由」「言論、結社、出版の自由」等の保障という憲法的理念であるということができる。これを教育思想史的に捉えたものが「読む権利、知る権利、学ぶ権利の保障」という思想とその発展であるといってもいいのであろう。

三　公共図書館の成立

この点に関連して、戦前のわが国民の読書生活、公共図書館利用について、次のような不幸な歴史があったことを確認しておく必要があろう。

公共図書館という概念はいうまでもなく近代社会の概念であり、わが国では明治以降の概念となる。

明治政府は、当初「書籍館」と称した図書館政策を意外に早く持つこととなる。「学令」発布と同年に属する一八七二（明治五）年に、その淵源《えんげん》が発するからである。この背景に福沢諭吉の『西洋事情』発行（慶応二年）の影響があったことはよく知られていることであり、文明開化を掲げた明治政府は初期にはかなり開明的な「知的健康」を示していたことを物語るものかもしれない。

しかしこの精神的健康は、自由民権運動の高揚と発展のなかで、数年後にしてあえなくむしばまれ始める。一八七五（明治八）、年の「讒謗律《ざんぼうりつ》」「新聞紙条例」の制定をその挫折の始まりと見ることができるからである。以後「明治憲法」確定に相前後する明治政府の政治的後退は、天皇制を柱とする国家主義をむきだしに鮮明化し、国体護持が全てに最優先されていく。言論はますます封殺され、出版の自由はいよいよ抑圧される。特に国民の教育は臣民教化を最大、至高の目的とされ、その頂点に「教育勅語」が君臨するという型を完成させていく。

日本的産業革命の達成――殖産興業や富国強兵政策の推進にとって、一方で国民の「知的水準の向上」を必要としつつ、それはあくまでも天皇制国家の「安寧・秩序」を危うくするものであってはならず、思想善導こそが強権的に貫徹されなければならないことになる。そこでは、国民の真の知的自由や自立はもっての外ということに帰結していき、そのために学校教育の領域ばかりか、通俗教育、社会教育の分野にもわたって思想統制が強化されていき、全《あら》ゆる社会的機関や施設、団体、組織が総動員される。図書館だけがこの論理を免れることなど許されようはずもない。有名な一八八二（明治一五）年の『示諭事項』（文部少輔九鬼隆一）はその転換点を示すものであり、一九三三（昭和八）年の「図書館令」大改正にいたる数回の「図書館令」改訂は、本質的にこの路線の強化過程であったということができよう。例えばこの間の事情は清水慎三氏のご労著『戦争と図書館』（一九八五年刊）に生々しい資料を添えて詳しく描かれている。

四　公共図書館の発展

さて、一九五〇（昭和二五）年の「図書館法」制定は、このような歴史の反省の上にかちとられたものであり、天皇の詔勅として下賜された「図書館令」時代と決定的な一線を画するものであったことはいうをまたない。「日本国憲法」「教育基本法」「社会教育法」という上位法の体系に保障された「図書館法」を持つことによって日本国民は初めて真の近代的公共図書館原理、サービスを手にする自由を獲得したわけである。

さらに「図書館法」制定後、日本の公共図書館サービスが、図書館内外の努力によって、ジグザグしながらも豊かな発展の道をたどりつつあることはご承知の通りである。

その道標となるものは、図書館倫理的にいえば、一九五二（昭和二七）年から始まる「図書館憲章」制定をめぐる一連の動き、翌々五四年に採択される「図書館の自由に関する宣言」とその後の改定にいたる経過であるといえよう。

また、図書館奉仕の内実を問い深める上で画期的になったものは、略称『中小レポート』（一九六三年、日図協）の作成、それに基づく実践からまとめられた『市民の図書館』（一九七〇年、日図協）の発刊であったことは明らかである。

以後二〇年以上の時間が流れ、日本の公共図書館の現時点がある。

たまたま本年、待望久しかった「図書館の望ましい基準」が文部省によって明らかにされた。その評価についてはさまざまな角度、立場から種々の意見があるところである。しかし、ここで明白にしておかなければならない事は、それが文部省という立場、権力からの国家意志の表明であるという点であり、それによって、より豊かな公共図書館サービスを求めようとする国民的意志、運動はいささかの拘束を受けるものではないということである。先に見たように、戦前はいうに及ばず、戦後「図書館法」制定以後においても「国家意志」は「国民的意志」に背馳するものであったことを指摘しておかなければならないからであり、その克服なしには、国民の知的自由の真の発展、向上がなかったことを歴史が教えているからに他ならない。

だからこそ私たちはいつも、歴史に学び、現実をみつめ、明日への道を確かなものにしようと展望する。

五　公共図書館奉仕の現時点での矛盾

ところで行政的にいえば、公共図書館奉仕は、物的、人的、行財政的条件を整えることによって実現され、住民に閲覧、貸出し、レファレンスなどのサービスを提供すると同時に各種行事、事業が直接的、間接的に展開される住民の文化、学習活動の広場としての機能をも広げつつある。また近年、自館（単一システム）での完結したサービスを主軸としつつ、図書館間の協力、共助を拡充させ、いつでも、どこでも、だれでもが豊かな図書館サービスを享受しうる態勢を創りあげようとしている。このような意味で、大局からみれば国民の読書生活、その公的保障を求める要求と運動は前進しつつあると考えることができよう。しかしそれも平坦に向上線をたどると見ることはできない。公共図書館をめぐる複雑な現時点での矛盾を指摘しておかなければならないからである。

そのいくつかを確認しておくことにしよう。

一つはいうまでもなく未設置市町村の解消にかかわる問題である。

いうまでもなくすべての市町村に図書館をという要求を貫くことであるが、この点について、最近、自治省を中心として進められつつある「広域行政圏的対応」――システム、ネットワーク化の動きにきびしい眼を光らせておくことが重要であろう。これは幾重もの意味で、公共図書館活動が明らかにし、切り拓いてきた原則、地平をおびやかす危惧に満ちているからである。それは、公共図書館が「国民に直接責任をもつ教育機関である」という立脚点を逸脱する「施設・システム」に組みこんでいこうとしているところに最も端的に示されているといってよいであろう。公立図書館の設置は市町村の直接的固有事務であることを本質とする。何故にして近隣の図書館システムに参入することによって「よし」としなければならないのか。便宜的、拙速な行政対応に鋭く目を光らせていかないならば、既存の個々の独立した図書館行政さえがねじまげられていく事態にも連動していこう。

第二には、すでに存在する図書館の発展を阻害、後退させようとする要因を厳しくチェックしていくことである。それは多様な型で襲来しているが、中心は財政問題として把握されなければなるまい。

国民の知る権利を保障することを目的とする図書館は、豊かな資料費によってこそ、その役割を達成していくことができる。まして、情報化時代といわれる社会の諸技術的発展は資料形態を多様化させると同時に、情報処理、伝達、提供方法をも利便化させていく。これまた国民にとって科学の恵沢を享受することであり、人と資料を結びつける働きの高度化、発展である。これら図書館業務の日常を支えるものも行財政的条件である。小さな政府論、自治体経営論以来の政策論理は、すでに第三セクター方式や委託問題として表出しているが、アメリカ等の例を見るまでもなく、核心は財政圧迫論である。

三つ目は職員問題をめぐる事態であろう。財政問題と不可分な関係を持ちながら、新たな様相で問題を鋭くしている。

図書館財政の半分以上の比重を占める人件費を圧縮しようとする時、公共図書館の常勤体制による奉仕原則に矛先が向けられる。特に図書館勤務の態様は複雑、変則にならざるをえず、週休二日制の導入がこれに拍車をかける。しかも図書館は土、日完全開館制度をとる市町村が多い。かくして非常勤の臨時雇、パート労働、さらには人材派遣会社からの職員委託さえ導入される。

図書館奉仕の根幹は資料と人による奉仕という点に最大の眼目があることを考える時、これは図書館奉仕の明白な後退と衰弱につながっていく。国民が享受しようとする図書館サービスは、先にのべた通り多様な内容を含むものであり、それはなおかつ耕されつつ深められていかなければならないものである。

さらにいえば、図書館職員（集団）の核心に専門職としての司書（集団）が、自らを高め、育てつつ存在している。確かに司書の資格をえただけで直ちに、図書館奉仕の全業務をこなしうるほど、図書館奉仕は甘くもなければ浅くもない。しかしそれは学校教諭しかり、保母しかり、保健婦しかり、ケースワーカーしかりというべき性質のものである。

しかるになぜいま「社会教育主事等（司書、学芸員を含む）」の専門職制度うんぬんを文部省自らがいい出そうとするのか。図書館奉仕の現場、国民的要求からいえば、ひとり図書館にとどまらず「専門職制度の確立」こそが緊急の中心的課題であるといわなければなるまい。

さて、かくして図書館のあるくらしの豊かな実現の前途には、依然として克服されていない課題のみならず新たな困難さえ生まれようとしている。

しかし物事を大局から見るならば、国民的意志、勇気と知恵は、紆余曲折を経つつも、常に歴史を前に押し進める力を発揮してきたことを私たちは知っている。『月刊社会教育』一九九二年二月号の拙著の論旨につなげていえば、私たち「国民の学びの能力、育ちの能力は、私たちの育ちや学びを阻むものとのたたかいの中で獲得され、形成されてきたものに他ならない」ということになるのであろうか。国民の生きる覚悟はそのようにして鮮冽となり不抜なものになってきたことを信じるからであり、別掲の大阪府茨木市の報告などが、その力強い姿を紹介してくれるに違いない。

六　エピローグの風景

図書館のあるくらしの風景をもう一つ描くことで筆を措かせていただくことにしたい。

カウンターの近くに、見事なヒマワリの花が三輪も開いている。

「これどうしたんですか?」

館長がニコニコしながら答えている。

「土浦の人なんだけどよ。ある絵本を、県内の図書館はもちろん、神田の古本屋さんまでいって、二カ月以上も捜していたんだって。出版社はもちろんよ。絶版だというんだもの。水海道にありませんかと電話を受けた時、ただならぬ雰囲気を感じたもんで、私の方でも捜してあげましょうかと答えてしまったんだ。八方手をつくして、さすが浦安には、日本語版ばかりか、原著まであったんだよなあ。すぐ特別貸借の手続きをして連絡してあげたの。嬉しくて、嬉しくて、と感謝されてよ。花までいただいたというわけ……」

「何ていうタイトルの絵本だったんですか?」。

「ピアッティ夫妻の『しあわせなふくろう』でした!」。

(『月刊社会教育』一九九二年一一月号)

金曜日午前閉館と職員集団づくり

はじめに――問題意識

住民と図書館をつなぐ職員集団として成長しようとする私たちは、日常の図書館業務のなかで、多岐多様な方向での努力、試みを重ねていかなければならないのだろう。

しかし、図書館奉仕をめぐる当面する諸矛盾（これについては『月刊社会教育』一九九二年一一月号の拙稿を参照されたい）は、私たちの「成長への意志・意欲」をさまざまなかたちで弱め、突きくずそうとしていることも事実である。

例えば職員体制の確立一つをとってもそうである。私たちの図書館（一九八二年開館）では、当初、文部省の補助金交付要件ぎりぎりの司書数（人口四万二千、常勤司書有資格者館長、司書計三名）で出発したため、一年でも早く「常勤、専門職による奉仕体制、職員数男女四名ずつ計八名」を目標にがんばることになった。

この願いは一九九〇年に、常勤七名（うち司書有資格者六名）というところまで進むことになったが、その後の人事異動により、有資格の係長が首長部局からの無資格者と入れ替ったことなどにより司書数が一人減ることになり、八名という常勤目標も、土、日曜日のみのアルバイトによる充当という姿のままで推移している（本庁には若い司書有資格者が数名いるにもかかわらず……）。当初の目標達成は一進一退揺れ動き、三月末の定期人事異動を迎えるたびに、司書の誰もが配置替えになりはしまいか、と心を不安にしている。

この際、誤解を招かないため一言しておきたいが、私は司書無資格者では図書館奉仕を担えないと考えているわけでは勿論ない。資格の有無以上に、図書館奉仕の本質を理解し、情熱をもって仕事に取りくむ姿勢、心意気が問われなければならないと思うからに他ならない。

それはさておき、ここ数年、週休二日制が本格的に進むなかで、臨時職員やアルバイト、パートタイマー、更には人材派遣会社からの派遣職員の導入さえ見られるわけであるから、「常勤・専門職体制による奉仕」の実現は、なおいっそうきびしい局面を迎えるであろうことは疑いえないところである。

職員集団としての成長のために

社会教育（生涯教育といいかえていいかもしれない）の公的保障の機関としての図書館奉仕の根幹を揺るがせることのない発展のために、私たちが今、どう創造的にならなければならないのだろうか。

あえて私は、その一つの主柱が、「専門」という言葉を抜いて「職場集団としての成長を実現すること」だと申しあげてみたいのである。

図書館奉仕の実際は、いうまでもなく職員個々人と住民との関係として成り立っているが、同時に職員個々人は、図書館という組織人格の表象でなくてはならない。それぞれの職員の個性や人格を否定することでは勿論ありえず、かえって各人のパフォーマンスを媒介としつつ、それぞれの図書館が実現しようとする奉仕の目標に直進する図書館人像とでもいったらいいだろうか。抽象的、理想的にはそういう職員像の体現者として、私たちは成長していかなければならず、そういう姿勢の保持によって、たとえばカウンターでの対応なども新鮮であったり陳腐であったりする。

職員としてのそのような姿勢や態度を養っていくにはどうしたらいいのだろうか。基本的には職員研修の問題であり、全国の図書館実践がさまざまな方策を模索し、その新しい地平を耕しているのであろう。

私たちの図書館で実施している二つの事柄――「金曜日午前閉館（職員は通常出勤）」と「文書発言による年間総括会議」もその試みの一つである。

「金曜日午前閉館」を実施した理由

金曜日午前閉館・開館時間一時間延長（午後一時から午後七時まで）については『図書館雑誌』（一九八八年九月号）で報告したとおりであるが、念のため必要部分を再録させていただくことにしよう。

私たちの図書館の出勤時間、開館時間は当初、次のように定めて出発した。月曜、祝祭日、月末日（土、日曜日に当たる場合は直前の金曜日)、年末年始(一二月二八日から一月四日)は休館日とし、土、日曜も平日と同じく午前一〇時から午後六時までの開館。職員は午前九時半出勤、午後六時退館。

さて、ところがである。九時半出勤、一〇時開館の実際が展開していってみると、大きな不都合を痛感する破目になったのである。というのは開館までの三〇分がせわしなく、十分な打ち合わせの時間がとれないのである。しかも、職員全員がそろう曜日が水、木、金曜日に限定される(現在は火曜日もそろうことに改善した)上、その日に出張、会議、年休がぶつかったりするとなおさら全員での打ち合わせができにくい。これは図書館の運営にとって重大な不都合だといわなければならない。というのは、図書館奉仕はいうまでもなく集団的営みであり、その集団的営為がまさに集団的営為として効果的に成りたつためには、集団意志の実現が前提とならなければならない。個々の職務分担等があったにせよ、それらが互いにどういう関連のうちに機能することになっているのかの共通理解があって初めて、集団としての営みが実態を持つわけである。しかし、これは簡単なことのようでなかなかむずかしい。月一回の月末整理日でのミーティングでは十分な保障とならない。何とか、より間合いの近い姿でミーティング等の時間がとれないだろうか——これが金曜日午前休館という考え方を生み出した第一の理由であった。しかし、これだけではまだ踏み切れるほどの積極的理由にはならない。

開館何年かが過ぎるうち、私たちの図書館奉仕の課題、方向も徐々に鮮明なものになってきていた。

一つは、図書館奉仕がしみじみ「資料と人とによる奉仕である」ということの痛感であった。資料の方は何といっても資料費の確保である。幸い私たちの図書館では、奉仕人口約四万二千人に対して、開館時四万冊の新刊図書購入(住民一人当たり約一冊)によってオープンし、次年度以降も、人口の五分の一冊(平成四年では八千三百点、一千六百万円の資料費その他逐刊費百五十万円)を確保できている。もちろん、十全とはいえないが、精いっぱいの頑張りだと考えている(しかしこの点でも、平成五年以後の地方財政はきびしく、減額の方向にある)。

したがって、職員体制の充実がよりいっそうの課題となってくる。これには二つの方向があると私は考える。一つは先にもふれた量(人数)であり、もう一つは質(職員の力量の向上)である。量の問題については引き続き当面する八名目標を強力に要請していくことであるが、質の問題をどう実現していくのか――外部研修への積極的参加はいうまでもないが、内部での日常的な研修時間、機会の創出、拡充が不可欠となる。一週のうち半日でもいいから、月末日以外に、月一度ぐらいはそのための時間を生み出せないだろうか。これが理由づけの二つ目となった。

さらに第三の理由は、地域ネットワークづくりを目ざす奉仕スタイルの確立である。この点の進行はなかなかむずかしい。本館での奉仕以外に団体貸出ポイント的三〇カ所への配本（平均年二～三回更新）が基本スタイルになっており、分館、分室、ＢＭ運行を実施していない私たちの所では、職員が地域に出かける活動が弱い。しかし「地域を知る」ことは職員の成長にとって欠かすことのできない課題である（このことについてはいつか稿を改めて論じてみたい。同時に一九八九年から、ある小学校に独立した学校図書館を建設し、土、日曜日の午後、一般開放を実施し、本館から司書が出向し、業務を担当している。この試みについても機会があれば報告してみたい）。再び本題にもどれば、金曜日午前閉館を「地域を知る活動と結びつけることができないか」、これが三番目の理由であった。

第四の理由は、職員一人ひとりの作業の遅れやたまりの一掃である。各人が毎日、カウンター作業に組みこまれていると、ついつい分担作業に滞りが生じてくる場合もあり、時期によっては一人ひとりの作業処理にデコボコができることになりかねない。これを何とか始末できないかと考えたわけである。

おおまかにいえば以上が金曜日午前休館の理由づけと狙いであった。

開館時間の変更は「規則」の定めによるため、開館五年がすぎた一九八七年三月の教育委員会にかけ、四月から実施することになったが、同時に、市民から要望のあった開館時間の延長にも応えることにし、職員の遅番、早帰りによる当番（男女各一名二人による当番）制で切り抜けることになった。

職員の「おちつき」と館長の「自己反省」

さて、五年余りが経過した今日、結果はどうであったろうか。「地域に定着した」といっていいであろうと思う。苦情らしい苦情も出ておらず、「あと一日ぐらい延長日があってもいいのではないか？」という声も聞かれる。しかしそうするためには職員の体制が弱い。

それはいずれにせよ、初期の狙いは十分達せられているのであろうか。

先に『図書館雑誌』のなかで中間報告したとおり、「職員がおちついてきた」というのが最大の収穫だと考えている。この日はなるべく休暇をとらないように申し合わせているが、金曜日の午前中は誰もが事務室にそろって何かをしている。閉館している関係から、利用者はもちろん来客も少く、施設の供用（わが図書館では直接的な図書館サービスは一階――ワンフロワーで事足りる「造り」になっており、二階に四つの集会機能――視聴覚室、和室、ギャラリィなど――を設けており、市民の学習、文化活動のために施設供用としている）、その供用も原則的に制限しているので、とにかく気持ちが楽であり、さわやかである。

しかし、肝腎のミーティングがうまく進んでいるかというと、それは十分ではない。最大の問題は「館長のリーダーシップ」にあるといっていいのであろう。館長が積極的にミーティングの話題、課題を提示していくという姿勢をとりきっていない。若干「気まぐれ」であり、計画性に欠けると館長の私自身が深く自己反省している。この欠点を直していくなら、金曜日の午前休館の有効性は飛躍的に高まるであろう。「館長とりしきり型」（と私がいっては語弊もあろうが）を改めていき、職員数も少ない図書館なのであるから、もっとフランクに職員個々からミーティングの話題を提起していくということが必要なのであろう。そういう意味を含めて、係長（二人）の存在と役割がクローズアップされてもくると私は考えている。

「ブックフェア」と「図書館協議会」

しかし、落ちつき以上の効用があることも事実である。一つはブックフェアの受け入れ――ほとんどペーパー選書に頼っている私たちの図書館では現物選書の機会に恵まれない。出版社等からの申し入れがあった場合、金曜日午前中を指定するようにしている。全員がそろってガヤガヤ選書することは楽しい。

第二に「図書館協議会」の開催もこの時間帯に実施するようにしている。職員全員が出席できるよう配慮しているからである。図書館協議会はややもすると形式的になりがちであるが、図書館運営にとって極めて重要な位置を占めるものであることはいうをまたない。そのため発足当初からメンバーの選出に力を入れることにした。アテ職は仕方がないにしろ、学識経験者の枠（一五名中六名）を広げ、首長選挙等の論功行賞的選出になりがちな弊害を排し、当市におけるベストメンバーを選ぶよう十分説得し了解をかちえることができた。その結果、協議会の論議は活発であり出席率もよい。この席上に全職員が参加する意味は大きいと私は思う。ことに若い職員が多い関係上、協議会のさまざまな論議ややりとりを目にし、耳にし、時には発言の機会を持つことは、図書館と住民との関係を知り、考える上で貴重なチャンスである。館長以下限られたメンバーだけの協議会ではなく、図書館業務を多様に担うすべての職員の参加による協議会を実施している由縁である。

文書発言による「総括会議」

年一回の文書発言による「総括会議」についての紙面が尽きることになってしまい、残念である。月末日一日だけでは時間が足りず、金曜日午前が二日ぐらい当てられる。図書館職員としての共同目標、姿勢、問題意識を高める、これまた貴重なチャンス、訓練、成長の場でもある。機会があったら詳細について是非報告し、ご批判を仰ぎたい。

（『みんなの図書館』一九九三年五月号）

生涯学習とまちおこし——水海道市における展開を通して

はじめに

一九六〇年代から急速に崩れ始めた地域の産業と生活は、今、二一世紀を目前にして、住民の手による再生の歩みを、随所で活発化させようとしている。その原動力は、住民の、知の力、学びの力への目覚めである。

「生涯学習とまちおこし」とは、そのような動きへの着目の視点であろう。

まちおこしに、投網を打つような一気呵成の妙策はなく、しばしば、行政主導によるイベント主義に依存しても、継続的な力とはなりにくい。

手間ヒマはかかっても、自立自助、住民の自覚的営為の成長に期待する他はなく、それこそが基本的な力、エネルギーであり、自然、風土、歴史、文化を持つ地域が、その継承の上に、明日に向かって蘇える力を培っていかなければならないのであろう。

地域づくりの方法

その際、まちおこし、地域づくりの方法について、次の三つの視点が不可欠な要素になると考えられる。

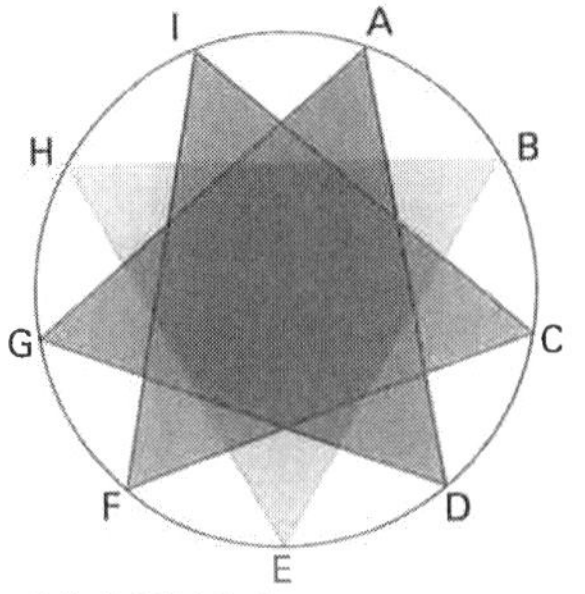

図1

①私たちは今をどう生きるのか＝生活観の選択と確認

②生活観を同じくする住民の結合＝協同、生活集団の形成

③生活集団の多彩な形成による地域ネットワークづくり＝生活空間の構築

生活観づくり、生活集団づくり、生活空間づくりと要約することができよう。

図示すれば図1のようになる。

まず、外円上に立ち並ぶ住民が声をあげ、手を結び、手を組んでいかなければならない。その初声をあげる動機と契機は今日、無数にあると言っていい。だからこそ「協同」なのだ。

そしてつけ加えれば、住民の結びつき、協同を熱意をもってサポート、支援することこそが行政の役割でなければなるまい。

以上のダイナミックスを、茨城県水海道市を例にとって明らかにすることにしよう。

水海道市立生涯学習センターの設立

一九九六年一一月、水海道市立生涯学習センターが発足した。専任職員が常勤する中央公民館を持たない同市にとって生涯学習センターは、中央公民館的性格を有する公的施設となった。

施設の概要とオープン後の利用状況は別掲の通りである。（図2、3、4）

この数字と利用内容を凝視してみると、市民の「学びによるまちおこし」の姿、営みが多面的に浮かび上がってくる。

「下総の祈り」とその発展

昨秋開催された市民文化祭の一翼を担った「市民音楽会」に目を向けてみよう。

例年と異なる特徴は、水海道市文化協会二〇周年記念オラトリオ「下総の祈り」、合唱曲「鬼怒《きぬ》の流れとともに」が創作、発表されたことである。

「鬼怒の流れは江戸から文化を伝え、小貝川は稲穂を育てました。水海道の人々は民主的な、豊かな生活を願い、新しい時代の息吹きへと目覚め始めていました。その人々の祈り、水海道の歴史を、歌と舞で表現してみたいと、今回の企画になりました」と、案内文は語っている。

水海道市文化協会に所属する日舞の諸団体と女声、混声コーラス、地元一、二高音楽部との初めての協同、さらには筑波大学メンネルコールの応援も得て、御詠歌、かぞえ歌（道歌）にさかのぼりながら、今日的音楽、舞踏表現を実現した「市民音楽会」は、市民に深い感動を与えずにはおかなかった。

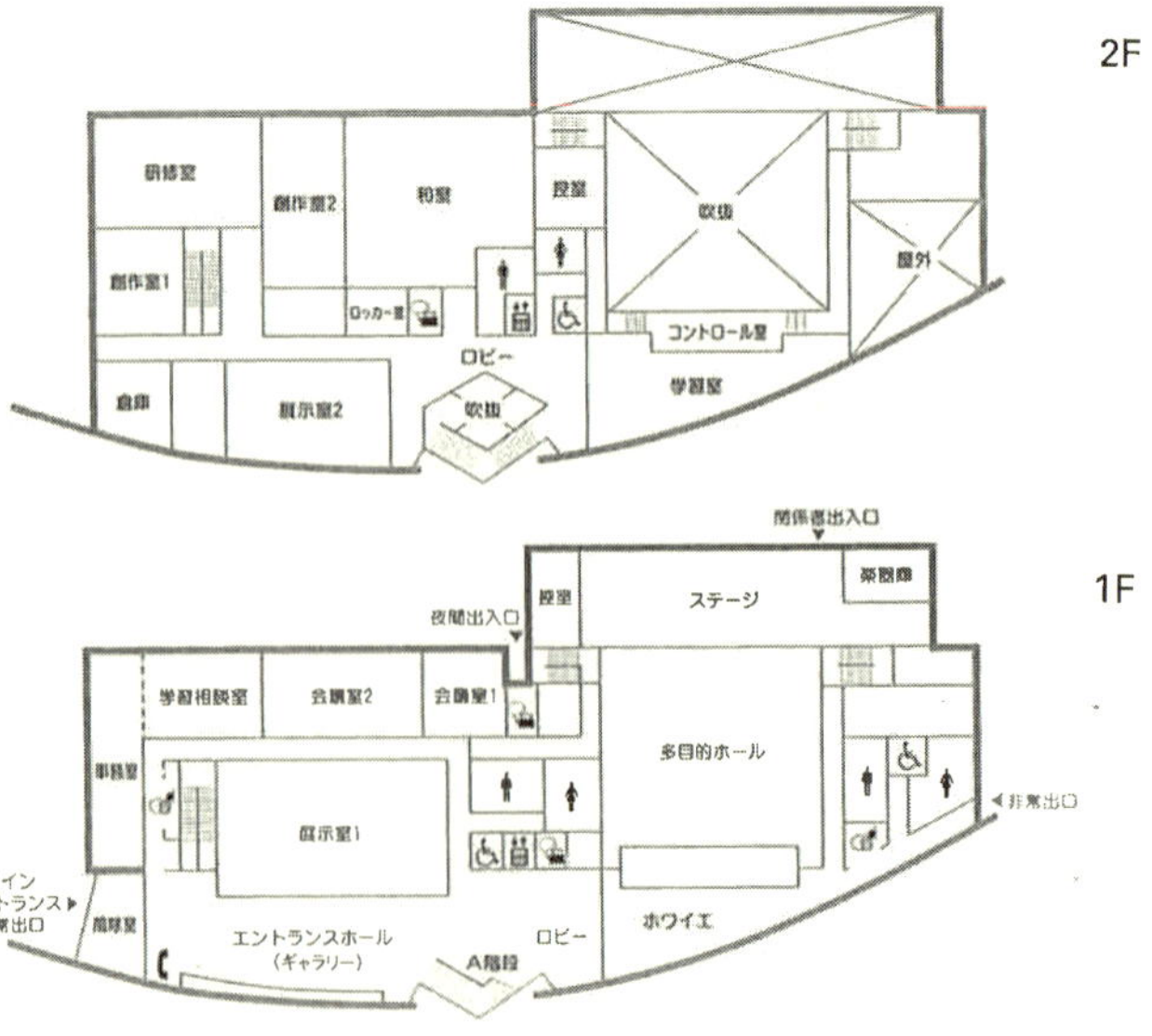

図2　水海道市立生涯学習センター見取図

ちょうど前後して、市内弘経寺《くぎょうじ》に分骨、埋葬された徳川千姫の御廟が、彼女の生誕四〇〇年を記念して改修、初めて遺骨の発掘となり、その骨壷（古伊万里）のレプリカ、千姫遺品の展観が、生涯学習センターギャラリーで開催されたので、「下総の祈り」は、彼女の鎮魂につながる感さえあったと言っていいのであろう。

　このような地域の歴史にも根ざした音楽活動は今、市内の若きピアニストを育てる動きに発展しようとしている。

　彼、山口英暁《ひであき》君は国立音大を卒業後、フランスに留学して帰国、「スチュデオ・アシュ」を自宅に設立し、頑固に水海道市に根を下ろし、独り孤高になることなく、新しい音楽活動、音楽文化の発信源になろうと、さわやかに生きている。市民コーラスの伴奏者としても活躍する彼のピアノ・リサイタルは既に三回。生涯学習センターホールを満杯にする活況を見

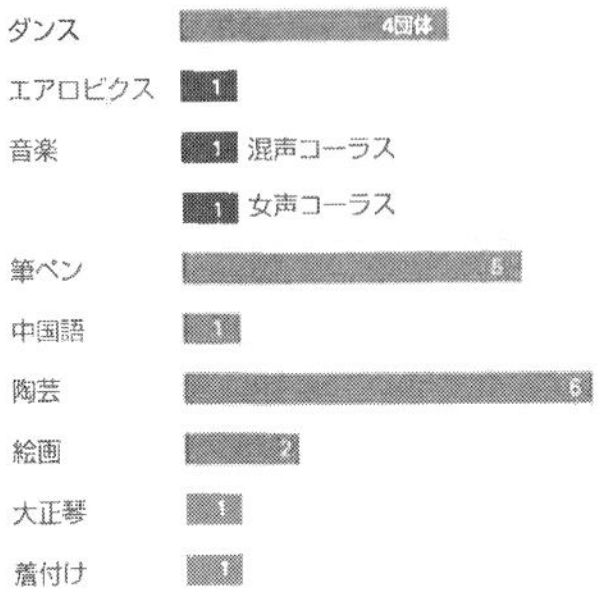

図3　定期利用自主学習サークル
（平成10年4月現在）

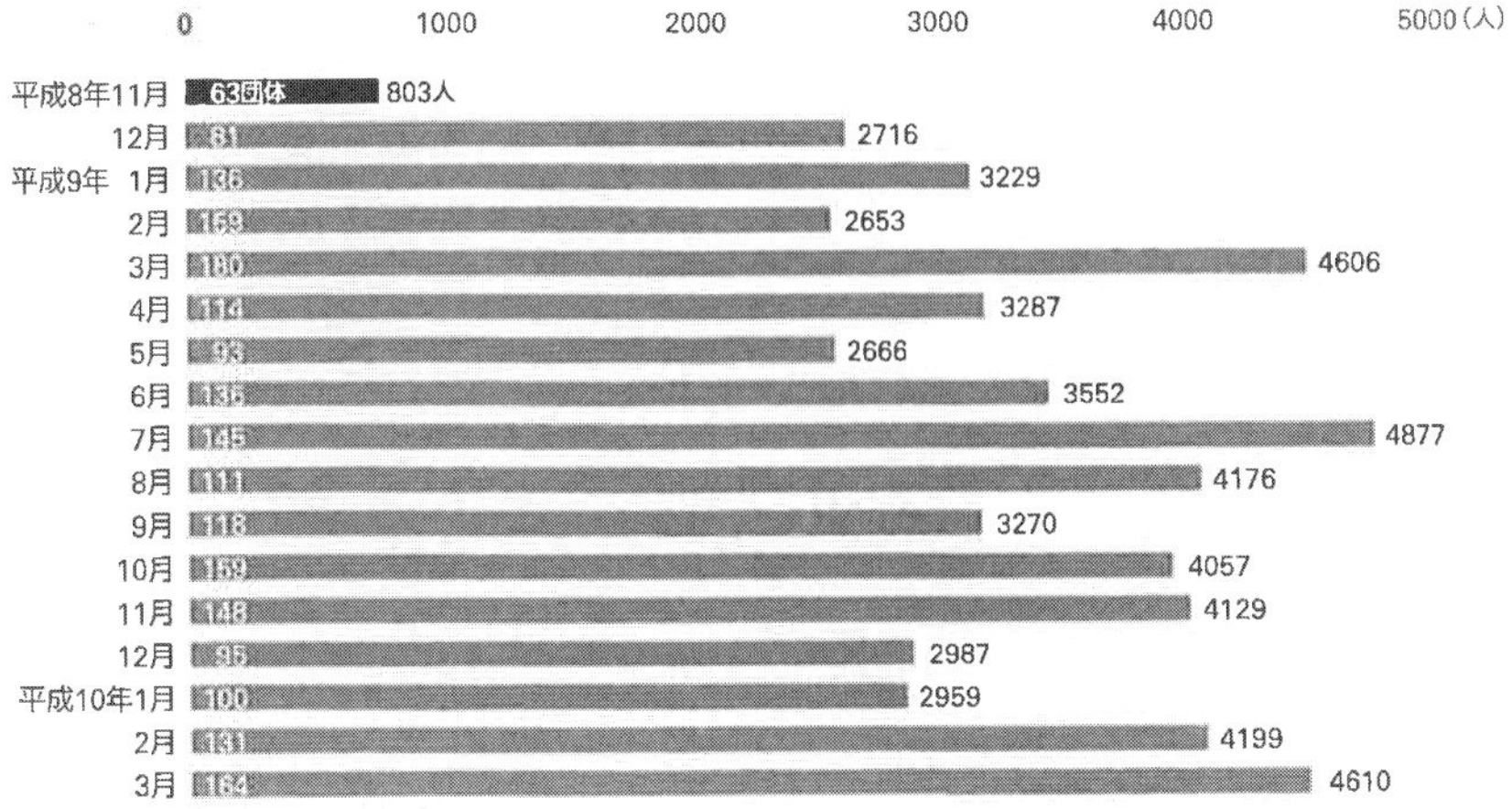

図4　生涯学習センターの使用人数と団体数

せている。彼のみならず、水海道市における音楽・文化活動の明日への飛翔である。

「農を守る」耕しと学び

角度を変えて生涯学習センターホールでの学習集会を紹介しよう。

「二一世紀の日本農業を考える、食と健康シンポジウム」の開催である。

この集会もまた、ホールに熱気を横溢させた。

水海道市は関東平野のど真ん中に位置する穀倉地帯であり、その農家経済を土台にしながら江戸中期以来、商業町として発展の一途をたどってきた。ところが今日、農業も商業もぎりぎりの苦境に立たされている。これはひとり水海道市に限られたことではなく、日本の地方都市すべてが直面する緊急事態であると言っていいのであろう。

ところでこのシンポジウムの登壇者の一人が、「水海道市地域農業研究会」(「地域農研」)の会長であった。この研究会は貴重な存在である。一口で言えば、市内の専業農家によって結成された集団である。野菜、花卉、果樹、酪農など営農類型を同じくする専業農家の研究組織はしばしば見られるが、営農形態を越えた総合的な専業農家組織は茨城県内でも珍しく、注目を集めていると同時に実力者集団でもある。例えば会員の中から市会議員、農業委員、農協理事が選ばれており、水海道市の農業、その将来を考える際、この集団を度外視することなどはまったく不可能であろう。

それ故に地域農研のメンバーは、単に自分たちの直接的営農課題に取り組むだけではなく、地域でのさまざまな活動(「あすなろ祭」や「ふるさとの秋祭り」など)に参加しつつ、研究、学習、実践に力を尽くしている。

昨年、ある会員の農園(植栽、園芸事業)の一角に誕生した産直品特売所「大地の子」の運営も興味深い。地域農研のメンバーが出荷する農産物だけでなく、より安全で出所明記の野菜、畜産物、加工品(草餅、テンプラ、煮豆など)を店頭に並べる広がりを見せ、千葉県柏市から買い物に来る常連客も生まれているほどである。

このような事実を反映して、先述したシンポジウムには生産者ばかりでなく多くの消費者の参加を得て、二一世紀の日本農業、国民食糧の安全確保と健康を考える学習集会になっていったのである。

アイスランドと染色村

生涯学習センターギャラリー、展示室を賑わした二つの活動の発展にも注目したい。

一つは「アイスランド児童画展」である。これは東京で活躍する水海道市出身の洋画家・詩人、山崎理恵子氏の作品展を契機に生まれたものである、彼女は「ヒロシマ」にこだわり、アイスランドに魅せられて生きている。

そのエネルギッシュな生き方が、水海道市長、議長のアイスランド訪問となり、水海道市とアイスランドの児童たちの作品交換展として結実したのであった。国際化時代を象徴する新たな文化交流の生きた姿である。

もう一つは、華麗な染色画の展示である。東京から水海道市に集団移住し、染色村を誕生させた染色工芸家たちの作品である。リーダーの川崎是空氏は語る。

「染色村が生まれて約三〇年、この地の皆さんとの交流を深くするため、生涯学習センターの発足を記念して、私たちの作品を身近に鑑賞していただくことにしました」。

今春、氏は新たに決意して、染色村の自宅敷地内に、常設の個人美術館「あや絵美術館」をオープンさせた。ところが更に、川崎氏に刺激されたかのように、染色村内にもう一つ「刃物美術館」が開設された。水海道市内の工業団地に工場を持つ工業刃物生産メーカーのオーナー青木社長が、自宅を開放して設立したものである。

このようにして、水海道市立生涯学習センターのオープン一つをとっても、水海道市民の学習、文化活動の生き生きとした顕在化は、市民の「知的自立」を一層促すものであり、地域の活性化――市民の多様、多彩な自己表現活動、その交流、結合、協同という新たな歩みを音高く実現させようとしている。

図書館では？　市民会館では？

ところで、生涯学習センターの活発な利用の前触れになったと思われる市立図書館（一九八二年新設）の活動を述べておくことが必要であろう。

水海道市立図書館は、貸し出し、閲覧、レファレンスに応えるだけでなく、市民の文化活動の広場としても活用される期待をこめて設計された。

直接的図書館サービスの機能は一階のワンフロアで完結するよう工夫され、二階に集会機能（視聴覚室、集会室、研修室、和室、ギャラリー等）を集約的に配置した。

その結果、年間二〇〇回以上の利用（俳句、短歌会、古典文学、書会、ちぎり絵、将棋会、読書会など）が実現した。

今後の図書館が、単に資料と出会う場を超えて、市民どうしの出逢いを促進、保障する場と捉えられなければならない由縁であり、図書館を利用しつつ市民は、より一層、学習、文化活動を深め、高めていくのであろう。

さらに付記すれば、水海道市立図書館付属施設「二水会館」の利用である。「二水」とは、鬼怒、小貝の両川を意味し、「二水会館」とは、大正二年に建設された旧水海道町役場であり、市立図書館発足後、その敷地内に移築された。

かつて水海道市には、旧水海道町立小学校（明治一四年建設、現在、茨城県歴史館敷地内に移設、復元）を始め、多くの洋風建築物が設立されていたが、時勢の流れのなかで一つひとつ消え去っていき、水海道市の往時の隆盛の衰退を物語るようであった。かくて旧役場の存続が検討され、図書館敷地内にギャラリーとして新生したわけである。

今、ここでは、絵画展、写真展、書展等が催され、その典雅な姿とともに、市民の眼と心を安らげるものとなっている。

施設、設備などはやや時代遅れとなった感をまぬがれないが、大ホールを持つ市民会館の存在も忘れてはならないものである。

その常連の利用者である、例えば「親子劇場」を運営するお母さんと子どもたち、これらとタイアップしながら「水海道市文化を育てる会」に結集する自主的市民組織の活動等々、今、「キレル」と心配されている子どもたちの「豊かな自立＝育ち」を支える文化協同の礎石となる活動が、市民会館を舞台として展開されているのである。

おわりに

二一世紀を切り拓く力は、日本国民の「知的自立」こそが核心である。それは、私たちの実際生活、具体的人生が繰り広げられる生活の場、地域で実現するものでなければならないだろう。市民一人ひとりの学びの思い（点）が、学びの仲間（線）と出会い、学びのネットワーク（面）を構築する営みのかなたにだけ、私たちの「まちおこし」の光は、確かな希望となって灯っていくのであろうことを、私は深く確信するのである。

（『学遊園』一九九八年秋）

地域文化を創る　それは私の表現

(一)

最近、子どもや青年たちと接しながら、しみじみ痛感することは、「子どもや青年たちが、もう少し自分らしく、独自に自己を表現する方法を身につけてくれたらなあ」という思いである。

「それができれば、もっと自分の存在感に自信を持てるのに違いない」と呼びかけずにはいられないからである。

さて、ところで、「自己を表現する活動」を、平たく「文化活動」と捉えてみると、その方法はおおむね次の三通りに区別することができるのであろうと私は考える。

一、声帯を使った活動

これにはさらに、二つの文化分野が含まれているのであろう。

① ことばの文化

話しことばの文化（議論や対話など）から始まって、話しことばを記号化した書きことば（まず、文字）文化への発展、今日では、ことばの記号化はコンピュータ駆使によるニュー・メディアの文化にまで広がっているのであろう。

哲学や文学など、ジャンルはさまざまだが、それは、人間の思惟や感性、想像力の諸産物と捉えていいのであろう。

② 音楽文化

基本は「歌うこと」（声楽や声明）であり、次にのべる人間の技術文化と結びついて、さまざまな楽器との饗宴として、進化・深化する。

二、手の文化

これも二つに分けて考えると便利である。

①　ものを創る文化

とりわけ、道具、技術の文化として理解することができ、今日では諸技術の成果が総合化され、たとえば先端技術として、主に人間の物質文明と呼ばれる分野でぼう大に形成している。

②　いわゆる造形美術

これまた、人間の日常活動から出発し、絵を描くこと、書を書くこと、土をこねること、木や石や金属をけずり、刻むことなどの専業化が進み、これまたぼう大な裾野を有する。

三、身体の文化

この領域もまた大別して二つに分けられる。

①　舞踊

本来舞うと踊るとでは、原理を異にするが、日舞にしろ洋舞にしろ、意外に生活化している。例えば、老人たちの集まりにいくと、レクリエーション化されて、薄化粧した老女たちが浴衣姿で舞い、時には「どじょうすくい」に興ずる旧青年たちの踊りが飛び出したりもする。

②　スポーツ文化

一般的には、スポーツ活動は文化活動と切り離され、その領域自体が独立化していることが多いが、もともとはスポーツを「からだの文化」と捉えることが正当だといっていいであろう。

これら三つの系列から成る文化は、相互浸透し、無数に組み合わされて、人間にとって更に魅惑的な文化形態を派生させる。

例えば、ことば、音楽、手ぶり、身ぶりの文化が統合されて、神学を生み、バレエを芸術化させ、演劇世界を広げるようにである。

（二）

ところで、これらの表現文化活動が今日、どのように大衆化、深化していっているのであろうか。

この際、文化の進行とからんで、二つの点に着目、というよりは鋭く監視しておかなければならないのであろう。

一つは、情報手段（処理と伝達）の発達と相まって、国民は、文化創造主体よりは、鑑賞、観客の側に追いこまれようとしていることである。テレビ視聴やテレビゲームへの没入一つをとっても明らかなことである。テレビで歌謡番組、メロドラマを観る。スポーツ番組に一喜一憂する。確かに一面でテレビが、歌や踊り、スポーツ活動の普及・啓発に一定の寄与、貢献をしている側面を無視するつもりはないが、多くの国民（子どもを含む）にとって、文化は、生産財というよりは、消費材として身辺にあふれるものになっていると断じてもいいであろう。そして、スポーツ（文化）なども、せいぜい、テレビゲームの一つとして打ち興じるという姿を通して退嬰する。

また、文化の内容は、その社会や時代を反映しつつ発展するものであるが、文化が政治と結びついて政策化されると、文化内容が正確に時代や社会の意志を反映するというよりは、文化が、その手段の支配や独占化等を通して、内容的にも退廃する。支配者の意志によってねじまげられる、支配的、意図的にキャナナライズされるといいかえていいであろう。この点でわれわれ国民はノーテンキであってはならない。近時の愚例をあげれば、Ｊリーグ発足と同時に、サッカーが広く子どもたちの世界のなかでも人気を博し、その普及が進行しつつある状況を目前にして、政治家と称する大人たちが、「サッカーくじ法案」を強行するなど、その最たる見本だといわなければならない。

さらに言及すれば、生活文化（衣・食・住）を基底とする芸術文化創造において、その核心の一つをなす私たちの感性（美意識）が根ぐされ病に陥る自然、環境悪化、破壊が進み、深刻化するなどをも考えあわせれば、国民文化の創造は、その根源においていじましくおびやかされている。

（三）

さてもう一度、文化、文化活動の原点に立ち戻れば、その多様で豊かな発展は、まさに、人類の偉大な文化創造意志に由来、依拠するものであった。

その社会、時代における生活の哀歓をいかに表出するかという願いに貫かれて、文化の形式と内容は多彩に光輝する。その光に慰められ、励まされて、人々もまた光彩陸離するのだ。例えばそれは民謡を創り出し、祭りの文化として形象、躍動する。

今日の日本社会においてさえ、国民は文化創造の危機のなかで、ほんものの国民文化の鑑賞主体、創造主体として成長すべく悪戦苦闘しているといっていいのであろう。

私はそういう意味で、最初の問題意識にもどれば、子どもや青年たちが、その主体として豊かな発達を実現してくれることを願わずにはいられないが、今日それは、個人のレベルにおいてだけではなく、集団レベルにおいて、「地域を表現する」という高さを追求している活動について、一つの事例を紹介したいと思うのである。

(四)

昨年の水海道市民文化祭の折、文化協会設立二〇周年を祝賀する行事として、創作歌舞劇「下総の祈り」(下総とは、下総国を意味した地域呼称。水海道市域は下総地域に属する)が捧げられた。

市内の混声、女声コーラスが呼びかけとなって開いたものである。

その宣言(伝)パンフレットを引用すると次のような認識に逢着する。

「……鬼怒の流れは江戸から文化を伝え、小貝川は稲穂を育てました。水海道の人々は民主的な、豊かな生活を願い、新しい時代へと目覚めはじめていました。その人々の祈りを歌と舞いに創作いたしました。皆様のご来場を心からお待ちいたしております。」

リーダーは、主として女声コーラスに結集する母親たちであったが、「単に毎週例会での名曲合唱だけではもの足りない。何か地域に根ざした、地域を表現する合唱曲を歌ってみたい」という素朴な願いが、これまでの文化祭発表を超えた表現を求めたのだといっていいのであろう。

そうした眼差しで地域を見渡してみると、文化協会の構成メンバーである「日舞」の仲間もいることに気がつく。早速呼びかけてみると「やりましょう」と同調してくれた。地域の歴史にももっと目を向けてみようと、市立図書館の力を借りることにもなり、シナリオづくりに奔走する。

折しも、地域はどこでもそうだが、活性化を求めてやまない。その方途はいろいろだが、地域で人がであい、ふれあい、つながりあい、ひびきあっていくことこそが核心である。お母さんたちの意志と活動は、こうして、「地域――その自然、風土、歴史、人々のくらし――を表現しよう」とするまでに燃え立ってきたのである。公民館活動の一環から生れたコーラスグループの歩みとしては、二十余年の歳月を閲しているが、やっとここまできたのである。

ささやかではあるが、これが今日的自己表現活動の方向性の一つであるといっていいのであろう。

（五）

ピグミーやブッシュマンの生活と文化を研究している友人の話によると、彼等の踊りは往々にして、彼らの生活と不可分に結びついた野生動物のしぐさを映したものであるという。それは単に笑いとして戯作化したものにとどまるものではなかろう。象の踊り、キリンの踊り、ピューマの踊り、ムーの踊り、狩の対象でもある野生に生きるものたちへの驚きや豊饒への祈りが、祭りの諸儀式と熱狂のために、神聖に様式化されたものでもあろう。

　ひるがえって、日本の伝統的諸芸能の誕生も、同様の起源——つまり、集団の祈りとして発生し、発展、継承、変革されてきたものであろう。

　だとしたら、今日的表現の形式と内容はどのようなものでなければならないのか。新しい国民文化の創造課題が、そう問われているのだといわなければならないのだろう。

（『月刊社会教育』一九九九年一〇月号）

Ⅲ　青年達と共に

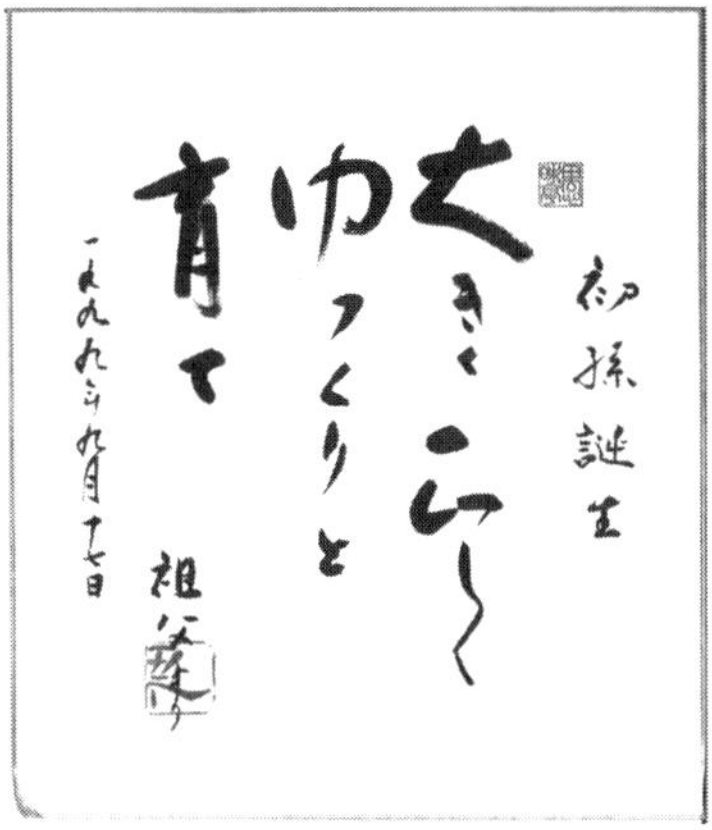

「　初孫誕生
大きく　正しく
ゆっくりと
育て
祖父より
一九九九年九月十七日」

社会活動のすすめ方

1　その定義――社会改革をめざすもの

定義みたいなことから始めると、どうしてもかたくるしいものになってしまうのだが、まずはごかんべん願いたい。話の始めに約束ごとがないとついごたごたの原因になる。そんなわけで、社会活動とは何かという整理からこのシリーズを出発させることにしよう。「社会活動」という言葉で、青年団が組織の外側に働きかけていく対外活動のすべてをいい表わすこともできようが、それではすこし焦点がボケてしまう。だからここでは、青年団が単独で、あるいは他の団体や組織と共同して、何らかの社会的課題にとりくみ、それをよりよい方向に革新し、一定の前進した状況を作りだしていく活動――「豊かな青春生活を確保していくための活動」「明るく住みよい社会をきづくための活動」――一口でいえば、真の社会改革をめざした青年団の活動を社会活動と考えていきたいということである。

ただここで、はっきりさせておきたいことは、社会という言葉で、いわば大状況、国の政治へのとりくみという課題だけに限定してはいけないということである。それらとつなげて、地方自治体――町や村、部落や町内などの身近な地域社会、場合によっては、そこに住む人たちの生活に、直接間接、大きな利害をもたらす農協や商店会、体育組織や文化団体などにかかわる諸問題＝地域課題に積極的にとりくんでいく努力などを含めて青年団の社会活動と理解したいということである。

例えば、お産の費用調査を発展させて、どうしても母子健康センターを作っていきたいと奮闘している女子青年の活動、地域のスポーツ施設の充実をめざして、他の青年団体やサークルと共同して、校庭に次々と夜間照明を実現させている仲間たちの活動、「ふるさととくらしをまもりきづこう」と「農民大学運動」の推進力になっている農業青年の活動等々、いずれもすぐれた社会活動の一例である。

青年にも青年団にもいくつかの顔がある。笑ったり、泣いたり、怒ったり、悲しんだりしながらも、その日その日を明日に向かって精一杯生きていこうとする。それらの姿、努力が、青年団の多様な活動の諸側面になっていく。そして、根本のところで、人間的であろうとし、孤独の殻を破って、社会に向って、自己を開き、自己を貫いて生きようとするとき、社会活動の必要性が自己の課題となる。

2 その必然性――根は生活の中にある

青年団は、青年が人間として尊とばれることをめざし、地域で、仲間と共に、生活を高め、人格の全面発達を勝ちとってゆくための運動組織である。したがって、青年団活動は、青年団の組織内部だけで事が完了してゆく活動ではなく、青年団組織の外部に影響を与え、青年団以外の個人、団体への働きかけを必要とする活動でもある。そして、外部の人たちや組織とより大きな目標に向かって、共同の行動を押し進めてゆくと、一層厚い社会的な壁や課題に直面してもくる。青年団活動の社会性はこのようにして生まれてくる。

ところで一方、社会活動というと、特別の頭や考えで取り組む活動だと思っている仲間もいよう。果してそうだろうか。

青年団の社会活動の根が、実は、青年の生活そのものの中にあること、地域に根づいて生きようとする青年の生活要求の中に社会活動の芽があることを理解することが要である。ともすれば、社会活動を、スポーツやレク、文化活動と切り離し、区別して、特別に高度な活動分野であるかのように見る人もいよう。

ところが「こんな活動をしていては人が集まらなくなる」「若い団員にはむずかしすぎる」などと頭からけいえんしたりしていると、かえって青年団が、いつの間にかわけのわからない、おしゃべり、おなぐさめのグループになってゆくことの方が多い。社会活動は、決っして理屈や思想を出発点にするものではない。青年の生活がもつ具体的な問題性や青年の暮らしの中にひそみ、青年の人格にすら影を落としてやまない社会的矛盾を根拠として、社会活動は生まれてくるからである。

身の回りをちょっと見渡しただけでも、この世は何と矛盾、虚偽、不合理、不正義に満ちていることか。「俺には関係ない」とすましてはいられない問題が、掃《は》いて捨てる程あるのが現実の社会の姿ではないだろうか。大げさに言えば、木の葉が落ちても訳のありそうな時代だからである。

その結果、まともに生きようとすると、生活の事実を通して、事の本質が個人の生まれ合わせや努力の中にではなく、社会の中に、社会的関係やあり方の中にあることを知り、それ故に、その根源に目をむけ、歩みを進めてゆかないと、青年の生活行動も人格の真の確立もありえないことを知るのである。

3　現代的矛盾とは――人格をむしばむ貧困

今回は、現代的矛盾とは何か、それはどういうことかについて理解を深めてみよう。

端的にいえは、現代的矛盾は、現代的貧困と現代的差別という二つに大別できよう。

まず、現代的貧困であるが、みんなの中には、現代は豊かすぎるところに問題があるのではないだろうかという疑問を持つ仲間もいよう。物のはんらん、物質万能、金権、生産第一主義などをみているとたしかにそうともいいたくなる。しかし、自分自身のくらしに目をむけ、果して私たちはほんとうに豊かだろうかと問いかけてみると、大多数の仲間が胸に落ちるものを感じてくれるに違いない。

例えば飢餓感――腹がへっているということではない。何か自分自身が、欲望が満たされない不満、いらだち、渇き――こういうものが誰しもに共通な心情になっていないだろうか。

それに疲労感――へとへとになっているということではないが、ものういけだるさ、慢性化した疲れが、心身ともにあり、青年らしい快活を失っている姿。そして、心さわやかに自然や地域、家庭の中で自己を再生しようとしても、よごれた空気と水、悪い住宅事情、ベッドが止り木になってしまった家庭、商業主義と結びつきでもしなかったら年々すたれていくばかりの村々の祭り――支えていく経済や連帯が失われてしまったのだ――これらが私たちにとって、豊かに生きていく活力にとって、貧しさでなくて何であろうか。このようにして、根本は経済や労働の条件、実態を中心として、現代的貧困の諸相が、私たちのくらしと人格に深くしのび入っているのである。

現代的差別の方はどうであろうか。

ある意味では、金や地位や権力がますますものをいう様相を呈してきており、身分差別すらが依然として残ってもいるが、現代的差別の中心にあるものは、能力主義という選抜、選別の考え方であろう。

この罪悪は大きい。その結果がどれほど多くの青年を、自分へのあきらめ、見くびり、無力感へつきおとしていることだろうか。

以上の状況は、人間、青年本来の姿とはほど遠いものであり、現代という歴史的時点が社会的、構造的に生み出し、作り出している姿である。――これらを変革していくバネはどこにあるか。「ふれあい」「働きがい」「生きがい」を求めてより添いはじめている青年の、命そのものの要求の中にある。

4 展開のすじみち――つぶやきを大切に

さて、現代的矛盾を根拠とする青年個々の生活要求が、青年（団）全体の運動としての社会活動にどう高まり、どう連なっていくのであろうか。その具体的すじみちを考えてみることにしよう。

今、全国至るところで、青年団の仲間たちが、青年議会の活動にとりくんでいる。

直接の目的は、地方政治の中枢機関の一つである市町村議会のしくみや運営を学び、青年の政治的教養＝地方自治の担い手としての力を高めていくところにある。

ところで、これら青年議会のなかで、具体的な課題として、思いきりスポーツを興じる施設がほしいという声がでたとしよう。そこで、その声を青年議会の一般質問としてとりあげ、それを執行部（市町村長）にぶつけ、見解と対策を求めることにする。

市町村長は、財政上の困難などいろいろの理由をあげて、青年たちの期待にこたえることがむずかしいという答弁をすることになるかもしれない。そこで青年たちは、地方財政のしくみや実状の調査、分析に入っていくことになる。

ところが、そこには、真の地方自治、住民福祉の実現という観点からみて、いくつかの問題点や疑問がでてくるということになる。一体これはどういうことだ――青年団の学習の成果を直接住民に知らせていってはどうだろうか、それと並行して、財政の真に民主的執行とは何だろうか、財政が苦しいなら苦しいなりに、現状のなかでスポーツ施設の有効利用や積極的活用が明らかになっていく。その結果学校施設開放のための条例化運動へのとりくみになったり、運動場に夜間照明をつけるための予算措置要求請願になったりしていくとしよう。――これは決して、仮定の話ではなく現に全国の仲間が日夜とりくんでいるすぐれた経験の一つである――。

ここには、社会的貧しさのなかで、青年のスポーツ要求が満たされない現実があり、その現実のなかで、ささやかなつぶやき（しかし潜在的には青年のホンネにかかわる強い要求ではある）が、青年（団）のみならず地域の婦人や子どもたちの利益生活向上につながっていくすじみちがある。

これは、スポーツ要求という一見個人的な生活課題が、スポーツ施設の充実という地域課題に発展していく、社会活動のすぐれた展開過程を示すものに他ならない。

5　展開のすじみち――主事の配転をめぐって

先日、私の住む近くの町で、公民館主事のAさんが配置転換されるという事件が起った。Aさんは正式な社会教育主事であり、それよりも、実に熱心な相談相手として柔軟な指導性を発揮していた人だったので、いろいろな立場の人たちがただちに公民館に集まり、配転のいきさつとAさんの気持ちを聞くことになった。

Aさんは社会教育の仕事を通じて、自分の人生をみんなと一緒に豊かにしていきたいと願っており、配転などは思いもよらなかったということだ。真の理由は、どうも一部の有力者の意向にそわない活動があるとみられたらしく、それもよく調べてみると教育の自主性、自立性からいって、必ずしも当をえたものでなく、住民の人たちみんなの気持からいっても不当ないいがかりとさえ言えるようなものだった。

そんなわけで、青年団の人たちも、婦人会、文化協会等々、日頃一緒に活動したこともない人たちと、町長や教育長などに意見を聞き、意見を述べる活動に取組み、ようやく理解を得て、Aさんは無事社会教育の仕事を続けていけることになった。

ところで、あとで青年団の人たちとこの取組みについて考え合ったところ、「俺たちはそれぞれの仕事に分かれているが、自由にダベり、笑ったり歌ったり、時には人生論、愛情論を真剣にたたかわすことによって、一日一日がどんなに慰められ、励まされてきたか計り知れない。そしてそれは、当然のことだと思っていたが、実はそれを黙々と支えてくれたAさんたちの仕事、社会教育の仕事というのは、いったいどういうことだろうと初めて考えさせられた。そしてただ、仕事の疲れから解放されるということだけでなく、その中で、自然と自分が成長していたのだということがわかった。

社会教育の仕事というのは、住民のみんなの育ちたいという願いに本当に答えてくれることだからそれを保障してくれようとしていたAさんの配転問題は、決してAさんだけの問題でなく、俺たち自身の問題なんだということがわかった」という結論が生れてきた。そして、各種団体、個人で「社会教育を考える会」を発足させ、町全体に充実した社会教育をいきわたらせる活動に取り組むことになった。

この経過は一つのキッカケが青年団員個々の内面だけでなく外面に対しても大きな社会的意味をもつ活動＝社会活動に展開していく筋道を物語っている。

6　その内容と方向——豊かな青春を確保するために

さてここらで、社会活動の基本的内容と方向について、二つにわけて整理しておくことにしよう。

仙人と違って霞を食って生きていくこともできず、それかといって「ふとった豚よりはやせたソクラテスになれ」という言葉が示すように、「パンのみにて生きるにあらざる」人間は、こころや思考や愛や価値意識をぬきには生きていくことができない。

したがって「生きる豊かさ」をほんものにしていくためには、精神生活の充実とその物質基盤を何としても強固なものにしていかなければならない。平たくいえば「食えて」「安心できて」「こころこめられる対象——仕事のこともあろうし、趣味、信条、活動、友情や恋愛であることもあろう」がなければならないということである。

そして実は、これらのものは、現実の生活からいえば、まず第一義的に、青年の労働や生産活動の豊かなあり方によって大半がきめられていく。別ないい方をすれば、就業や賃金や労働条件や農産物の正当な価値実現、価格保障いかんによって大きく左右されるということである。しかもおまけに、これらは、社会情勢——景気、不景気、地域や性による偏・格差を伴って浮沈するのだからたまったものではない。——青年のくらしの身近な事実をよく見すえて、それを高めるための集団的、組織的、地域的活動として社会活動がまずとりくまれていかなければならない根拠はここにある。

さらに、青年にとっては、伸びさかるいのちの自由なはばたきが何よりの願いである。それ故に、自己の心身を思いきり解き放ち、表現し、育てて実現していくための諸条件の獲得——青年の文化やスポーツやレクリエーションの要求に応えうる場や時間等を保障させていく活動が、豊かな青春生活の確立に不可欠のものになっていくのである。

もちろん、これら青年の自由の実現は、施設等の物理的、外面的条件だけではなく、青年をとりまくさまざまな偏見・無理解、人格的しがらみや支配によって阻まれもする。ゴジャッぺやわからず屋や石頭が悲しくなるほどいる世の中だからである。

7　その内容と方向——住みよい社会にするために

先日ある母ちゃん達との新年会でのこと。

「……父を早く失った私は、上級学校にもいけず、昭和一九年、一八才で婿を迎えました。夫はすぐ出征し、母と私で農業に励んでいました。

そんなある日、母は訓練から帰ってくると、もしアメリカが来たら何をされるかわからないから、その時はみんなで、（近くの）S沼に駆けていって飛びこもうと話しあってきたというのです。私は動てんしてしまいました。その時すでに身重で、こんなでかい腹では駆けることができないからどうしたらいいだろうとおそろしくなってしまい、私は真剣に考えた末、裏井戸に入ることを決心しました。——」

その当時さぞかし初々しく美しい人だったにちがいないTさんのことばに耳を傾けながら、私は、Tさんの一九の春がどんなに心痛む日々だったか、その鼓動が伝わってくるような思いにうたれていた。

もちろんそれ自体はすばらしい世代の皆さんにはピンとこないことかも知れないが、私たちのくらしの土台には、平和というかけがえのない価値が横たわっており、それと同じレベルで、自由や民主主義という、清澄な空気にも等しい大事なものが、私たちの生きる原理、環境に保障されていなければならないのである。つまり私たちの明るく住みよいくらしが成り立つための根源的な条件として、平和や民主主義の問題があるということである。

とはいえ、現実には、それが、理念やたてまえだけに終わっていることも多い。それ故に、どう中味豊かな生活の事実として、日々、身近に平和や民主主義を実現していくのか。力づくの支配や抑圧や差別のあらゆるあらわれに心張っていく、純潔で、正義と真実を貫く活動をどうつくりだしていくのか。国や自治体の政治、行政にもかかわって、無政府的とさえ思いたくなるほど累積されていく公害などの環境、自然破壊。真綿で首をしめるような「かけがえのない地球と人間の生命」へのさまざまな挑戦。――これらを許さぬ青年の意味と決意を、急速に、広範に、多様に、青年団の社会運動として位置づけ、とりくみを強めねばならない。全国の仲間たちのとりくんでいる伝統ある平和運動、民主主義擁護運動とともに、一九六〇年代後半からの、公害、自然保護運動の数々は、その具体的証拠である。

8 その内容と方向――奉仕活動に青年の正義を

ところで、青年団の社会活動のうちで、いわゆる奉仕活動といわれる活動についてふれたい。

奉仕活動という、ややもすれば、弱者や劣者に対する強者や優者の憐れみをこめた自己満足的なひびき、ひたむきを特徴とする活動のように思われがちなところがあり、もしその一面化された活動ならば、かえって不正義の許されない活動ということにもなろう。

そのためには、青年団の奉仕活動についてその内容を詳しく実態分析しなければならないだろうが、そこには、政治の貧困や行政の立ち遅れ、怠慢をおおいかくす欺瞞的な活動だと単純にはわりきれない重要な意味があると考えるのである。

もともと、連帯を本質の一つとする地域を形成してきた人々の歴史のなかには、お互いの生活を守りあうためのすぐれた相互扶助の方法、内容が生みだされていた。

ところが、ことに一九六〇年代以降の地域の変貌、自治の後退のなかで、これらの共助機能までくずれさり、その結果、老人、子ども、病人などの社会的弱者が最大の犠牲をこうむり、時には悲惨な放置さえがおこなわれているという状況がでている。例えば、子捨て、子殺し、独居老人の孤独死など。

もちろん、七〇才以上の老人医療費の無料化やホームヘルパー制度など、国や地方自治体の福祉行政が拡充されるなど社会政策的手当ても進んではきているが、先年、福祉元年などと大々的に宣伝され、舌の根もかわかないと思われる今日、地方財政危機等を理由に福祉後退が問題化しており、これら行財政的貧困のゆえに、国民のいのちとくらしを守り、保障する措置は、不十分だと同時に不安定である。

以上の事実を考える時、青年のヒューマニズムがこの現実を見すごせないのは当然といえるし、ここから青年団の多彩な無償無私の奉仕活動が生れてくる。そして、かえって、寝たきり老人の問題、子どもの遊びの問題、交通事故防止の問題、花とほうきの運動等々、多様な形をとった青年団のボランティア活動が、青年の社会認識を生き生きと深めてくれる契機にさえなっていくといえよう。

それ故に、このような活動を、地域福祉実現につながる積極的な意味をもつ社会活動の一翼として正しく、積極的に位置づける必要を感じるのである。

9　その内容と方向――社会活動の原則

☆青年の生活と地域の事実から出発する

とにかく、事実、現実から離れないことだ。国政につながる問題であれ、文化活動の条件整備の問題であれ、青年の生活要求とのつながりを常に確かめつつ、地域の現実をふまえて展開していくことが第一である。

☆青年団活動の諸側面との関連を見きわめていく

これまでのべてきたように、青年団活動は、社会活動だけから成り立っているものではない。地域を共にする青年が、豊かな青春を送るための諸活動が、総合的に展開されていく生活集団として、その特徴がきわ立つ。

したがって、それらの諸側面（スポーツ、レク、学習、社会活動など）が、どんな関係にあるのかをつかんでおくことが大切である。

例えてみれば、社会活動は、青年団活動全体の土台に位置し、骨格をなす活動だといったらいいだろうか。言葉をかえれば、社会活動は、青年団という人格の知性や理性にあたる活動、身体や心というよりは、頭脳の働きに多くを依存する活動といってもいいだろう。

ということは、土台や骨格をもたない建造物、理性をもたない人格、身体、心、頭の働きが分裂した人間が不正常であると同様に、青年団活動の諸側面が、有機的に内部で連関している時、最もいきいきした全体像、姿を示すということをも意味する。

ところでこの際、私たちが確信として堅持していなければならないことは、「事物は発展する」「仲間は育つ」「誰もが可能性を秘めた存在である」という真理をつかんでおくことである。

この点については、これまでも何度かのべてきているつもりだが、最初は感性（覚）的に、身体や心の自由、解放を求めて、スポーツ、レク、文化活動などに参加してきた仲間も、青年団のなかに、一人ひとりを大事にし、みんなは必ず、自分のくらしのなかで、ほんとうは、何か自分をもっと高め、充実させたい願い、要求をもっているのだという信じあう心が行き渡っているならば、必ず仲間たちも、頭や理性を働かせながら、少しずつでも、時間はかかりながらも、物事をすじみちで論理的に考え、自分を発展させた認識、行動、活動のなかに参加してくるようになるものだといっていいからである。

10　その内容と方向——思想より行動で一致を

さて、青年の生活課題を地域課題として捉え返し深めていくことが、実践を重んじる青年団の根本的運動原理であることを考えるとき、青年団が、他の青年・婦人・老人等々の団体と共通課題を持つようになるのは必然であり、ここに、諸団体・諸組織と共同の行動を発展させ、連帯を追求していく根拠が生れてくる。

たとえ意識や思想レベルでの相違、くい違いがあっても、それを理由にただちに拒んだり、青年団唯我独尊になったりせず、ねばり強く、ともに行動できる可能性、方向を追求していくことが、非常に重要であると同時に、認識や運動自体の発展、深化に欠かせないものであることを確認しておこう。

この原則は、地域を異にする全国の仲間、県団や日青協（「日本青年団協議会」）との関係などにもあてはまる。個々の青年団として独自性や主体性を貫きながらも、連帯し、共同し、交流していく開かれた組織として行動していく態度を身につけていこうではないか。

ところで、このことは、青年団の内部原理＝青年団内における民主主義の原則を守っていくことにつながってもいく。社会活動の推進にあたってはとりわけ大切な原理として…。

というのは、社会活動は、青年個々の考え方によって意見の違いがもっとも出やすい活動分野だからである。青年団は特定の集りではない。信条や思想に違いのあるのは当り前である。したがって、お互いの言論・表現の自由を瞳のように大事にし、まちがっても力や口先で仲間を屈服させ、抑えつけたりしてはならない。仲間を思想や意識でみるのではなく、立場と要求でみ、耳を傾けあって、道理と事実で納得できるまで討論し、行動で一致できるものをさぐりあてていくならば、意見の違いや内部の矛盾は、必ず前むきに解決されていくものである。青年期は、ともすれば潔癖さから急進主義や百パーセント主義に陥りやすく、自家撞着を覚えながらも一面的になって、むりな意地を張ることも多い。それは青年ゆえの特権かも知れないが、それにとどまらず、先にのべたような気風を養っていってこそ、青年団は、真に民主的な団体にもなり、それ自体をすぐれた民主主義の学校にすることもでき、外部との関係においても、真に民主主義的対応が可能な組織にも成長していけるのである。社会活動はセクトからは力強く発展していかないからだ。

最終回――真の社会観と仲間の形成を

青年期は正しい社会観を形成する時期である。自己と同時に社会を発見する時代だからだ。自分の生活や要求を初めから社会的に意味づけられる人間などいない。ましてやそれが、社会を貫く科学的法則にかかわっているという認識など持てるものではない。従って、いつかどこかでそれは必ず形成されなければならない。ところが社会活動はその恰好の土俵なのだ。青年の社会認識は、肌身にしみる体験を通して、直感的に眼を開かれ、それら生の経験が仲間のなかで教材化され、比較検討、集団思考する過程で、整理、意味づけ、体系（抽象）化され、一つの価値観、社会観にまで高まっていくものだからだ。そして、これら経験を総括する科学的方法、社会を分析する体系的理論が身についた時、それは物理的な力をさえ発揮して、実践を導き、展望をきり拓く光となる。社会活動を社会観形成の教場にしよう。

さてところで、このようにして社会活動が現実を変えていく具体的行動になる時につき当る地域の壁――地域の政治的諸関係、諸勢力との作用、反作用、誘惑や脅かしさえあるかも知れない事態の発生に対処する問題を考えることにしよう。

こんな時何よりも大事なことは、先にのべた諸原則に則りながら、民主的な内部結集を強め自主的、主体的判断、態度を貫くことであるが、さらにいえば勇気である。勇気というものは、酒の勢いとか空いばりのことではない。「臆病の母は無知である」（ラッセル）という言葉が示すように、知恵の働きによってこそ生れてくるものである。しかも、一人の知恵をみんなの知恵、集団の知恵にふくらませていくならば、それは何倍にも増幅する。胸を張り、身体を張って前進しようではないか。若いのだ。正義と真理が青年の側にある限り、乗りこえられない壁はない。魯迅（中国の文学者）もいっているではないか。「もともと地上に道はない。歩く人が多くなればそこに道ができる。人生の希望もまたこのようなものである」。

最後に私は、社会活動が、青年にこの上もない贈り物をしてくれることについてふれ、この連載を終ることにしたい。その贈り物とは何か。生涯誓いたがわぬ友、仲間である。終生変らぬ真の友情、真の同志的愛情が、社会活動へのとりくみのなかでこそ最も心豊かに、深く形成される。さあこの確信を全ての仲間の灯として、全力をあげて奮闘していこう。
（『日本青年団新聞』一九七六年六月号〜七七年六月号）

地域青年団への高校生加入を考える

一、高校生の加入問題はなぜでてきたのか

さて、始めに明らかにしたいことは、高校生の加入問題がなぜでてきたのか、その根拠を考えたいということである。以下二つの側面から追ってみることにしよう。

(1) 客観的根拠――地域の事情

一口にいえば、地域における青年層の稀薄化、青年人口の絶対的減少と、ハイティーンにおける在学率の増大（全国的にみても、高校進学率九二％以上、短大を含めた大学進学率四〇％以上、各種学校在学を入れるとそれぞれ数％上昇すると考えられる）という二つの要因が動機となって、高校生の加入問題ができていると考えてよかろう。

例えば、茨城県水海道市のA、B二部落における一九六四年の二五歳から一六歳までの就労、就学状況は次のようだったという。

A部落（一〇〇戸のうち男子のみ）
普通高校生四（一一％）、農業高校生五（一四％）、定時制高校生一（三％）、農業従事者一二（三三％）、自営業三（八％）、賃労働者一一（三一％）。

B部落（一〇〇戸のうち男子のみ）
普通高校生一（二・五％）、農業一（二・五％）、自営業二（五％）、賃労働者三七（九〇％）、賃労働者の内訳（大企業一〇、中小企業二三、公務員四）

ところが、A、B両部落の現状は、それぞれ高校進学率が九〇%をこえているという。

このように、最も身近かな生活基盤である部落、町内の就労、就学実態を分析してみると、高校生、大学生の比率が急速に高まっていることがわかる。

ことばをかえていえば、在学青少年を抜きにしては、地域における青年問題、青年運動を総体として考えられなくなってきているということである。

つまり、青年団の諸君がほんとうに地域に根ざして、青年のくらし、いのち、生活課題、地域課題に取り組んでいこうとする時、在学青少年の存在、課題、意識、要求を除外しては、問題や運動が都分的にしか進まないか、進んだとしても、組織の基盤の弱い活動としてしか展開されなくなってきているということである。

こまかいことでいえば、たとえば、鎮守のみこしをどうするかというような時、年令層を上にのばして、三〇歳代の壮年と一緒にかつぐか、年令層を引きさげて、広げて高校生の手助けをかりるかしなければ、夏祭り一つまとまらなくなってきているというのが村の実態である。

即ち、第一義的には、以上のような地域の事情が客観的根拠となって、高校生の加入問題がでてきているのだといえよう。

(2) 主体的根拠——高校生の事情

ところでもう一つの側面は、より主体的な根拠、従って、より自覚的、意識的になった場合でてくる、本質的な問題である。

即ち、高校生の自己形成、自己変革（青年期の文化変容、価値観の創造）にかかわって、高校生の加入問題がでてきているのではないかということである。

いうまでもなく、高校生は青春のまっただなかにいる。それは、子どもから成人への過渡的な時代として、独自の重要な価値——人生の準備期としての深い意味をもっている。

実は、地域青年団の問題とかかわってだけでなく、高校生問題は、現代日本がかかえる最重要な問題の一つであるが、いわゆる一昔前ならば、この年代の問題は、ちがった型で展開していたということができる。つまり、義務教育年限を終了すると在学、勤労青少年へのより後者の方に数多い「青年期の分裂」が起こり、一六歳から二〇歳ぐらいまでの青年期問題は、主として、勤労青少年問題として現象していたのである。ところが現在ではその年令層の問題は、より多く、いや圧倒的といってもいいほど高校生問題として発生してくるという社会情勢の変化があった。

例えば、恋愛や結婚にまつわる性の問題一つをとっても、よしんば、一六歳の少女と一八歳の青年の問題だとする時、社会は、少年法の存在や、結婚年令その他の社会的規範があったにしても、「勤労している」という事実によってそれは（容）黙認されてきたのである。ところが、事情は変ってしまった。未就労、就学の高校生の恋愛、セックス、結婚等の問題として、時にはただちに「非行」そのものであるかのようになってしまうからである。ここに、高校生問題一般の非常にむずかしい矛盾をはらんだ問題性、現代性がある。

そこで、少し、現代高校生の生活実態をみてみることにしよう。

『茨城の高校教育白書』Ｎｏ・６（一九七六年一〇月、茨城県教組発行）のさわりの部分だけを大ざっぱに紹介すると、その学力と生活の実態は次のようになっている。

「国語、書きとり――『先生』は全員書けたが、正解率、『勤める』は五〇％台、『衰える』は一〇％台。一〇人に三人は『禾』（のぎへん）を知らない。『ことわざ』『格言』を知らない高校生、『灯台下暮し』を正しく直せたのは三割。『ローマは一日にしてなれり』を直せたのは六割。目立つ基礎学力の差。普通高校と職業高校の学力差は作られている」。

「英語、平均三〇点もちがう普通科と職業科。一〇人に一人はアルファベットも書けない。一から十までの数字を英語で書かせたら（中一程度）、全部書けた者は高一で六二・四％、高二で五八・九％、高三で五五・八％」。

「毎日の授業がわかる生徒は四割」「わかる授業をやってほしい――生徒が教師に望むものベスト５――①わかるように教えてほしい②生徒と話しあいをもち、相談相手になってほしい③生徒を大事にし、生徒の考えに理解を示してほしい④もっと楽しい授業を⑤もっと自由にしてほしい。」

「部活動に参加しているのは約五割」「圧倒的に多い進路の悩み」「悩みの相談相手は」「休日はどうしているか」「課程別一年生の喫煙経験」「親子の対話はどのくらいあるか」「二人に一人の生徒が被害に」等の統計図は誌面の都合で省略した――編集部。

細かく書いたらきりがない状況なので、少し整理してみると、総じて、現代の高校生は、まず前提になっているものとして、「九〇％以上の進学率――高校受験体制の強化――むずかしい、わからない知識、授業――希望校への入学困難――一方、適性、能力に応じた進路選択、高校多様化の社会的要請という名のもとでの実質的選別、学校格差、能力主義教育の進行による一五の春の分断」。

その結果「形式的（いつわり）の入学、学習意欲の減退――それに拍車をかける〝教育課程〟〝教育内容〟（多様化とも関連して）の卑俗化、実用化（底辺技能教育への傾斜――例えば職業教育の職業訓練化など）とますますつまらない授業化――他方、大学受験本位授業の一面的発達、学校内選別（例えば理数科、文科、国立、私立コースなどへのクラス編成）の進行――ゆがめられた学力、教養の発達――さらに加えて、教科外活動（クラブ活動など）の規制強化、画一化、形式化――道徳教育の一環化」などによって、高校生の学業生活は、全体として味けない、さむざむとした、魅力のない、活気ないものになっている、と報告している。

これらの状況を、一九七五年の『子ども白書』は、またその条件や環境にまでふれてつぎのようにのべている。

「………今年高校に入った子どもたちは、一九五九、六〇年生まれです。いまの高校生は、いわゆる〝高度経済成長〟の中で、日本の社会――地域、住宅、交通、家庭生活、テレビ、ラジオ、マンガ、週刊誌などのマスコミ状況など――がかつてない変貌の中にまきこまれはじめた時期に生まれ、その中で成長してきました。教育もまた、一九五八年の〝勤評〟以来、政府、財界の進める〝人的能力開発政策〟（マンパワーポリシー）に基づく、選別、差別が急速に現場に浸透させられ、テストによる成績競争、そのための塾通いなどが〝あたりまえ〟のようになってしまった状態で学校生活を経験してきたわけです」。

もう少し、視点をかえて考えてみると、現代の高校生は、すでに少年期の人間形成において、次のような事実を背負って、新しい歪みと貧しさの土壌の上で育まれてきたということができる。

＊少産健育の地域的表現――遊び、友だちの減少、保護過剰………

＊家業の衰退、父母の家庭外労働の進行と核家族化――カギッ子、放任など

＊子ども文化の変貌――マンガ、テレビッ子、手作りの減少など

＊高学歴社会の到来と受験体制の強化――テスト、塾、教育荒廃など

＊環境変化――交通地獄、公害、自然後退など

これらの複合作用によって、現代の高校生は、「ガキ」として思いきって、自然や野性や地域のなかで自己を育

んでくるもの、父母の知恵深い具体的労働が日々目の前で展開されるところから感得する敬愛すべき感嘆、自らの手と足と頭を使って創造的、主体的に遊びを考えることがもたらしてくれる財宝等々からいやおうなしに切り離され、隔絶されて成育しなければならなかったといえる。これらが、先にのべた学業生活の味けなさと結びついて、自分へのあきらめと見くびりの中で、受身に自己を無気力化させ、孤独と劣等意識、自信喪失と自暴自棄等々のなかに自己を追いやっていく現象さえ呈している。これら自我意識と自己主張の稀薄化、無定見、無国籍の心情と感性が複雑に相加、相乗して、現代の高校生を、ひ弱で貧しい人格として一面化させているということができよう。

もちろんこれだけが全てではない。社教審答申がのべるように「現代の青年（高校生とおきかえてもよい）は自主的、合理的であり、彼らのもつ創造的な価値形成への意欲は高く評価」されなければならないことも事実であり、「現代青年の平等観や民主主義的感覚」は、自己の回復、充実、実現、全面発達を求めて、一心に生きようと努力している。即ち、それ故に、高校生活を豊かなものにしようとする、そのような模索の一つとして、高校生の青年団への加入という事実が生まれてきているということができよう。そしてまた、兄貴や姉貴にあたる青年団の仲間たちも、これらの高校生に手をさしのべようとし、入団を誘う行動に立ちあがってきているといっていいであろう。

以上が、高校生入団の主体的根拠である。

さて、それでは、高校生の青年団への加入は、さらにどのような意味をもつのか、二つの面から考えてみることにしよう。

二、高校生入団の意義A――高校生にとっての意味

(1) 高校生にとって「地域のある形成」とは何か

――地域は人間的連帯の基盤であり、自己と社会のつながりを具体的に教えてくれる。

ともあれ高校生たちは、中学生の間は、その生活が地域に根づいていた。思春期の青年が悩みなどにぶつかったとき、まっさきの相談相手となる「友人」の多くは、クラスメートとして自分の住む同学区の中にみいだすことができる、というふうにである。

ところが、高校入試という選抜は、中学生の一五の春をいやおうなしに切り裂き、地域からごぼう抜きする。

ここに、茨城県水海道市の調査結果がある。

大まかにいっても、中学卒業とともに、六市四町の地域に拡散され、ふりわけられている。そして、一旦高校に進学してしまうと、高校生どおしの横の連携交流は極めてうすいものになってしまう。

高校三原則（地域制、総合制、男女共学制）が全く有名無実化してきている現状にあっては、高校（生活）の地域からの分離は、ますますはなはだしくなっていく。

ところで、人間の形成や成長にとって、地域はどのような意味を持っているのだろうか。地域は、いい意味での共同体としての相互扶助機能、教育力、福祉力をもった「人格体」といってもよく、人々がともに生きあう具体的連帯を保障する場として、大きな役割を果たしうるものだということができる。むのたけじ氏の言葉をかりていえば「人は支えあうための単位であり、人間は、人と人との間に存在」すべき種であり、時にはなぐさめあい、励ましあう人間の共同性、社会性こそ、人間が他の動物から出し抜けて、文化を生み、育て、歴史を形成、発展させてきた最も基本的要因の一つであり、人間がその中で、労働や生産や生命の共同防衛の必要から、「集落」（地域の原点）を作って生存してきたということは、人間の叡知のすぐれた創造性を示したものといっても過言ではないのである。歴史のある時点において、支配者や権力によって、それが逆用される悲哀を数多く含んできたとはいえ、地域こそ人々が日々豊かな生活を展開すべき「基底的土壌」に他ならず、生命体の一部としての青春にとってもこの原理は変らない。

それ故に、同じ地域に住む高校生どうしが、ある者は地元の普通高校へ、ある者は二〇キロも離れた他町の農業高校へというふうに、本人の志望とかかわりなく、教研テストの成績という一つのモノサシだけをあてがわれてふりわけられるとしたら、その現状は何としても矯正されなければならないマイナスである。

思春の時代が、たとえその生活空間を拡大しながら花ひらくものだとしても、本来それは、地域での生活を土台にして、さまざまなふれあいが保障されていってこそ健康なのである。

さらにまた、地域にはさまざまな人々が住み、さまざまな社会的課題が存在する。高校時代という、自己を内面的にだけでなく、外面的にも拡大、深化させていくべき時代に、自己を外側に、あるいは自己を外側との関連で客体化し、自己の存在を人々とのつながり、関係において捉え、位置づけていくことは極めて重要な意味をもつ。

ここにある高校生の手紙を紹介しよう。

たとえいじめられても（手記）

ここ絹西小学校の正門前の現地にS子と私が着いたのが八時半。なんと一番乗り。先輩達はまだ来ていないし……どうしようかなあ……なんて感じていますと、そこにいじわるそうな男の子三、四人とカワユイ顔をした女の子二人が立っていました。ジャーン‼ それが事件の始まりなのです。最初に声をかけられて、ガーン‼ ショック‼ ナントナント……「メスゴリラ‼」ですと……。それだけならまだいい。先があるんです、先が。そのにくったらしいのが、トンカチやらコーラやら持ち出して私達の後を追っかけてくるのであります。かけたわ！ かけたわ！ 私達は恥も外聞もなく必死になって逃げました。……苦しいよ。……苦しいよ。……のどのあたりはゼエコ、ゼエコ。止まったらたいへん。トンカチでひっぱたかれて、コーラひっかけられちゃうし、S子も私もクッタクッタ。S子はそれでもう気を落としちゃうし、私はS子のことちっとばっかしなだめてあげたりしましたが、実をいうと私も自信をなくしかけていました。S子は「モモエは強いなあ……」なんていってたみたいですけど、私もホントはそんな強い人間じゃないんです。

でもゲームが始まると、その子たちもみんなと一生懸命ガンバッテくれました。終りになると、にくったらしかった男の子たちが、私にこういうのです。「またキャンプん時も絶対こいよなあ～」って。私はその言葉に感激しました。とにかくすごーくうれしかったのです。その言葉は私の心に深く刻みこまれました。私はさっきクヨクヨしていた自分をかえって恥かしく思いました。「MLC」に入ってからの私にとって一番尊い一日でした。私は今になって思うのですが、あの子たちはあの子たちなりに考えた愛情の表現だったのかもしれないって……。（一年　中山幸子、水海道高校生リーダース会機関誌『きぬ』）

基本的に自己確認、自己の存在意義を鮮明化しようとしているこの少女にとって、子ども会の指導という一つの経験を通して、ささやかながらも以上のような喜びを実感できたことはどれほど大事な意味をもつか知れないのである。このように、地域（のさまざまな現実）は人間に自己と社会とのつながりを、生き生きとその具体性において教えてくれるかけがえのない形成力、教育力をもっているのであり、現代のマスコミ文化の氾らんのなかで、青年期が「地域のない」抽象的、観念的形成のみでゆがんでいくとしたら、人格的奇形さえ生みだしかねないといってていいであろう。

（2） 高校生が青年団のなかで勤労青年とふれあうことは何をもたらすか

――経済、文化を含む人間的富の源泉が、労働、生産にあることの意味を生き生きとつかませてくれるとともに差別や劣等感をのりこえていく道を、正しくさし示してくれるであろう。

第二に、高校生の青年団への加入は、そこで勤労青年とふれあう機会をつくる。このことが、高校生の自己形成にどんなに大きな意味をもつかを考えてみよう。

泉信三著『政治革新と青年運動』のなかに次のような一節がある。

「……高校生の職業観は、全体的傾向として労働の現実感に乏しく、しっかりした見通しに裏づけられているとはいえない。……とくに今日の高校生の生活と意識は国民の労働と生活の現実からきりはなされ、集団主義や民主的運営の訓練をいちじるしく欠くものになっている……」。

この指摘は重大である。いうまでもなく、経済、文化を含む人間的富の源泉は労働に由来している。原初的には、採取、漁労、狩猟から出発して、牧畜や耕種や栽培をへて、今日の科学技術時代にいたる自然とのかかわりのなかで生みだしてきた人間の生活様式の発展は、人間の不断の労働、生産活動の蓄積された到達を示すものであり、このことによってだけ人間は、確かな未来をもちうるのである。

ところが、石油化学産業を中心とする工業化を本質とする高度経済成長期のなかで成育してきた現代の高校生の象徴的な生活形態――「学校＋仕事＋遊び」から「学校＋テレビ＋塾通い」への変化――の中には、「家の手伝い」から始まる「勤労、労働のある形成」が脱落してきている。これは、人間の発達を根源的に貧しくし、歪めずにはおかない。

それ故に、基本的価値観を形成すべきこの時代に、労働者や農民として、日々、劣悪をかかえながらも勤労に励む青年とふれあう生活をもつことは、高校生に多くの驚き、変革をもたらさずにはおかないだろう。

同時に、高校三原則崩壊のなかで、学校間、課程間格差が広がり、高校生のなかに、差別感、劣等感が根深く浸透してき、〝どうせ〟というあきらめから三無主義（無気力、無関心、無感動あるいは無責任）におちいっている実態が進みつつあり、それでいいはずがないところから、高校生がどこかで自己を転換し、まっとうにものを見、考え、自己を再評価し、再形成しようとしていることは先にみたとおりであるが、高校生の青年団への入団、勤労青年とのふれあいは、このような高校生を励まし、蘇生させる一つの有効な「るつぼ」、「学校」になるということができよう。

勤労青年自身も、もちろん労働によって自己の生活を自立させる道に入ったことだけで、ただちに、正しく自己を自立させうるわけではない。

しかし、どのような職業であれ、一個の社会人として自己自身がくらしを立てていかなければならなくなる「立場の変化」は、人間をいやおうなしにきびしくきたえる働きをもつ。その結果は、勤労青年のもののみかたや考え方に徐々ながら変化をもたらす。場合によっては、狭い、自己防衛的な単なる現実主義にだけ導くこともあろうが、勤労青年として組織や集団、なかまのきたえあう生活が保障されている時には、働く者としての自覚や誇りが正しく伸長し、勤労青年は、自己や仲間を再発見しながら、差別や支配の論理ではなく、お互いの尊厳や連帯が大事なモノサシであるという価値観に到達していく。その結果、勤労青年は、ゆがみや劣等感をのりこえて、明るく自己を復権した思想、行動でふるまう生き方を身につけていく。

これらの諸力が高校生に与える影響は大きく、高校生が高校生のなかだけで感じたり、考えあったりしていたことの限界や捉え方を変えずにはおかない。

高校生が勤労青年とのふれあいから学びとるものは、以上のことが基本となろう。

(3) 高校生が異年令集団のなかで成長することにいかなる意味があるか

――真に集団的であるとはどういうことであるかをつかむことができると同時に、青年期の愛や性、社会的モラル行動などを豊かに理解する示唆を与えてくれる。

現代の高校生の発達上の問題点の一つは、同年令集団だけでのもたらすものである。子どもの数が少なくなり、地域での遊びや友だちの減少は、必然的に、せいぜいクラスメイトという狭く小さい集団での行動に閉じこめざるをえない。その結果、〝どんぐりのせいくらべ〟や〝どうどうめぐり〟の弊からまぬがれえず、リーダーシップの養成もまずしいものとなる。

人間の成長にとって、集団や遊びの意味は本質的に重要なものであり、その場合、少くとも五歳前後の年令差をもつ異年令集団のなかで、もまれ、きたえられることが望ましい。

それは、子ども時代から保障されていなければならないことであるが、自己を急速に成長させる思春の時代に、とりわけ必要なものである。従って、現在の同年令集団にかたよった集団活動は何としても改善されなければならないといえる。青年団への高校生の加入はこの解決に一つの力を与えるものになるといってよかろう。

さらに、現代の教育の実態を考えてみる時、学園生活は、クラス、学年という集団を保障してくれているようであるが、それは単なるみせかけの集団である場合が多く、真の集団とはほど遠いものになっているといえよう。それどころか、受験体制の強化等は、競争原理の先行によって、クラスメイトを、〝ケオトスベキライバル〟にする本質をあらわにしてきているといってもよい。

この中からは、真に集団的であること、そこから身につくべき、民主主義的モラルの陶冶などは生まれてこない。

これは、青年期の社会的形成にとって、極めて大きな問題である。青年団という異年令集団が、青年（期）を真に集団的に教育する場になるといっては我田引水であろうか。

もう少し具体的に問題を提起すると、異年令集団のなかでの日常的な議論、話しあい、話題の提供は、高校生の自己形成に豊かな滋養源にもなろう。

例えば、高校生にとっても、愛や性や社会問題などについての悩みは深刻である。このような時、どう判断し、どう行動していくのか。青年団の信頼できる兄貴、姉貴分の存在は、高校生にとってかけがえのない相談相手、助言者になっていくと考えるのである。同年令だけでは、経験や体験の相似性、狭さなどから、つい逸脱や過誤にもおちいりやすいといっていいからである。

さて、以上、いくつかのべてきたが、滋賀県草津市の女子高校生団員の語った次の言葉を紹介し、しめくくることにしよう。

「……私はいま青年団に入っています。そんなに沢山活動しているわけではありませんが、毎週○曜日の夜、女子講座として開かれている生花クラブに参加しています。高校にも生花クラブがありますが、それとくらべ青年団の生花クラブの方がずっと楽しく、ためになると思っています。生花の技量や水準のせいではありません。二、三年前に卒業した同じ地域のお姉さんたちと一緒に花をいけながら、いろんな話がきけるからです。仕事のこと、会社のこと、友だちのこと、時には恋愛や社会のことなど、少しむずかしいことなどもありますが、率直に話しあっているのを、側で黙って聞いているだけでも、ほんとうにためになります。ハッとするようなことが沢山あるからです。だから私は、青年団の生花クラブに、非常にいい勉強の場として、参加しているのです」。

三、高校生入団の意義B——青年団にとっての意味

さて次に、高校生入団が、青年団にとってどういう意味をもち、どんな影響があらわれ、どんな配慮が必要になってくるかを考えてみることにしよう。

(1) 青年団とは何か、その目的、性格を深める契機を与えてくれる

——地域に根ざした真の総合的生活集団をどう創造していくのか。

青年団が、勤労青年を主体とした地域組織である間は、勤労青年の生活要求を土台にしてだけ青年団活動を考えていけばいいことになるが、そこに高校生が加入することによって、青年団は大きな試練、転換をせまられざるをえまい。

もし転換の方向が、地域青年団の目的や、活動方針にとって、あまりにも重大であり、転換することによって、青年団活動が何らかのかたちで掣肘をうけたり、後退を余儀なくされるというものであれば、組織内の討論によって、原則をきめていけばいいことになるが、高校生加入によって、青年団活動がより積極的に生き生きとしたものになり、地域に根ざした青年の総合的生活集団の内実が豊かなものになり、青年の生活を高め、青年の尊厳をとりもどす事業を、地域のなかでより大きく広く実現していくものになるならば、高校生の加入問題に前むきな検討を加えていく必要があろう。

この際重要なことは、青年団観の確立である。

それぞれの地域、青年団の歴史や伝統のちがいによって、「青年団とは何か」「青年団とはどういうものだ」という、地域の未加入青年のみならず、大人たちからのイメージ、青年団観というものがあろうが、地域の人たちの青年団観が、青年たちの前むきな成長を願う地域組織であるという評価が定まっていれば、高校生やその父母自身、決してかたくなに、青年団に拒絶反応を示すことはないであろう。ところが、もし青年団に対して、青年団は飲んでさわいでいるだけの親睦団体だというような目をむけている場合には、高校生の加入など問題にもならないということになろう。そうであったら、改革していかなければならない。高校生をどううけとめるかと

いう問題がでてくる場合、さきにのべたように、高校生の自己形成に本質的にプラスになるような青年団への飛躍、イメージチェンジが前提にならなければならないからである。

このようにして、高校生入団問題は、まず第一に、青年団の目的、性格の再確認、新しい青年団組織への脱皮という、非常に重要な課題を投げかけるものになろう。

(2) 青年団運動（論）の再点検が必要となる

――さまざまな青年のさまざまな要求を真に統一する運動論、方法をどうみつけだしていくか。

高校生入団は、青年団の運動論上にもいくつかの問題を投げかけるきっかけになろう。

青年団は、特定の思想や信条に共鳴したものの集りであったり、ある特定の目的、機能にむかって結集した組織ではなく、さきにもふれたように、地域に根ざした総合的生活集団としてさまざまな青年のさまざまな要求を、統一的かつ多面的にとらえ、青年の、解放されたい自由の要求と自分を育てていきたいという成長、学習の要求にこたえていく大衆的な運動体、実践集団として意味をもっている。これらが、具体的活動や形態をとってくる時、高校生加入という新たな条件の発生は、これまでの運動、方法に、いくつかの原則的な配慮（これは決して、運動全体に、わくや限界を設けることではないにしろ）が必要になってこよう。

例えば青年団活動には、スポーツ、レクリエーション活動、文化、学習活動、福祉、社会活動などさまざまな側面、分野、活動形態があり、それらを、青年の生活要求、生活課題、地域の実情、地域課題に結びつけたり、土台にして、発展的に運動化していくわけであるが、それらの過程には、個々の活動分野、諸側面が相互に関連しあって、学習の課題になったり、社会活動、運動の目標（行動）になったりしてくることが生じてくる。

このような場合、特に社会活動、とりわけ政治的課題がからんだ問題に直面した時など、未成年であり、勤労によって自立した生活を支えていない高校生の参加や活動の形態、内容をどうしたらいいかという問題は、非常に重要なきめ細かい配慮を必要としよう。もちろん原則的には、高校生の社会問題、政治問題等への関心、学習、運動を否定することはできず、高校生自身が、それらに対する正当な要求と行動をもつことは、何人といえどもとどめえない権利であるとはいえ、高校生が高校生同志の認識で討論し、学習し、結論し、行動していく場合と高校生が勤労青年と一緒の場で討議し、決定していく場合とでは、よしあし両面にわたって、おのずとちがった状況が生まれてこよう。

このような判断に立つ時、青年団の、ことにリーダー、活動家の運動論上の配慮、つめは、より深いところで議論され、創造されていかなければならないといえるだろう。

これらとは別に、さらに現実的な問題でいえば、青年団は、地域青年組織の県や国段階における運動体を作りあげており、全国青年大会や、文化行事など、高校生団員を前提としていない状況があり、これらの問題に基礎組織の段階からどうするかなど、運動、組織上、新たな対応を迫られる課題も生まれてこよう。

(3) 青年団のモラルと規律創造の転機となる

次に青年団の日常的活動におけるいくつかの問題との関連にもふれなければなるまい。

第一に、青年団の夜間、宿泊活動の問題である。

働く青年の組織である青年団の活動は、いうまでもなく夜間や休日に集中する活動にならざるをえない。しかも季節によっては、夜九時ごろから集まって、一二時にでもならなければ解散しない場合もあろうし、高ぶった感性や心が、二次会、三次会とたまり場を求め、深更どころか暁を知って腰をあげるということすらあろう。残念ながら、性差のある今日の日本では、それは女子青年にとっても一つの大きな悩み、障害ともなっているが、高校生という、第一義的に学業をかかえた身にとって、このようにエスカレートした活動の夜々では、永続きするどころか、たちどころに家族や周囲から苦情、非難がでてくることはまちがいあるまい。たとえ七時から九時までの集まりではあっても、女子高校生などになると、よほど理解をえない限りは、夜間の外出は問題視されたり、制限されたりすることになってこよう。この壁、この現実をどう考えていったらいいのか。

第二に、勤労青年をまじえた活動のなかでは、タバコや酒がつきものになってくる。成長期の高校生にとって、たとえ実態がどうであれ、原則として禁酒、禁煙が当然のこととなろう。

第三に青年同士であってみれば、姉のようにしたう感情や妹のようにいとおしむ感情が、愛の芽ばえとなったり、恋の懊悩となったりするケースも生まれてこよう。

第四に高校生にマージャンを教えたり、さそったりという付録もついてくることがあるかもしれない。

高校生が君子や聖処女のような日夜を送らなければならない理由はないにしろ、そこには当然、現代青年のモラルや規律の創造という課題が生まれてこなければならない。

ことにエロ、グロ文化の横行、少年や少女をさえむしばみつつある道義の退廃や非行が深化しつつある今日、青年団運動が未来にむかって社会を進歩、発展させる運動の一部として、これらの問題にどう立ちむかうかということは、青年団運動そのものの課題にさえなっている緊急性をもった問題である。

このように考える時、高校生の入団は、青年団運動のモラルと規律の確立に非常に重要な意味を付与することになろう。

(4) 青年団の財政確立を真剣に考えるきっかけをつくる

高校生の入団は、青年団の財政活動にも大きな影響を与えるものになろう。

基本的には、補助金（助成金）、国費、事業収入を三本の柱としながら活動を続けている青年団の財政基盤は弱体だといってよかろう。個々の事業、たとえば、キャンプ、スキー、青研集会の参加など一つ一つに大きな自腹、自己負担を背負いながら、その活動は支えられている。自主団体として自前の運動がたてまえだとするなら、それは当然のことといわなければならないかもしれない。

しかし高校生は、銭をかせいでおらず、部屋住みのスネカジリの身であり、授業費、教材費などの学校経費、通学費、小づかいなどをあわせると、家族自身相当の負担を余儀なくされながら勉学させているのが現実である。たとえ少ない団費でも、いや、団費以外の自己支出の多い青年団活動の経費捻出は、高校生にとってかなりの痛手にならざるをえない。

そう考える時、青年団の財政活動、いわば、その公的ともいえる諸経費の生みだしにどう真剣に取り組んでいくか、大きな課題を投げかけることになろう。

青年団への助成金に対する考え方については、別稿でものべられるが、高校生入団を契機として、団費問題にしても、事業経費、収入の問題にしても、安直に取り扱うことはできず、真剣な討論と対応がどうしても必要になってくる。

しかし、そうしてこそ、運動の基盤である青年団の財政確立への道が、多様に開けてくるものである。

四、二つの基本問題

(1) 高校生入団は、日本の教育問題、教育運動にどのような課題をなげかけるか

さて、高校生入団は、単に高校生、青年団にとって問題を投げかけるにとどまらず、実は、今日の日本に大きな一石を投じることにもなるといえよう。

話は少し大きくなるが、最近の国会の論議などをみていても、教育問題は、現代日本の最も重要で困難な焦眉の問題の一つであることがわかる。

石油ショック以後、日本の経済問題が最大の難問の一つであることに変りはなく、ロッキード以降、日本の政治的腐敗が、国民全てが真の解明を期待している最重要な課題であることにも変りはないのであるが、まさかそのような現代日本の政治経済的困難を回避し、忘れるためでもないであろうが、先の衆議院選挙以来、日本の教育問題が、政治論議の中心的課題の一つとして、急速にクローズアップされてきている。

これはいうまでもなく、現代日本の政治経済的矛盾の深まりを土台にして、国民の、ことに子どもたち、とりわけ青少年の非行や道義の荒廃というかたちで、その社会的危機が一層表面化してきていることを物語るものに他ならないが、このような状況のなかで、数々の、教育をめぐる論議のいくつかをとりあげてみると、教育が、学校、家庭、社会教育という三つの形態にわかれて展開されてきている伝統的あり方への反省、あるいはまた、知育、体育、徳育といわれる教育の三つの内容のアンバランス、あるものの奇形的発展や、あるものの決定的立ちおくれ、その間の連関の欠如といった問題、ひいては――一体教育《ママ》の権利――受ける権利だけでなく、ことに教育の行政ともかかわって、教育を行なう権利が基本的に誰に属するのか――国家に属する権利なのか、国民に属する権利なのか、さらにはまた教育の荒廃を生みだした原因はどこにあり、はたしてそれは、誰のどのような努力、力がたてなおしていくのか、かててくわえて、テレビ、映画（視聴覚文化）、マンガ、週刊誌（活字文化）などの野ばなしの退廃など、日本の教育、文化に対する鋭く、本質的な問題が一挙にふきだしてきている。

そのなかで高校生問題一つをとっても、「進歩」と「幸福」と「繁栄」の雑誌である『PHP』ですらが、今年二月号で特集しているように、高校生の授業についていけない実態、学力の低下、非行の広まりと深まりなど本質的には高校生自身が被害者である現実が露呈して

きているのは、前章でもふれた通りである。

高校生入団が、このような現実にどういう社会的、国民的意味をもつのか、別ないい方をすれば、このような現実の変革にむかって、高校生入団をどう積極的に国民的課題にしていくかという視点が確認されていいということである。

現在、国民教育運動という、教師や父母、住民、研究者、専門家が手をたずさえて、日本の教育の立てなおしに取り組んでいる運動があるが、その運動の理念の一つに「地域の教育力の回復」というものがある。

地域の持っている「子育ての機能」の後退――いうまでもなく、地域崩壊の一環として現われてきているものであるが――こそが、教育荒廃の原因の一つであり、従ってそれをどう地域にとりもどし、新たな内実を付与しつつ創造していくかという課題がかかげられているのである。

実は、高校生入団の創造的で、積極的な実践は、今日の日本の以上のような国民教育創造運動の新しい一形態として、地域の再建を実現しようという運動に大きな一潮流をつくるものになるだろうと考えるのである。

根本的には、国や地方自治体の政治、行政をよりよくすることを目ざしながらも、荒廃と退廃を座しては見ていられない、緊急の国民的合意が今必要とされており、事態の悪化を少しでもくいとめるさまざまな運動の一展開として、地域青年団が、高校生入団に主体的取り組みを強めていく事態にあるということである。

さらに、高校生入団は、青年団運動が、日本の教育に一つの新たな課題を、組織的に投げかける道をも開くであろう。

それは、教育を受ける権利ともかかわって、勤労青年や高校生の、日本の学校教育、教師への要求、批判を率直につきつける結果をも生むはずだからである。

さきにもふれたように、本質的な議論が百出し、問題が山積している日本の教育改革は、単に国会やおとなや専門家だけが論議をして道をきり開くべきものではなく、本来、伸びざかりの人間として全面発達を保障しなければならない、児童、生徒、学生の声が反映され、その要求が正当に受けとめられて実現されるべきものである。とりわけ、学校教育を直前に受け終えて勤労の場に立ち、社会的自立の第一歩を踏みだした青年の要求が、最も切実に顧慮されて実現されるものでなければならないといっていい。痛烈にいえば、能力主義を土台とした選別の思想によってむしばまれている形骸化した学校教育や魂を失った教師への、勤労青年のなまなましい怒りに感電してこそ、日本の教育は蘇るのである。

だとすれば、これまででさえ、青年団運動自身がもつべきであった極めて重要な活動の一つである教育問題への取り組みは高校生入団を契機として、より重みをもつ、深い活動の一つになっていくといっていいであろう。

(2) 高校生入団の理念と現実

さて、とはいえ、高校生の入団問題は、日本全体の地域青年団運動のなかで、以上にのべてきたような理念によって受けとめられているとは限らず、私たちの狭い調査、経験のなかでも、鋭い問題意識なしに、ただ伝統的に――一五歳になれば地域や部落の青年団に形式的にも入るものとされていたり、スポーツ、レク、文化活動のなかで、人員確保のため、やむなく参加してもらっているとか――入団が許され、それほど自覚的意識的にうけとめられていない現実の方が多いといっていいであろう。

即ち、地域の実情によって、そのうけとめ方はさまざまであり、『日青協新聞』紙上等でも、その是非が多彩に論じられているのはご承知のとおりである。

従って、高校生入団を、正規に全面的に許すか、個別の事業参加のみにとどめるか、最も末端の基礎組織でだけの活動に参加を限定するかなど、その参加の形態、度合、対応は多様なかたちをとっているといえよう。

それ故に、まだ全般的には、勉学生活を基本とする高校生が青年団活動に全面的に取り組んできた時生じるであろうさまざまな矛盾、葛藤などにからんで、父母や学校や教育行政などのうけとめ方、反応なども、端的なかたちで問題化しているケースは少ないといっていい。

しかし、これらは、今後の事態の進展のなかで、もっとはっきりしたあらわれをするにちがいない。

そこで、この点について、少し詳しく、つっこんだ確認、状況把握をしておくことにしよう。

問題を少し広げて考えてみると、実は高校内部においても、高校生の団体活動検討の必要性がクローズアップされてきている。

例えば、

(イ) 教育課程の改善――経済の高度成長体制にあわせた人的資源確保中心の教育からの転換

(ロ) 社会、国語といった「教科」以外の教育活動奨励の波紋――具体的には、クラブ活動奨励をどこで行うか、その結果としての教職員の責任問題や勤務条件問題

(ハ) 週休二日制導入と関連した学校五日制の是非――つまり、学校内における教育時間短縮の扱い方等々、教育課程や教職員の管理とからみあいながら、高

校そのもののあり方のなかで、団体参加問題がとりあげられるようになってきているのである。

昭和四〇年代に各地で起きた学園紛争を経験して、教育行政機関や学校は、高校生の学校外教育活動にかなり神経質となり、消極的、否定的となっていたが、その警戒心も、紛争が一応鎮火した最近、大部緩和されてきている。大学進学率が、ここ十年間に倍増したとはいえ、進学しない青年が、同世代の半数以上いるわけであり、このような青年たちが、高校時代を灰色に終らせたくない、知識習得のみに通学したくないと考えるのは当然である。その場の一つとして、校外の団体活動参加が浮び上ってきていることもあるといえるわけである。

さて次に、それでは、在学青年の団体活動に対し、教育行政機関、学校はどのように考えているのであろうか。

まず国レベルでの問題を考えてみよう。

青年行政の総合、調整を所管する総理府では、設置している青少年問題審議会から答申や意見具申を受けているが、これらには、「学校において行う生徒指導と社会教育の一環として行われる児童生徒の校外活動についての指導の間に、十分な連携が保たれるよう考慮する必要がある」（「当面の青少年対策の重点について」、昭和四一・七・二六答申）とか、「今後さらに学校教育への需要が高まることにかんがみ、学校教育が分担すべき機能を検討し、家庭教育や社会教育が分担すべき機能との分化をはかる方途を講ずべきである」（「都市化の進展と青少年対策について」、昭和四五・五・一一意見具申）など、連携や機能分担の必要性を指摘するにとどまっている。

また、学校教育関係行政機関においては、青年の家や社会教育施設利用などによる生徒の宿泊活動のように、学校の教育行動の一環としての団体活動の形態を模索している程度である。

これに対し、社会教育行政機関では、もう少し積極的な提案を行なっている。

社会教育審議会が、「在学青少年に対する社会教育のあり方について」（昭和四九・四・二六）建議したなかで、社会教育と学校教育の連携の形態――（イ）「特定の教育活動で両者（学校と社会教育）がその特質を発揮しつつ相互に積極的に協力しあうもの」、（ロ）「従来、学校教育活動として、あるいは社会教育活動として観念されてきた教育活動を適切に位置づけること」を指摘すると同時に、「青年の団体活動を奨励し、組織化されていない地域においては……その組織化に努める必要がある」とのべ、このためには、地域のなかで団体活動をすすめる協力体制を確立しなくてはならないと説いている。

このような、国レベルの各種審議会の意見は、小、中学生の団体活動を中心に構想しているようで、高校生の活動について積極的にふれているとは思えない。学園紛争いらいの用心深さがためらいがちに必要性を説いているにすぎないともいえよう。

都道府県レベル教育行政機関、学校になると、高校生の青年団体参加への態度はまちまちである。とくに青年団への参加に対しては、無関心から禁止にいたるまで多様な方針がみられる。

教育行政機関、学校の方針と青年団側の態度の両方からみて高校生の入団が、比較的容易であるパターンとしては、

(イ) 従来から高校生が入団するのが慣例になってきた地域

(ロ) 教育行政機関、学校が高校生の入団を積極的に奨励している地域

(ハ) 教育行政機関、学校は入団に消極的だが、青年団がこれらに理解を求めて、積極的に働きかけている地域、があり

逆に、入団に困難がともなうパターンとしては、

(イ) 教育行政機関、学校が、高校生の入団を是認するか積極的にすすめているのに、青年団自身が反対しているか、消極的な態度でいる地域

(ロ) 教育行政機関、学校が高校生の入団に積極的に反対し、時には禁止している地域、などが考えられる。

とはいえ、現在の青年団がどのような類型のなかにあっても青年団は自主的団体なのだから、教育行政機関、学校の方針とは独自に、高校生入団問題をどう扱っていくか、青年団自身が態度を決めてよいのであり、その上で、教育行政機関、学校に対し、理解を深めてくれるよう働きかけていくことになるわけである。

この場合、教育行政機関、学校関係者の青年団観が、問題の行方に大きく影響してくるのは、先にのべたようにポイントになる事項である。これらの関係者が、青年団について充分な知識をもちあわせているとは限らないし、関係者相互に方針が異なることもある。青年団としてはできる限り、これらの関係者さらには地域に対し連絡をとり、話しあいの機会をもって、相互に理解を深め、態度変容を迫っていく必要があるのである。社会教育の職員以外に、最近は、社会教育関係職を経験した高校教師がいるし、学校長にも多いはずで、相互理解のきっかけはいろいろとあるに相違ない。(注　高校生の青年団入団の形態や事業参加については、「青年団の強化

をめざして」その1、を参照してもよい。）

また、高校教師と青年団の関係、ふれあいは、非常に重要な点なので、ちょっとふれることにしよう。

一般的関係としては

（イ）青年団員としての協力——現在も青年団員となり、あるいは青年団内の指導者として、地域青年とともに活躍している教師がいる。

（ロ）助言者としての協力——専門的知識、識見から青年団の運営に助言したり、学校側への要望を学校へ伝えるパイプ役、理解者としての協力などがある。

青年団と教師が協力する運動は、昭和三〇年前後に各地でみられたのであるが、その後は非常に少ないものになっている。その原因はいろいろあろうが、現在、改めて、高校生の青年団加入という事実が進行しているなかで、過去の歴史を発掘したりしながら、再検討を要する非常に大事な問題になってきていると考えるのである。

最後に、高校生独自の運動の発展、それとの関係についてものべることにしよう。

地域のさまざまな青年運動、組織の「母集団」として位置づく地域青年団（運動）は、これまでも、青年たちのサークル、グループ、4Hクラブその他の組織との間に、齟齬、反発、競争、対立、共存、提携などさまざまな関係をつくって今日に至っている。

勤労青年とちがって、上述してきたように、父母、学校、行政とより深く結ばれている立場にある高校生との関係は、一層複雑でデリケートな問題をはらんでいることは明白である。それ故に、リーダース高校生会、高校生たちの、機能や目的で結ばれた学校外の自主活動などを否定することなく、援助や連携を深めながら、より緻密な配慮が欠かせないといえるからである。

ともあれ、高校生入団は、地域青年団運動にとって、客観的にも主観的にも、今後ますます複雑な矛盾をはらみながらも生起してくる新しい事態である。

青年の、本来柔軟で、感受性に富んだ、創造的な心と行動がこの課題にどう取り組んでいくか、地域が、社会が刮目して注視しているといわなければならない。議論よ起これ！

（『青年団の強化をめざして』その3　一九七六年）

地域をつくる青年たちの力

（『水海道市連合青年団史』への祝辞）

昭和三八年四月、社会教育主事として教育委員会に勤めることになった私は、まず手始めに、当時ほとんど活動が停止していた青年団の再建にとりくむことになった。

当地出身でない私は、その頃、西も東もわからず、とにかく地域を覚えなくてはならないと、毎日のように自転車であっちこっちを歩きまわった。口づてに「相野谷にいい青年がいる」と聞けば、セールスマンのように一人でその青年に逢いに行き、いろいろ話を聞いては、友だちになってもらった。時には「桑畑に行っている」と家人に教えられ、長靴を履いて「娘さん」を訪ねたりもした。「ミシンの外交員か?」などと間違われ、若い私も顔を赤らめることもあったが、ひたすら「いい青年たち」に「であいたい」と足を運んだ。

幸いその年の七月に、再建「水海道市連合青年団」が発足することになった。現在の「二水会館」が旧役場のまま、公民館として栄町の高台にあった頃で、七〇～八〇人での出発であった。まだまだ農業も手間のかかる頃だったから、家で農事にたずさわっている青年たちがいっぱいいた。絹西地区ではタバコ、川東や向丘地区では養蚕が盛んであり、若い手を必要としたのである。

「とにかくバラバラにひとりぼっちじゃつまんないから、みんなで楽しい集まりをつくろう!」と、青年団を再興したのである。

今では考えられないが、水海道に来て、住むところもなかった私は、公民館の宿直室に寝泊まりする毎日だったので、夜になると誰かを訪ねるか、又、誰かが訪ねて来て、連夜のように若い情熱を、青年たちとの「であい」に燃え立たせていた。

連合青年団は、農業青年を中心にした集まりだったから、農業改良普及員さん、生活改良普及員さんの力を借りることも多く、元三大師や阿弥陀寺、中妻にあった稚蚕飼育所を借りたりして、研修会や講習会を開催した。

また、青年団とは別個に、とはいっても、いつの間にか青年団に合流していったが、女子青年学級を開き、保健所の栄養士さんや生花の先生などに教えていただいて、料理や生花などを習う定期的な集まりを開いたりしていた。初めてキャンプに行ったのもその年であったし、笹島保さんの書いた『強く生きるための法則』や、林田茂雄さんの人生論『愛と幸福の哲学』などの読書会を開くようになったのも、その年の終わりごろだったろうか。再建二年目には、二〇〇人以上の団員に増えていったから、菅生や坂手、三妻や菅原など、地区ごとでの活動も進んでいった。今は亡き坂野憲ちゃんや染谷長司君、野村光枝さんたちの顔を思い起こすと、胸が痛んでくる。

青年期は「開放感」と「成長感」の二つを特に求める時代であり、青年団の集まりの笑いのなかで、あるいは一つのテーマをみんなで手さぐりしながら討論する緊張感のなかで、私たちは男も女も、大きく育っていくことができたといっていいのであろう。

固い言葉でいえば、「価値観」――愛情観であったり勤労観、人生観や社会観を、みんながそれぞれに模索しあい、重ねあっていった日々が、そこに生き生きと綴られていたからこそ、連青はかけがいのない値打ちをもつものとして、みんなの心のなかに今でも忘れえない内在になっているのだ。

保ちゃんや千代子ちゃんたちのように、そこから素晴らしい愛を育てていった仲間たちが何組もあった。曲り角に立っていた農業情勢のなかで、それでもへこたれずに、農業に生きる覚悟を励まされた仲間もまた、どれほどいたことだろうか。米、イチゴ、トマト、花、畜産など、現に水海道市の農業の中核的担い手であるあれこれの仲間たちの姿を思い描きながら、私のこころは熱くなる。

「であい、ふれあい、わかちあい」が実現していく場と特徴づけられる地域青年団の活動は、もうひとつの面から触れれば、次の二つのことを教えてくれるものでもあった。

ひとつは「他人（ひと）前で話ができるようになる」ということ、もうひとつは「友だちの広がりができる」ということである。

たとえば入団仕立てのころ、自己紹介をすることだって、どれほど苦手で恥しかったことか。それもいつしか消えて、自分の意見や考えを堂々とみんなの前で言えるようになってくる自信と誇りと喜び――それは人間の一生にとってかけがいのない財産になるものだといってい い。

また、青年団活動を通して、学区や地域、上下にわたる年代を越えて広がっていく友だち関係。ゲームやスポーツ、レクリェーション、話し合いや研修会、寝床分科会の語らいのなかで発見しあっていく、仲間たちの心の深さやあたたかさ――これらがまたどれほど、私たちのこころを慰め、勇気づけてくれたことだろう。そしてこころがつながっていったのだ。

この点もまた、生涯の宝になる経験、活動だといっていいであろう。この宝は単に、個人の宝としてとどまるものではない。みんなの共同の宝、地域の宝だといっていいものではないかと私は思う。なぜなら、青年団で培った力を、子ども会育成会やPTAの活動のなかで生かしきっている仲間もいるし、青年いちご研究会や地域農業研究会の中心的メンバーも、青年団の仲間づくりのなかで育った人間関係を土台にしている、と考えるに他ならない。地域の活性化が叫ばれている今日、それは「人のつながり」こそが問われることでもあるから尚更である。

三年経ち四年経過し、連合青年団は最盛期を迎えていったが、この中でひとつ画期的なことは、向丘中学校が「青少年の家」として衣がえしていった意義である。

昭和三〇年代の中ごろから始まった国の事業に「新農村建設計画」があり、「有線放送」を導入するとともに「青年研修所」をつくる仕事が進められた。しかしどういうものか水海道市には「青年研修所」がなく、宿泊研修に不便をきたしていた。先にのべたお寺などを借りて実施する他に手はなく、なんとか「泊まれる施設がほしい」とみんなが望んでいたのである。そういうみんなの願いが力となって「青少年の家」がつくられていったのだが、あの施設によって青年団の活動は一段と活発になり、みんなの「仲間づくり」や「学習」が急速に進んでいったのであった。炬燵を一部屋に三つも四つも持ち込んで夜っぴで議論し、そのまま雑魚寝をしてしまった楽しい思い出を、胸深くたたみこんでいる仲間も沢山いるに違いない。

地域青年団は明治三〇年代の終りごろ、日清・日露戦争で疲れ果てた農村を振興、改良するため、明治に入って一旦禁止された「若衆組」や「若者宿」が、装いを新たにして再登場してきたものであった。内務省が音頭をとった官制青年団として、村長や学校長、警察署長や在郷軍人会長などが団長になった地域もあり、市内にも当時の記録が残っている。

ところで大正中期から後期にかけて「青年団を青年の手に！」という動きが起り、折からの大正デモクラシー、普通選挙法を求める運動などに力を得て「青年団自主化」をかちとろうとする活動が生まれていく。紙数がないので詳しくのべることはできないが、水海道地方におけるこの運動は素晴らしいものであった。染谷秋之助、古谷明、高島惣吉、横田新六郎さんたちがその中心となり、後藤新平、尾崎行雄らを中央から呼んで演説会を開いたりしている。

しかし、昭和に入ると軍国主義一色となり、若者たちのこの願いはつぶされていく。

戦後になって新生日本の誕生とともに、青年たちの情熱は再結集していく。戦前の「官制青年団」ではなく、青年自身の手による青年団がこうして創設されていった。その当時、市内で最も活躍したOBの一人に川崎町の岡田久雄さんがいる。「GHQや県の〝指導〟という名の命令や統制をはねのけ、無我夢中で農村の民主化の尖兵たらんとしたんだなあ」と述懐してくれたことがある。車社会どころか、バイクさえない時代、砂利道や野良道を、二時間、三時間もかけて自転車で往復し、会議を開き熱論し、夜が白々と明けるころ帰宅するのも稀ではなかったという。何という情熱とエネルギーだったことだろう。「新しい日本の担い手になるんだ！」という燃えるような理想と希望――青年たちの輝く瞳は、こうして生まれ、創られていったのだ。地域の政治や自治、経済や産業、文化や福祉を進め、確かなものにするために……。

「青年の生活を高め、豊かな青春を！」求める地域青年団活動も一九六〇年を境目に大きな転換期を迎える。全国的にも最盛時四五〇万人といわれた団員数が急速な減少を余儀なくされていくからである。いうまでもなく日本の産業構造のドラスチックな改変が、その根幹にあった。「中卒者は金の卵」などといわれながら青年たちが都市へ出ていく。「むら」に残った若者たちの離農、脱農も激しく進むことになり「青年団どころじゃない」時代がやってきたのである。

都心に近い水海道地域は殊更この影響が大きく、昭和三六、三七年ごろ、連合青年団としての実態を失っていったのである。

しかし冒頭に述べたとおり、再生「連青」が復活する。中妻町の森恒夫君が初代団長になったのだが、それ以後連綿と「連青」のいのちが続いている。素晴らしいことだと私は思う。青年たちが主体的に自立し、連帯して「地域に生きる」よろこびが、そこから生れてくると信じるからに他ならない。

『連青団史』を編む作業は、本当に大変だろうと、深く敬服し、感謝してやまない。私たちはいつも、歴史に学び、現実を直視してこそ、未来を見通す力を確かなものにすることができるからである。

この作業――「連青」前史の発掘を含めて――によって学んだ力をどうか、明日を切り拓くエネルギーにしてほしい、と心から祈りながら筆を措かしていただくことにしよう。

（『水海道市連合青年団史』一九八三年）

M君への手紙

――どうぞ活動家に成長してください（抄）

はじめに

M君、先日はお手紙ありがとう。青年団に入って三年目の春を迎えたのですね。初めは先輩にさそわれるまま、青年団のイロハも知らずに入ったのに、二年目の去年は、青年団の行事一つ一つに参加することがほんとうに楽しくて仕方がなかったということ――よかったなあと思いながら、無性によくわかります。

ところが三年目を迎えた今年「役員に入ってくれ」といわれ、率直にいえばお人好しの君のことだから強くも断れずに、ズルズル引きうけるかっこうになってしまって「どうしたらいいだろう」という悩みの趣意――ほほえましい気持ちで読ませていただきました。

私自身にとっては、もう二十年も前の古いことになりますが、社会教育主事として公民館につとめた一九六〇年代の前半――二四歳になったばかりでしたが、仕事はじめとして何としても青年団を再建したいと無我夢中の毎日をすごしていました。幸い動き出してから三カ月で約七〇名ほどの初体験の者だけの青年団づくりに成功しましたが、今思っても――いや、その当時の仲間たちもほとんどが四十歳前後のいいおやじさん、おふくろさんとしてＰＴＡや子ども会育成会、消防団や生産組合などで活躍していますが――それだからこそ今に引きつがれて、素晴らしい日々だったと、懐しく力強い思い出、現実になっています。

一、初めから活動家だった仲間はいない

Ｍ君、私はいくぶん短兵急なところがあり、結論からいうのが好きですから、まず一口で申しあげますが、Ｍ君、君は今、ほんとうに青年団の活動家になっていったらいいのではないでしょうか。

「活動家になる」などというと、青年団のなかで何か特別な役割を果たす人間になるような気がして、ハッとしてしまうかも知れませんが、どうかあわてないでくださいね。決して特別な人間になることでも、又、特別な人間にきりなれないことでもないと思うからです。「活動家とは何か」という議論は、地域青年団運動のなかでくり返し論じられてきたことであり、活動家の不足、したがってその養成、確保は、青年団運動の浮き沈みを左右する重大な問題としてさまざまに模索、検討されてきました。

ところで実は、この問題を実際的に考えるにあたってまず大切なことは「初めから誰もが活動家であったわけではない」という簡明な事実なのですね。もちろん仲間のなかには、決して野心としてではなく「よし俺は青年団に入って誰にも負けない団員、活動家、リーダーになるんだ」と積極的に入団した人もいるかもしれませんが、まず百人のうち九九人までの人間は、はっきりいえば「青年団とは何か」という理解や自覚もないまま、何となくさそわれて、あるいは行事への参加をすすめられたので興味半分に入ってみて、そのなか――青年団活動として展開されているさまざまな行事、作業――スポーツ・レクリエーション、文化活動、学習や社会活動などに参加することによって、気がついてみたら役員を引きうけるハメになってしまい――初めのうちは赤恥をかき、大汗を流し、シドロモドロ、四苦八苦をしながら、それを通りこして、より本格的で自覚的な活動家に成長していくという道を歩いてきたのだと思うからです。こういう仲間・先輩が無数にいて、あれこれ紆余曲折、試行錯誤しながらも、青年団運動が時代や社会とかかわり、反映しながら前進し、あるいは低滞し、明日をさぐっていくということになっているのだと思います。

だからM君、もう一度いいますが、誰しも初めから活動家として存在していたということではないんですね。活動家として育っていく、みんなから育てられ、自分でも育てていく——ここのところにどうぞ絶対的な確信をもってほしいと思うのです。

二、成長をうながす鍵——その①

ところでM君、私たちは何を学び、何をつかみとって活動家養成というテーマに迫っていったらいいのでしょうか。

第一に確認したいことは、育っていくといいましたが、それは決して自然成長的——漫然と育っていくということを意味しないということですね。団員の成長をささえ、保障していく鍵や要諦《かなめ》になる条件が必ず存在するといった方が正確かもしれません。

まずその鍵についてですが、一人一人の団員が必ず何か、その人のくらしや仕事を根拠、原因として、解決したい、はっきりさせたい、すっきりしたいという深い願いをもっているということ——そのことを確信することができるかどうかということが大切だと思います。

言葉をかえれば、一人一人の団員のなかに（応々にして不解明な場合も多いにしろ）何か本質的で鋭い問題意識——農業の将来はどうなるのだろう。あととりどおしの結婚はいけないのだろうか等々——がひそんでいるのだということをきっちりとつかむ、確信することだといっていいかもしれません。一人一人の団員が何かを求めて入団しているのだ——一口にいえば（注1）解放感や成長感を求めて青年団活動に参加し、実際の活動を通して充実感——楽しかった、感動した、考えこんでしまったという手ごたえを求めているのだということですね。

そして、こういう実感がえられた時、青年団活動に対してよりいっそう魅力や親しみ、帰属感（入っていてよかったというよろこび）を見いだせるわけですから、行事等の表むきの場面などにおいてばかりでなく、青年団活動がトータルとして展開されていく全過程——すべての場面において、個々の団員の要求、問題意識の琴線にふれていく配慮、気くばりがつらぬかれ、保障されていてこそ一人一人の団員は、青年団活動に尽きせぬ価値を見いだしていくということになるのではないでしょうか。とはいってもこれは理想に近いかたちであり、活動の日常はそんなに甘いものではないかもしれません。

しかし少くとも、青年団活動がみんなの要求——たびたび強調しますが、みんなの解放感や成長感をみたしたいという要求に根ざして展開されていくこと――このことのなかにこそ青年団活動の魅力の源があるといわなければならないでしょう。逆にいえば、みんなの願い――ことばとしては語られていないにせよ、みんなの問題意識に合致した活動がとりおこなわれていない時には、青年団活動がたとえどんなにきれいなたてまえごとに満ち満ちていても、みんなを励まし、魅きつける活動にはなっていかない――したがってそこからは活動家は育っていかないということになっていくのだと思います。

（注1）

青年たちはいま「解放感と成長感を求めている」ということを二度ほど強調しましたがこのことについては一度、詳しく論じなければならないことだと思っています。

簡単にコメントしておきます。まず個々の青年たちのおかれている現実、気分をよく考えてみますと、閉塞《へいそく》感、自己呪《じこじゅ》縛《ばく》感が意外に強いんですね。つまり、何となく八方ふさがり、自分をマイナス方向に「こうだ」と決めこんでいる感じが強いということですね。そこから解放されないかぎり、青年はほんとうに力を発揮し、成長していくことはできないと思っているのです。そして、青年団活動などに参加していくと、見事に解放、成長していく姿が判然とするんですね。さらに、よくいわれることですが、青年団に入って何がよかったかということは次の二つに大別されるというわけですね。

① 人前で話せる（自己主張できる）ようになったこと
② 友だちができたこと

かたい言葉でいい変えれば①主体性の確立、②連帯意識の獲得ということなのでしょうね。今を連帯しながら主体的に生きる自立、自己形成にむかって成長する――ここのところに青年団活動のすばらしさの源があるといっていいのではないでしょうか。

そのドラマ、メカニズムの確認と解明ということに青年団活動研究の最も大切な課題があると私は思っています。

三、成長をうながす鍵――その②

さて次にそうだとすれば、みんなの問題意識の核心にふれていく場面はどんな状況のなかで実現していくのでしょうか。

その契機こそ一人一人の団員の特性、よさ、持ち味が団活動、団生活のなかでどう生かされていくかということに深くかかわっているのだと思います。たとえば、バレーが好きだ、お料理が上手だ、歌がうまい、書くのが得意だ等々、みんなのなかにはさまざまな能力、経験、個性がかくされているものです。それが引きだされ、評価され、みんなの活動のなかにつなげられ、生かされていくこと――このことを通してだけ、まず誰しもが青年団を身近な、内なる組織、活動として自分のなかに位置づけ、とりこんでいけるのではないでしょうか。

　そんなわけですからM君、ちょっとあなたがたの活動、まわりを見まわしてみてください。ただまんべんなく、うすぼんやりと入団している仲間がいるでしょうか。一人一人を大切に、よく観察してみると、きっと何かを期待して入団しているのではないのでしょうか。そんなホンネが、たとえ雑談や酒のみの席上でも、率直にあるいはボッツリと出されるような団生活、団員どおしのつながりあいができあがっているでしょうか。よく、すぐれたリーダーは「話し上手より聞き上手」といわれますが「ああ、そうだなあ。ほんとうは形式ばっかりにとらわれずそんな活動をしていったらいいのかもしれないなあ」といった素直な発想や発展が、あなたがたの団生活のなかでほんとうにとりあげられるような空気や原則がどうなっているでしょうか。そしてさらに「よし、そういった活動なら思いきって彼女にがんばってもらったらどうだろうか。実はこの間こんなことがあってねえ……。ハニカミ屋さんだけど始まったらなかなかきかないよ……」というような議論や発見が一人一人の仲間たちにむかって見開かれているといいきれるでしょうか。

　M君、私は非常に当り前のことながら、以上のような雰囲気、条件が作られていてこそみんなが育っていく、活動家も生れてくることにつながっていくのだと思っています。

四、活動家への成長と学習

　さてこのようにして土壌が耕やされているということにしましょう。活動家に育っていくためにさらに何が必要なのでしょうか。

　というのは、活動への情熱や意欲が高まってきたとしても、ただそれだけですぐほんとうの活動家になれるというわけにはいかない、と思うからです。それに、青年団活動は極めて多面にわたるし、奥深い活動として展開されていきますから、やる気満々の一団員として、たとえばスポーツ活動の分野、文化活動の場面などで、それこそ青年団バカといわれるほどじゃにむに打ちこんでいけばいくほど、さまざまな問題にぶつかってくるのが通例だといってもいいからです。「もう少し人数が集まらないのか」「どうも同じ行事をくり返しているようでマンネリではないのか」などと自分自身でも悩み、仲間たちの訴えもきこえてくるようになってくるからです。

　そうしますといわゆる「青年団とは何か、何をめざしていく活動なのか」（目的や性格論）「どうしたら活動が広まったり深まったりしていくのか」（組織論、運動論）といった本格的な悩み、課題につき当ってきます。そしてここが大きなヤマ場——活動家としてより自覚的になっていくか、それとも何となくムダボネオリ、つまらなくなってやめたり、いいかげんになっていくのかの大きなわかれ道なのですね。

こんな時どうしたらいいのでしょうか。やはりここではっきりしておきたいことは「どんな活動家でも必ずぶつかり、のりこえてきた関門——しかも、それを自分（たち）らしくのりこえてきたからこそ創造的、個性的な活動家として成長してきた」ということを確信することでしょうね。

そのためには、自分（たち）の疑問について学び、解明する以外にないんですね。「知は力なり」とよくいわれますが、まさに知ることを力としてこの難関を突破していくことです。

おおまかにいって学習のかたちには共同学習と独習がありますが、まず共同学習の力をかりることがみんなで成長していくための基本的な方法だといえましょう。何しろ自分一人の悩みではなく、みんなで共通の悩みにぶつかるわけですから、率直に「このままでいいのだろうか」と自分の考えを打ちだして、仲間とともに学習する場を作ることです。自分たちだけで話しあってみたり、研修会を開くなどさまざまなやり方があると思いますが、先輩から学ぶ、実践的な専門的講師の力を借りることが大きな意味をもってくると思います。何しろそこには（歴史的）経験とそこから引き出された法則、原理、知恵が蓄えられていると思うからです。そして、目的論なり、組織論なりに関する資料や文献などが手に入ったら独習して深め、学んだ成果をみんなのなかに持ちこんで論議を深めることです。このことを少しずつでも、投げやりにならずに続けていくことです。「知は力なり」に似た言葉を引きあいに出せば「継続は力」なのですね。続けることです。やり続けた者たちこそ最後に笑うことができる者たちだからです。これは意外にきびしく困難なことですからね。

五、学習を実践で確かめよう

さてそうして、それなりに頭のなかでも整理ができ、心のなかでも納得がいったら、実際の活動を工夫することによって検証していくことですね。実践を通して自分たちで結論をだした考え方、やり方を確かめてみることです。たとえば「ひとりひとりの仲間（の発案なども含めて）を大事にすることに欠け、一部の役員にだけまかせ、おんぶしてきたからマンネリにもなり、魅力もなくなってきたんだ」という結論をえていたとする場合、一つのステップとして「役員まかせにならない分担の仕方、プログラムづくりをどうしたらいいか」という工夫をこらした上で、実際にある行事なりを進めてみたら果してどう変ったか――理屈どおりにうまくいったかどうか等々をきっちりと評価、反省、総括してみることなんですね。やりっぱなしではないこういうくり返しによってだんだん自分のなかに青年団活動の進め方や意味を、理論的にも経験的にも深め、確信していける力を積みこんでいくことになるんですね。こういう学習、実践のプロセスなしにはM君、どんな人だってほんものの活動家になっていくことはできません。それはそれはきびしい掟――長い青年団運動のなかでいく重にもためされてきた不動の原則とでもいっていいものなのですね。私の好きな言葉でいえば「生きることは学ぶこと、学ぶことは育つこと」（むのたけじ）なのですね。

「いやはや参ったものだ。学習などときくとそれだけで悪寒がするようだ」などと決して思わないでくださいね。たしかに仲間のなかには「学校を卒業してからも学習かい！もう沢山だな」という、それこそ不動の確信をもってしまっている人がいるかもしれません。いや、意外に多いのが実情かもしれませんね。なぜなら、今日の小中学校、高校で学んできた現実にてらしてみると、学ぶことが一人一人の人間を伸ばすことにつながっていくよりは、かえってだめにする方向に働いている場合も少くないという悲しい状況さえありますからね。しかし青年団での学習はちがいます。ちがわなければならないのです。

第一に知識が外側から意味不明のまま詰めこまれる学習ではなく、みんなの内なる契機、内面の要求から出発して、知識を自分たちが主人公になって外側から選りわけ、血肉化していく学習だからです。

第二には、その知識の獲得が外側の基準、テスト等によって測られ、評点されるという心配などとは無縁の学習だからです。知識の獲得が一人一人の必要、問題意識から内発していて、そのつみあげがかならず一人一人の活動の力、生きる知恵、よろこびになっていく学習だからといいかえてもいいかもしれません。極言すれば、そうでない学習ならばクソクラエであり、マヤカシの学習だと、いってもいいすぎではないでしょうね。

とにかく、青年団活動に関する学習――これにとりくむことが活動家に成長していくための必須の条件だといえましょう。

六、学習意欲とは何か

ところでこの点に関し、少ししつこいようですがもうちょっとふれさせてくださいね。私たちの学習が本気で成り立つための大事なポイントの一つが次のことにかかわっていると思うからなんです。

一つの忘れられないエピソードから入らせていただきますが、私が一六歳当時にぶつかった経験談です。高校で漢文を教わっていたU先生が転任することになりました。茫洋とした先生で私は非常に尊敬していたものですから、先生がどんなお別れの挨拶をするのか、わくわくするような、それでいてハラハラするような複雑な気持で待ちうけていました。そしてさすがでした。彼はことだけは生涯忘れないでほしいと前置きして「学習意欲のない者に教えることはできない」という言葉を残してくれたんですね。

中学校時代までは田舎育ちの野良坊少年として、勉強などはまったくといっていいほどしてこなかった私は、高校生になって初めて、学ぶということのむずかしさ、重さ、奥深さ、よろこびや苦痛を味わいかかっていたわけですが、この言葉は私のなかを電撃のように走りぬけました。もちろん彼は「教えない」ということをいおうとしたのではありません。いくら真実を伝えようとしても、受けとめる君たちのなかに学習意欲がにえたぎっていないならば、コトの半分も伝わらないということを告げようとしたのでしょうね。そう理解した私は、自分のなかに果して学習意欲が鮮明だったのだろうかと思いなやみ、学習意欲とは何だろうとずいぶん呻吟《しんぎん》しました。そして、どうしたら積極的な学習への意欲がわいてくるのだろうとさんざん考えあぐねました。

さらにもう一つの経験をお聞きくださいね。当時からしばらくたってのことだったんですが、私は、高校や大学時代以上に、実社会にでて仕事をするようになった時、私のなかにこれまでとはちがったむくむくとした学習意欲がわきおこっているのに気がついたからです。

「理論は灰色で現実は緑だ」というゲーテの有名な言葉がありますが、まさに私は、公民館に勤めて社会教育という仕事にたずさわるようになって現実にふれる――みんなと一緒に農業のことや地域のこと、愛することや恋すること、青年としての生き方をどうさぐっていったらいいのか等々、かけねなしに、現実に責任を負って考えはじめ、議論しはじめた時、ほんとうの意味で、私のなかに熾烈《しれつ》な学習への意欲がわきおこってきたことをおののくように知らされたのでした。

言葉をかえれば、激しく学びたくなったのですね。そして、自分のそういう内発的なエネルギーにつき動かされて、たとえば他人の話を聞く、何かの資料を分析する、本を読んでみるという作業を深めると、実によくわかるし、今まで自分のなかでもやもやしていたもの、ことばとして皮相（うわっつら）にしかわかっていなかったことも得心がいって理解できるのですね。沁みとおるように、そしてまた、ほんとうだろうかという疑問も冴えわたって、ものの本質や真実に近づいていくことができたのですね。

以上のことは、学習意欲というものが私たちの「学びの成り立ち」にどんなに大きな意味をもっているかということ、さらには、学習意欲というものは、もともとその人の生れつきや素質に依存していることではなくて、誰しもが実際にどんな問題につきあたっているのか、そしてその現実にどれだけまっ正面（主体的）にむきあおうとしているのか——その渇《かつ》え、必要度に応じて高まってくるものだということを意味していないでしょうか。だからほんとうは誰のなかにもそういう泉がある——渇えるような学びの欲求、エネルギーがかくされているということなんですね。「火事場の馬鹿力」ではありませんが、知的にも感性的にも、私たち人間というものには不思議な力、実に愉快で頼もしい力が内在しているんですね。（ちなみに私は、学習意欲というものは、全体的には私たちの生活意欲の一部——その激しさから生れてくるものだと思っています。つまり、私たちがいま、どんなことに対して、一人の人間、青年として目の色をかえて生きようとしているのか、その重み、深みみたいなものからふきあがってくるということですね。決して、学習意欲だけが独立して激しいというようなことではないのでしょうね）

七、視野狭窄症からの脱皮——その①

さて学習し、実践をつみあげていくとします。それでもなおかつ力がわいてこない。先が見えない。焦るということにぶつかるかもしれません。活動家になっていくために何が不足していることになるのでしょうか。

そんな時は応々にして「視野狭窄《しやきょうさく》」になっているんですね。

自分の見方——仲間や活動への自分の考え方がどうし

ても狭くなり、ちぢこまり、あるいはかたくなに、ひとりよがりになっていること――このことになかなか気がつかないものなのですね。一生懸命やっていればいるほど自信が変なうぬぼれになっていたり、自分のある経験だけが絶対のモノサシになっていたりして空まわりをする、まわりがまっ暗くみえるといったスランプにおちいるのですね。（先ほど「青年団活動は奥深い」といういい方をしましたが、本質的には青年団活動のもつ発展性――時代とともに、あるいは時代を反映して前進、自己革新していく運動性――固定的ではない流動性が、青年団の活動家にいつも創造性を要求してくるからだといっていいと思いますが、この点についてはあとで少し視点を広げてまとめた考え方をのべさせていただくことにします）

そういう面からさらにつっこんで考えてみますと、活動家であるための大事な姿勢、心がけには「謙虚」ということがあるのではないでしょうか。謙虚といっても、おとなしくしているとか遠慮深いとか出しゃばらないとかいうことを意味しているのではありません。自問できる、耳を傾けられる、間違ったら率直に反省できるまっすぐさ――こんな言葉でいいあらわした方がぴったりかもしれません。固い言葉で、いいかえますと、真理や真実、正義に対して忠実であれ、ということですね。このことは一面で実に勇気のいることですが、私たちにとって何よりも大事な成長素ではないでしょうか。世のなかというものはすぐれて手きびしいものですから、なめてかかったり、思いあがったりできないものなのですね。厳然たる事実に対しては絶対にスガ眼、ハスカイ、色メガネになることは許されません。直視すべきものに対してはつらくてもまっすぐでないと痛烈な反撃をくらいます。

私などもこの点でずいぶん苦い経験をなめてきましたし、間違ってきたことも多いのです。ですから私たちがより豊かな指導者に育っていきたいと願うなら、ひたむきさと謙虚さを統一、兼ねそなえていけるよう努力することがどうしても必要になってくるのだと思います。

これまでの活動家論の反省のなかでもこの点にかかわるものがいくつかありました。活動家という言葉を使う以前は「指導者」とか「リーダー」とかいう言葉が多く使われていたのですが、「青年団の指導者」（それが内部リーダー的な意味ではあっても）などといわれてみるとつい一般団員の上に立つもの、牽引者などという傾向におちいることもあるわけですから、かえって青年団運動の発展や仲間の成長にマイナスをもたらす弱点をあらわすことにもなってしまったのですね。自分でも毛頭思わないのに「どうも一般団員とは距離があるようだ」とか「近づきがたい」とかいわれたりすると、ほんとうに悲しくなるものです。つい「こんなに一生懸命やっているのにどうしてわかってもらえないんだろう」とか「みんなは意識が低いんだよなあ」などと愚痴ってみたくなったりして、大事なシノギドコロの一つになるんですね。

こんな場合私は「帰っていけるところを持っている」ということを忘れまいとしています。「育ったところを覚えこんでいる」とでもいった方がいいのでしょうか。

ここでちょっと変なことを話させていただきますね。社会教育主事を二十年以上続けてきた私も時々スランプにおちいることがありました。行きづまるというほどのことではないんですが、どうも精神状態がすっきりしなくなるんですね。二、三日何となくもやもやしはじめるといっても立ってもいられなくなるのです。初めのうちはなぜだろうかとわかりませんでしたが、何回かくり返しているうちにハッと気がつきました。そういう時はかならず、公民館のなかだけにとじこもりすぎているんですね。私は職場の仲間に悪いとは思いつつ「ちょっと出かけてくるから……」と話して行先も告げずにオートバイを乗り出し市内を一周するようになりました。外の空気を吸うだけで違うんですね。「ああ、麦がもうこんなに赤くなっているんだなあ」と思ったり、「あれ、今年は田んぼに水が張りすぎているなあ」と心配になったり、「緑の現実」を感覚としても吸いこんでくるんですね。そして、けもの道ではありませんが、何軒か寄る家が決まっていました。夏の暑い盛りだったら、タバコ差し（タバコの生葉を乾燥させるため縒《よ》じりあわせた縄の間に葉柄をはさむ仕事）をしている親父さんや娘さんたちのかたわらにすわって、出来ぐあいだの世間話だのをしながら手早く、小器用に一連一連が仕あがっていく姿などを見ていると、何ともいえず自分のなかに力が満ちてくるのを感じるんですね。

あるおばあさんのところにもよく通いました。三十代で主人に先だたれた、ゴツゴツとした掌が異様なほど大きいおばあさんでした。いつもニコニコした人で話し中も決して手を休めませんでした。よく、ほうれん草こさえ（出荷のための選別と束ね）をしていましたが、馬の大好きなおばあさんで、愛馬が戦争に引かれていった時の話をすると決って涙ぐむのが癖でした。それでいて私はその話は何度きいてもあきなかったのです。

このように、M君にはまだ実感がわかないとは思いますが、役員などを何年も続けていくとつい「初湯《うぶゆ》を使ったところ」を忘れがちになってしまうのですね。ある立場だけの視点にどうしても捉われがちになり、いつのまにかみんなとズレる、みんなから浮きあがる、みんなとの意識からへだたりが生じてくるという結果におちこむんですね。その時、直感力でもいいですから、何かに気がついて立ちどまり、自己蘇生する方法、手立てをもつことなのですね。私はオートバイを乗り出して、みんなのところを一まわりすることでバッテリィを充填していたわけですが、単位団、出身団――若い人たちが新しく入ってきて、顔ぶれになじみが薄くなっているかもしれませんが――そこをもっとも居ごこちのいい、フレッシュな空気の吸える場所として確保しつづけること、このことにいつもおこたりない注意をはらってほしいと思うのです。

八、視野狭窄症からの脱皮――その②

さて視野狭窄症のもう一つ大事な点にもどることにしましょう。青年団活動をどうしても単位団のなかでの活動、あるいは他の組織や団体などの活動と孤立したところでの活動に限定してしまうと活動そのものも、担い手である仲間そのものも決して前むきに大きくは成長していかないものなのですね。せいぜいお山の大将止まりが落ちだといってても過言ではないかもしれません。

地域青年団活動の特徴、最大の利点は全県全国組織であるというところから生れています。しかもその上、長い歴史と伝統をもっているということですね。この強みは理屈を大きく超えるものです。裾野の広さが山の高さを決めているように、全国いたるところで、同じ今日を生きる仲間たちが、はかり知れないエネルギーと知恵を出しあっているということ、しかも現代という社会ですから、これらの姿や情報を知ろうと思えば、さまざまな方法、かたちで知れるということ――このすばらしさから学ばない手はありません。そうすることによって自分たちの内側からだけでは見ることのできなかった意味や価値を、自分たちの活動に対しても見つけることができるでしょうし、自分たちの活動の弱さや限界をも知る契機が生れてきます。

さらにまた、それぞれのふるさと、地域のなかだけに限定しても、青年団活動を地域に根づいた、社会的に意味をもつ、認知（みんなから公認）された運動としてくりひろげていく努力ですね。そうしてみると、地域のなかで共同すべき多くの婦人や親父さんたち、時には子どもたちやお年寄にも眼をむけ、結びつきを強めていく必要に気がつくんですね。そしてこれらの努力は皆さんの活動にさまざまな経験と教訓を与えてくれるものなんですね。そうしてこそしなやかでたしかな成長が約束されます。

私の住んでいる近くに谷田部町というところがあります。昭和六〇年に科学万博が開かれる筑波研究学園都市の一画ですが、ここの青年団は活発であり、視野の広い活動を展開し、個性的な活動家を育てています。なぜそうなってきたのか。一つの特徴をとらえてみますと、彼らは実によく「地域課題」に眼をそそいだ活動に心がけているんですね。筑波山麓の広大な平地林に着目されて、国の施策として研究学園都市が目論まれて約二〇年、又、科学万博の会場地に選定されるなど、地域そのものが大きく様変りする要素をかかえていることも見逃がせませんが、そのなかで、「原住民」や「負け犬」にならない生きかたをどうさぐったらいいのか――熱心な公民館活動とも結びついて、農協や婦人会の活動ともよくつながりあった道をきりひらいています。特に遺伝子組かえ研究施設の建設問題が大きくクローズアップされてきた近年、彼らの活動は一段と広がり、深まってきました。

ちょうど10フィート映画ができ上った状況ともあいまって、五〇近い単位集落のすべてで上映運動を実現しようと考えたんですね。そうなると団員の力だけではなかなかうまくいきません。それでまず婦人会のお母さんたちに協力を申し入れたんですね。半分ぐらいの集落で上映できたようです。そのうち、谷田部町のなかで「戦争体験をきく会」を開くことになり、いろんな話をきくことができたというんです。思いもかけず実際ヒロシマで被爆した女の人までいたんですね。それからというもの運動がエスカレートしちゃって、どうしてもニューヨーク大集会と原水禁大会に代表を送ろうということになり、そのためには資金づくりだ、と演劇の上演活動にとりくむことになりました。折よく長塚節の「土」という芝居があり、テーマがテーマ――明治時代の茨城の百姓一家をモデルにした物語――だから農協にも力になってもらおうと申し入れました。さらにまた彼らの発想がユニークだったのは、その年が国際障害者年にもあたっていましたから、そのこともこの運動に結びつけようと、一部チャリティーショウとしても位置づけたんですね。私も観にいきましたが、車椅子の人たちや何かでごった返すような盛況でした。もちろんニューヨークに一人、広島には婦人会のおばさんたちも含めて九名もの代表団を送りました。

その後の発展がまたすばらしいのです。帰国報告会などを開くのですが、全町的な平和組織をつくろうということに発展していくのです。そして元県会副議長、古刹の住職、農協組合長さんなど町の長老を含む九名の代表委員を選んで「谷田部町平和会議」というものを結成しました。応々にして名前だけの組織になりがちなものですが、青年団、OBなどがしっかりと事務局をつとめ、着実に会報を発行したり、展覧会を開催するなど定着の様相を示しています。先ごろも私のところにチラシが送られてきましたが、今度は沼田曜一さんを呼んで「おこりじぞう」の語りを聞く会を開くようです。

また、同じく筑波山のふもとの村、八郷町や千代田村の青年たちも、四、五年前二、三十人に減少してしまった組織立てなおしに全力をあげ、今では十倍近くの団員を擁するまでに前進してきました。彼らもまた、自分たちの仲間うち（仲よし）だけでちんまりとした活動をしているのではなく、地域から認知される青年団組織、活動に脱皮すべく、地域のさまざまな人たちに呼びかけ、結びつく運動に本腰を入れ、成果をあげてきたのだといっていいでしょう。

特に千代田村の青年祭には村の人たちの半分以上が集ってくるといった賑わいを作っています。ここでも大事だったのは、はじめ青年祭は青年だけの集りだったのですね。「ひとりぼっちよさようなら」というスローガンをかかげて……。もちろんそれ自体としての意味も決して小さくないとりくみでした。しかし何度か重ねているうちに、どうもそれだけではもの足りない。もっとダイナミックな「お祭り」にならないものかと地域全体に眼をむけたのですね。そうすると母ちゃんたちの願い、お年寄たちの想い、子どもたちの期待も見えてきたんですね。そこに着眼したのが飛躍の感ドコロでした。終ったあと私にも電話がかかってきましたが「駐車場が狭いって町民の人らから怒られっちゃってよう……」と興奮だならぬ嬉しがりようでした。

このように眼を大きく外にもむけることが質的にも量的にも地域青年団運動を大きく前進させ、地域のさまざまな人たちからその存在を認知される契機にもなっていくんですね。「雲が雲を呼ぶ」ではありませんが、みんなから認められ、「やったあ！」という充実感が身体いっぱいをかけめぐる時、さらに活動への意欲――したがって「遅れちゃいられないぞ」という学習への意欲――活動家への層としての成長が実現していくんですね。もちろん単純でも一筋縄でもない場合が多いでしょう。しかしこの道すじは真理を示しています。

九、求められる活動家像

次にM君、私はここでどうしても、今という時代にふさわしい活動家像――現在の青年団活動にどんな活動家が求められているのかということにもふれさせていただきたいと思います。なぜなら、さきほども少しのべたように、私たちはいつの時代を生きても、決して「時代」という大きなわく組をはずれた生き方を選ぶことはできないと思うからです。いやでも応でも、好きでも嫌いでも、私たちは今を明日にむかって生きていくという制約のなかで存在しています。そうしますとどうしても、今という時代の特質をつかんだ生き方をしない限り、結局は的はずれな生きかたを選んでしまうという結果になりかねません。

そこで、私たちの生きる今の時代をどうつかんだらいいのか――モノサシのあて方によってさまざまな捉えかたがあるとは思いますが、私は強く、次の二つの点だけを考えてほしいと願わずにはいられません。

このごろしきりに「二一世紀にむかって」という言葉を聞くようになりました。いわれてみればその通り、もう一五年ぐらいきりないんですね。本来時間というものは連続しているわけですから、西暦二〇〇〇年を迎えたとたんに世の中にひっくり返るような大変動が起りうるはずもなく、さまざまな矛盾が瞬間的に解決する道理もありません。ですから「クール」に考えれば、一人の生涯では生ききれないセンチュリィ――一〇〇年を単位とする「世紀」というモノサシで何かを大づかみにするようないい方に意味があるのか、と開き直ってみたくもなってきます。

しかしちょっと視点をかえてみますと、人間というものの知恵の深さはおもしろいものなのですね。過ぎ去ってきた一九世紀なり二〇世紀という百年単位の時代を大局としてつかんでみると、そこには実に抜きがたい滔々《とうとう》とした流れのようなものがみえてくるからなのですね。たとえば、人類とか宇宙とかいう言葉を考えてみてください。百年前といえば私たちの曾祖父、ひいおじいさんあたりが生きた時代ということになりますが、このおじいさんたちは果して「人類」とか「宇宙」とかについて考えたことがあったでしょうか。おそらく九九・九％の日本人は口にすら出すことがなかったのではないかと思います。ところが今、大げさにいえば三つの赤児ですら「宇宙戦艦ヤマト」ウンヌンなどとうたっている時代なのですね。

今を生きる私たちが、人類、種として二〇世紀を総括し二一世紀を展望して、一体何をこそ「貫きまもるもの」として把握・継承していかなければならないのか、と知性する根拠があるのだといっていいのではないでしょうか。

一〇、二一世紀にむかう二つの視点

二つの大事なものにもどりましょう。

二一世紀を展望しようとする時、まずまっ先に私たちのこころをとらえるものは「果してこの地球が二一世紀まで破局的な事態を迎えずに存続することができるのだろうか」という惧《おそ》れだと思います。これは決して大げさなことでも悲観的な想定でもないといえるでしょう。

今を生きる誰しもが心のどこかで否定できずに抱いている悲しみであり怒りですらある、と思うからです。もちろん根拠は何といっても核や化学兵器による戦争への危機感から生れています。

さらにはエネルギーや食糧がどうなっていくのだというような胃の腑にかかわる不安も脳裡から消しさることはできません。しかもそれは一方のあくなき飽食と他方の絶望的な飢餓の上に進行しているのです。

このように人類の存亡にかかわる課題がグローバル、地球的規模で生れてきているというところに現代という時代の最も本質的な特徴があるといっていいのではないでしょうか。

次にもう一つ、もっと身近で、それだからこそ心いたんでやまない問題が私たちの日常にひたひたと迫っています。「人間のこころの荒廃」という言葉でいいあらわしたらいいのでしょうか。人格、家庭、地域の崩壊というかたちで広がり、深まろうとしている問題です。そして、その象徴的なできごととしてさまざまな犯罪——しかも「未曽有」、これまでには想像もつかないような「むごい」犯罪が次々と起っているということですね。いわゆる「浮浪者殺人事件」のような犯罪を誰が予測しえたでしょうか。歪んだ弱者がよりドロップアウトした弱者を殺人するというヒューマニズムの思想からは考えられないような犯罪が起ってきたということですね。いや、犯罪だけではないんですね。もっと日常的で悲しいことは「自閉」などの心の障害の進行です。私もこのごろ、そういう相談にのる機会がずいぶん多くなってきました。そしてしみじみ「どうして心が通いあわなくなってしまったのだろう。もともと人間であることの最も大きなよろこびは〝共感しあえる〟というところにあるのではないだろうか。それなのに、ひびきあうこころの豊かさをどこで失ってしまったのだろう」と途方に暮れる無惨を感ぜずにはいられません。

私たちはいま、このような時代の被害・加害をすれすれのところで生きなければならない渦中にあることを、わたしたちすべての人間の共通の認識として分かちあわなければならないし、そのことを何にもましてまっ正面から見つめなければならないのではないでしょうか。

そしてこの際、私たちが最も警戒しなければならないことは、このような事態を正視した時、私たちが「負け犬」の思想におちいらないということだと思っています。

絶望にうちひしがれそうになった時、私はいつも、何人かの先人を想い起こし、自分を励まし、力づけることを通例にしています。

一人は中国の文学者「魯迅」です。彼は中国が、いや世界が最も大きな困難に直面した一九二〇年代から三〇年代を「ペンは剣よりも強し」とたとえられるペン一本を最大の武器として強靱な生きかたを貫き通しました。没後魯迅の精神は毛沢東によって次の三つの精神に総括されました。「戦闘的精神、先見性、自己犠牲性」です。彼は自分の生きる時代、愛する祖国が暗黒への深い淵に立たされている絶望的な状況のなかで、中国人民（ひいては被抑圧民族）の最後の勝利を信じて、暗闇のなかにいつも一すじの光を見い出す先見的な洞察力を発揮して、正義と真実の立場を自己犠牲的、戦闘的に守りとおした人でした。

彼自身は戦い半ばにして病魔におかされ、たおれます。しかし彼が見通し、願いとした平和と正義、民主主義の道は、ついに勝利をおさめます。絶望のなかで彼が書き示した「だがわたしはこころうれえずこころたのしい。高らかにわらい歌をうたおう」という昂然たる叫びが真実の言葉になったんですね。

今、ある意味では魯迅が生きた時代以上に、多くの平和の言葉、よそおいの下に、それこそ人類を何百回となく殺戮《さつりく》しうる核兵器が貯蔵、配備され、世界のすみずみにまで危機が押しせまり、私たちを無力化させようとしているわけですから、魯迅のように偉大ではない私たち一人一人の、孤立した立場に立ってしまえば、核戦争の危険を根底からくつがえす核全廃の要求を実現していくことなど途方もない課題のように見えてしまいそうです。

しかし人類はどんなに困難ではあっても、核兵器を地球上から永遠にほおむり去る道を選択していく以外、その存立をおびやかす蛮力《ばんりょく》から自由になることはできません。この事実は思想、信条をこえた、まさに私たちがヒューマンであるための最低限の現代的知性であるといわなければならないでしょう。

さらにまた格別の厳冬という気象異変だった今年、とりわけエネルギーや食糧――もう一度いいますが、一方に途方もない浪費があり、他方に目をおおいたくなる飢えが存在するという現代的貧困と差別の実態を、私は深い思いをもって考えずにはいられませんでした。そしてこの事実に目をつぶったままでは、私たち日本人に未来はないと断ずべきだと痛感しますし、とりわけ二一世紀の中心世代である青年にとってはどうしても不可避の問題だと声を大にしたいのです。

一部現代日本人の老若男女をむしばみつつある人格の危機、崩壊退廃現象についても、私たちは同じように「かかわりのない」こととして、座、黙視していることは許されないのではないでしょうか。

二、「時代精神」をつかむ

このようにしてM君、活動家論につなげていえば「時代精神」(注2)といったらいいのでしょうか――その時代を風俗としてでなく、骨格として生きる精神を己れの指針としないかぎり、真に自覚的な活動家たりえないということを私は主張したいのです。そしてあえてつけ加えれば、それは現象的には広々として、少数派のかたくなで、狭く、ダサイというのでしょうか、自己拘束的な生き方に見える場合があるかもしれないのです。平たくいえば「かたいこと、むづかしいことをいっているなあ」というふうにです。しかし実はそれだからこそ「時代精神たりうる」のですが、結局は大道であり、最大の自由、自在につながっていく道だといえるのだと確信しています。

その点で私は田中正造という偉大な日本人の生き方に思い至ってやみません。田中正造は幕末から明治維新へという、時代の一大転換期を若い名主として、ある意味で翻弄《ほんろう》されるようにさまざまな労苦に耐えつつ生き、悩みます。そして推されて帝国議会の議員として自由民権の伸長のため献身的な努力を続けるのですが、いわゆる「足尾銅山鉱毒事件」へのとりくみを通して、帝国議会、明治政府の本質というものがいかなるものであるかを肌身をもって知ることになります。ついに彼は議員を辞し、鉱毒によって村を追われなければならない谷中村をはじめとする渡良瀬川沿岸の農民のために、天皇に「直訴」を敢行します。驚いた政府は彼を処断することもならず「気違い」として放逐するのですが、彼はいささかも志節を屈することなく生涯をこの運動にささげ、野たれ死にするに等しく、息を引きとってしまいます。

　それでも正造の遺志は少数の若い仲間たちによって苛酷な明治・大正・昭和の五十年余を、その骨格において守り抜かれ、日本公害史上の原点、燦然《さんぜん》と輝く金字塔として顕彰されることになりました。彼が流れゆく時代の本流を決然と歩いたからです。

（注2）
「時代精神」という言葉は正確にいいますと、もともと（歴史）哲学上の大事な概念の一つです。歴史というものは大きな節によって区切られるわけですが、その節（たとえば平安時代とか江戸時代とか）を貫く根本的な精神は何であったのかということを大局的に総括した時に抽出され、認められる主導思想の流れ（時代の潮流）を指す場合などに使われてきました。M君も世界史の事実として「ルネッサンス」ということを学んだと思いますが、ルネッサンス時代を生み出し、導き、貫いた根本精神は何だったでしょうか。「人文主義」などともいい変えられるように、一口でいえば「ヒューマニズムの精神」だったわけですね。そういうものを時代精神と呼んでいます。残念ながらそれは、グローバルな意味でも真には実現していません。ヒューマニズムに敵対するさまざまな思想と事象が進行し、かえって「危機の時代」を迎えているからですね。したがって、ヒューマニズムの精神の実現を「貫徹する」思想と運動、たたかいこそが求められているわけですね。その最大の敵対物の二つとして、核戦争の危機、人格破壊の進行についてとりあげてみたわけです。その立場こそが、歴史を前進させ、その前進に参加する生きかたになるのではないでしょうか。

二、時代精神と先輩たちの歩み

田中正造を引きあいに出さなくてもM君、私たちの先輩はさまざまな節《ふし》をつくりながら歴史を色どってきました。そしてこれらの節――それまでの運動を新しい地平に押しあげてきた事情をつぶさに調べてみますと、必ずその時代、時代の世の中の変化の骨格に連結して運動が変革したこと――担い手からいえば、切りひらいてきたことがわかるのですね。

　地域青年団の歴史と伝統にかかわる問題については、全国的な教訓としてだけでなく、自分たちの地域にあらわれた姿をも掘りおこして、ぜひしっかりと学習してほしいと思うのですが、この際どうしても、今日から明日にかけての歴史をつくる立場――さきほど来強調している言葉の一つにもどれば、二〇世紀を総括し、二一世紀を真に見通した時代精神をつかむ立場で学び、地域青年団運動の現代的創造に参加してほしいと願わずにはいられないのです。

今日の青年団運動が必要とする活動家像とは何かということについて長々とのべてきましたがM君、どうやら骨組みをつかんでいただけたでしょうか。私たちは何としても昨日にはもどれないのです。

一三、おわりに——組織者の側に立とう

さてそろそろしめくくりの時を迎えたようです。最後にM君、次のことをつけ加えさせていただくことにしたいと思います。

どうもこなれたいい方が見つからなくて困ってしまうのですが「組織者の側に立つ」といったらいいのでしょうか。自分の身を「働きかける側におく」ということですね。

よく「お客さん」とか「借りてきた猫」などということがいわれますが、そういう立場にいるとほんとうの力を発揮し、あらわすことができないんですね。入団早々は勝手がわからないわけですから、新入団員としてお客さまのように身を固くし、出されたまんじゅうにも手をつけないといった遠慮はしかたがないかもしれません。また借りてきた猫のようにチョコンとすましこみ、本性をあらわさずにいるのもやむえないというべきでしょう。

しかししばらく過ぎて青年団の雰囲気もわかり、みんなにもなじんできたら、いつまでもお客さまの立場にいたら自分が伸びないいんですね。

働きかけられる側から働きかける側に身を移したとたん事情が変ってきます。具体的には先輩から「これ手伝ってくれない？」とか「野球がうまいんだってねえ。うちの団ではちょうどメンバーが足りなかったんだ」などということがキッカケになって、何かの部門、何かの活動にとりくむようになり、そのうちだんだんおもしろくなったり、本気になったりしていくんですね。ここのところが大事なわけです。

そして「こんどキャンプにいくんだけど目標は一〇〇人だなあ。青年団以外からも三〇人ぐらい誘わなくちゃあなるまい。O君もフレッシュなところで二、三人連れてきてくれない。青年団拡大のいいチャンスだと思うんだ」などということになると眼の色を変えなくちゃならないし、まわりの景色も異って見えてくるんですね。

「誰君と誰ちゃんと、それにしばらく逢っていないけど○子が来てくれるとうれしいんだがなあ」ということになり、キャンプに参加するにしても、一人のお客さんとして参加する姿勢と、みんなを誘う姿勢とのちがいが

はっきりとあらわれてこざるをえないからですね。

私の尊敬するY先輩もよく「どうなるかではなくてどうするかだ。たとえば一人のいい娘がいたとして、あの娘将来どうなるんだろうでは身にしみていないんだなあ。大好きだあ。つきあってくれないだろうか。どうしたらいいだろうということになって初めて胸もいたむし、心もさわぐということ――つまり自分のぬきさしならない問題になってくるということなんだなあ」と話されますが、主体的になるという、そこの姿勢のちがいが大切なんですね。私はそれを抽象的ですが「組織する側に立つ」という表現をしてみたいのです。

ここにこそ私たちを育ててくれる土壌があり、成長していける鍵がかくされています。自分のなかに思いもよらない知恵や行動力があることに気づいていけるからなのです。自分って意外に捨てたものではないんですね。M君、若い君たちならなおさらのこと、まだまだ胸のなかでじっと開花を待っている蕾が無数に抱かれたままなのですね。しかしくどいようですが、それはお客さんとしての待ちの姿勢ではだめなのです。自ら働きかけていく攻めの姿勢《せ》――恥しくても照れくさくても当ってくだけてみる積極的で主体的な行動力、それだけが蕾を弾《は》じかせてくれる開花への道なんですね。変なことをいうようですが、青年期というものは心理的には意外に臆病、極めて防禦的な時代なんですね。「はにかみ」の世代とでもいったらいいのでしょうか。だから、意識的、自覚的に自分を「苦境」――やらなければならない側に追い立てることが成長の鍵なのです。

このようにして青年団の一つ一つのとりくみに対して自分をどういう側におくかということにどうぞM君、わき眼もふらずに真剣になってください。

とりわけ私は今日の青年団活動において行事へのとりくみ、組織化もさることながら、一人でも多くの仲間を組織する仕事に全力をあげてほしいと訴えたいのです。（注3）もちろん行事や事業へのとりくみを通して仲間をふやしていくという考え方はいつも貫かれていなければならないわけですから、決して切りはなして問題提起しているわけではありません。しかしそれはそれとして、それだけでは手ぬるい、不十分だと主張してみたいのです。行事や事業の合間をぬって、独自に、それ自身の課題として仲間をふやす組織活動をめざして、青年団のことを多くの青年たちに、場合によってはおふくろさんおやじさん、お年寄、子どもたちに対してさえも話をし、訴えてほしいと思っているのです。

この手紙の最初のところで、私は三カ月で七〇名ほどの青年団づくりに成功したということを書かせていただきました。もちろん私一人の力でできたことではありませんが、いい出しっぺは一人だったのです。最初の一カ月ぐらいは（全然知らない土地だったものですから）毎日のように地理覚えに自転車をこぎ出し、何かにぶつかっては統計書を調べたり、独自な調査項目を工夫したり、水海道市という地域の政治、経済、文化、歴史的特徴を析出、自分の頭のなかに入れることに専念しました。

そして青年に目をつけはじめたのですね。「あそこにいい若い衆がいる」と聞いては初対面のあいさつにいき、さまざまに話をきくことにしました。そうしてだんだん芋づるをたぐるようにみんなが次々と集ってきたんですね。今でも忘れられませんが、清子さんという娘さんを訪ねていった時のことです。家には留守で、おばあさんの話では桑畑にいっているということでした。その時私が長グツをはいていたのを妙に思い出すのですが「ミシン屋さんかえ?」とおやじさんから声をかけられる始末でした。「いや、そうではありません」と桑つみの手を休んでもらって訪ねてきた趣意を話しました。受け答えするのはおやじさんばっかりでしたが、傍で清子さんらしい娘さんが、口もとを手ぬぐいでおおった瞳だけを私にむけて、恥しそうにしながらも嬉しそうにしっかりと受けとめてくれたことが身体いっぱいに伝わってきました。土手下の桑畑で、土が黒かったこと、空がまっ青だったことを今でも覚えています。私も真剣だったのでしょうね。結成集会に清子さんは仲間をさそってくれました。彼女も今ではすっかりいい奥さんになって、若妻会などで逢うこともありますが、きまって初めての出あいの話がでて「谷貝さんておもしろい人だと思った。帰っていくとき腰に大きなタオルをぶらさげていて、ひとりでおかしくなって笑っちゃったの……」――なりふりもかまわず、ほんとうに一生懸命だったのでしょうね。

こんな出あいの沢山ある「人が人を組織する」という活動ですね。ハラハラしたり、ドキドキしたり、まっ赤になったりしながら、苦労も多いだけに、青年団活動のなかで最もやりがいのある、自分のありったけの力がためされ、伸ばされていく仕事ではないのでしょうか。私はM君にぜひ、このよろこびを知ってほしいと思うのです。

さらにM君、ここにまた青年団活動の魅力の深まりの最高のものの一つがあるのですが、このような組織活動を通して結びついていく仲間愛のすばらしさですね。これはきっと生涯にわたるものになっていきます。そういう仲間なしには地域で一日とて暮らしていけない。「一週間に十日来い」という歌の文句ではありませんが、朝に逢い、夕べに逢わずにはいられないといった関係さえ生まれてきます。こういう点ではこの町の「ヨソモノ」である私など、どれほど多くの仲間たちに恵まれることになったか、年一年とつきあいが深まり、広まって、こんなヨソヨソしい時代にほんとうに嬉しく、何といって感謝していいかわからないほどだと思っています。

地域青年団運動はさまざまな意味と特徴を持ちながら、営々九十年近い歴史を重ねてきましたが、そのなかで一貫して変らないもの――仲間づくりという太い線でつらぬかれ、つらなってきました。その意味を言葉をかえてとらえなおしてみれば「愛の運動」といってもいいのではないでしょうか。同時代を生きあう青年どおしの真のふれあい、真の安らぎ、真の励ましあいを実現していく運動という側面をもってきたからです。しかも男と女をこえ、全国的な広がりにおいてです。

世の中は何だかますますシラケ、パサパサとした「人が人を喰う」（魯迅）時代に入っていくような気がしてなりません。じっとしていたらどうなってしまうのでしょうか。だから抵抗すべきものには抵抗していかなければならないのですね。耐えてまもるだけではなくて、つくっていかなければならないのですね。みずみずしい自分たちをあるいはつながりあっていく世界を！

これこそ最後になりますが、どうかこの手紙を――不十分なもので恥しいのですが、皆さんで熟読――テーマごとに区切って、自分たちの活動の実際、問題意識に照らしながら、議論していただければありがたいと思っています。そしてどうぞ率直な批判を寄せてください。

ではご健勝、ご健闘を！　さようなら

一九八四年三月

M君へ

谷貝　忍

（注3）

この点も誤解がないように付言しておきたいと思いますが、「人を組織する」ということに関して、くれぐれも「手配師」のようにならないでほしいということです。役員という立場に立つと、人集めに苦労する場合などが多くなるため、ややもすれば行事消化的な観点からの動員主義におちいることにもなりかねません。「とにかく何人集めてくるよ」とか「顔みせるだけでいいから」などということが機械的に進んじゃうんですね。一、二度ならともかく、さらに、こんなやり方で味をしめ、やたらと電話一本で人集めをするようなことを「組織活動だ」などと覚えこんでしまい、度重なるとどんでもないことになってしまうんですね。原則は足を運び、足でかせぐことであり、参加への得心を基礎にすることなんですね。とりわけ私が「人を組織する」ということで強調したいのは、新入団員の獲得にむかってということですので、くれぐれも注意してほしいということです。

（『青年団研究所所報第四集』一九八四年六月）

Ⅳ

文化・風土・人に心を寄せて

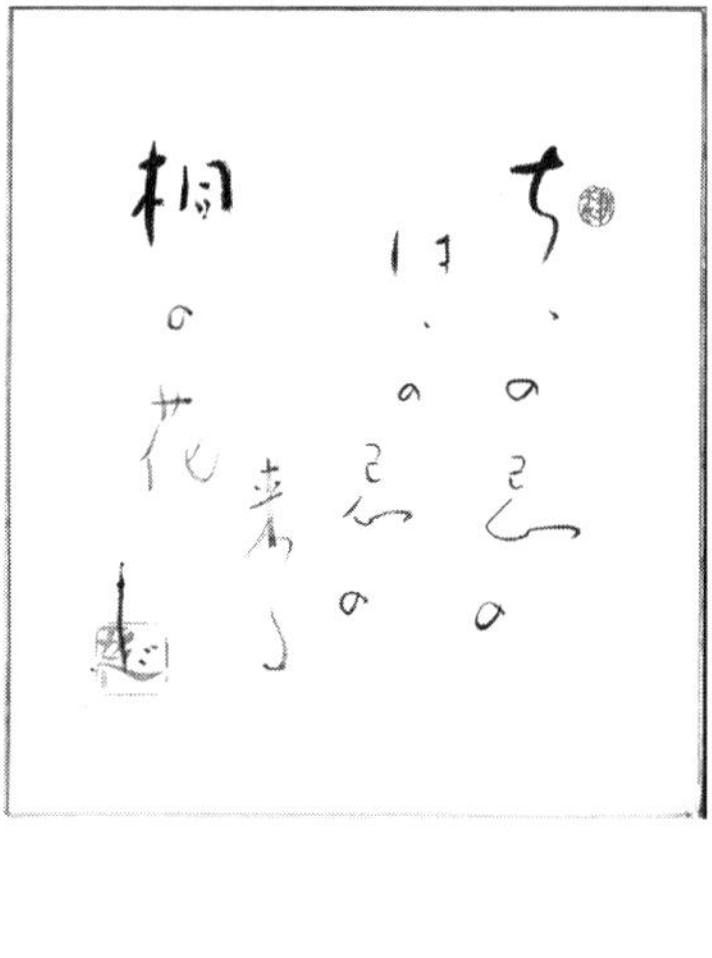

「ちゝの忌の
はゝの忌の
来る
桐の花
しのぶ」

宮原先生の青年性

一〇月も押しつまって、天に柚子が色づきはじめたころ、私にも先生の逝ってしまわれた悲しみが鎮まりかかってきていた。

そんなある日、私はふとある人のことを思い起こし「そうだ、『月刊社会教育』の追悼号が出たら、かならずお届けしよう」と考えたのであった。もちろんその方は、先生がお亡くなりになったことはご存知だろうけれど、『月刊』を手にする機会はないだろうと考えたからであった。

そう思いつくと、すぐ実行せずにはいられない私は、ある朝早く、裏筑波を背にしたその方のお宅を訪問した。まったくの初対面ではあったが、思い至った経過と追悼号をお渡しすると、その方は殊のほか喜んでくださった。

私も自分の行為に満足し、ある納得もあり、心が広がるような嬉しさで辞去したのであったが、数日後、私を追いかけるようにして一通の礼状が届けられた。

読み進むと「……僕は生涯を、農村と都市の分裂をどう止揚するかという問題にとりくむことになったが、宮原君は、肉体労働と精神労働の分離という課題を一貫して追及され、立派な生涯を全うされたと思う……」と書いてあった。

その瞬間、私はジーンと心が熱くなり、一気に五十年近い過去に想いが飛んでいった。

さて、この方とは、在野の農政学者、桜井武雄先生のことである。

宮原先生と桜井先生とは、旧制水戸高校で同窓であった。学年は二級ほど違っていたようであるが、有名な水高ＳＳのメンバーとして、渾身的に青春を重ねあわせた間柄であったという。昭和四、五年のころであった。

私の想いは一気にこの時代に飛んでしまったわけであ

る。

そして私は考えた。

宮原先生が、どんな生いたちをなされたのか、お聞きする機会もなくお別れしてしまったが、先生が当時、青春のいのちをかけて発見なさったものがどんなものであったのだろうかを……。

それはきっと、決定的には二つのものとの出逢いであったにちがいなかろう。

一つは、いうまでもなく新しい世界観との出逢いであり、もう一つは、その思想、運動を媒介として知っていかれた生の現実とのふれあいであったに相違あるまいと。

そのころ、先生の入学された水戸高校は、設立されて日も浅く、活気に満ちたキャンパスであり、多くの俊秀を集め、それゆえに時代の動向を鋭く反映していた。

当時の特高はそれを次のように描写している。

「水戸高等学校は大正九年四月、勅令第一一〇号をもって水戸市西原町に設置せられ、同年八月、学則ならびに細則の制定をみて、同年九月、初めて生徒二百名を入学せしめ同月六日、授業を開始した。大正一三年三月、第一回卒業生を出して以来、毎年二百名の卒業生を出している。大正一三年ころより同校生徒の数名は、学校よりほど遠くない水戸市新原町（元常磐村）に居住する思想家橘孝三郎（一高中途退学）方に出入し、同人の指導感化をうけ思想問題の研究に端を発し、漸次、社会科学の研究をするにいたった。しかし、当時は団体組織をつくって活動する程度ではなかった。ところが、大正一二年四月、入学した谷村義一（東京市）、小川治雄（千葉県）、宇都宮徳馬（東京市）、色川善助（茨城県）、広瀬善四郎（東京市）、千葉成夫（東京市）らは、社会科学の研究に熱中しはじめ、大正一四年一〇月中、谷村は同校弁論大会に出演して「泥棒」という演題で過激不敬な演述をし、宇都宮もまた同月中、県立水戸工業学校に開催の弁論会に出席して、思想方面の研究を勧誘し、当時同校三学年在学中の中根重吉ほか四名に、左翼文献十数冊を貸与閲読させた事実があった。当時、谷村は水戸警察署の取調べをうけたが、演説が不馴れなので脱線したものだと陳述したので、結局、大正一五年一月、起訴猶予の処分となったが、二月には学校から諭旨退学をさせられた。その後、学校当局は、にわかに生徒の思想方面に注意をはらい、警察もまた内査を進めていたが、宇都宮徳馬、小川治雄、浅田真二（神奈川県）、木佐森吉太郎（神奈川県）ら十数名内外の者は、社会科学研究会を組織し、大正一五年中、しばしば宇都宮徳馬の下宿である水戸市西原町加藤木しげ方に会合し、社会科学の研究

に没頭していた。………」（羽田邦三郎『茨城縣に於ける共産主義運動史』　編集者註）

　しかし、これらの動きも、三・一五、四・一七に引きつづくあらゆる左翼団体への弾圧のなかで壊滅的な打撃を受け、水高ＳＳも悲壮ともいうべき「解体声明書」（一九三〇・一・一二）を出してその歴史を閉じていくことになった。

　とはいえ、学生たちは新しい方針のもとに、大胆な大衆化、実践化の道を求め、各クラスごとに責任者を定めて、「読書会」を組織していく。

　これらの過程に、退学を余儀なくされた桜井武雄、文三甲一《ママ》、宮原誠一、今井正、宮本太郎等の名前が見えるのである。

　テキストは

　一年班（選定するに至らず任意読書研究）

　二年班（無産者政治教程第一部、マルクスの資本論）

　三年班（史的唯物論、資本論入門、帝国主義論）

であったと記されている。

　しかし、その学習は、特高によれば「……危険の多い一定の場所の会合を避け、各自テキストによって研究し、各班ごとに水高校庭の一隅で、昼間、研究する方法を採った……」とされる、いのちがけのものであった。

　さらに一方では、「……すべての学内闘争はプロレタリアの意思に従属すべきだ。青年プロレタリアの闘争に従属してのみ革命的学生の解放も実現せられる。学内闘争はプロレタリア青年運動の一部分である。」（水高社研解体に関する声明書）という位置づけから、学生たちは現実に踏みこんでいく。

　当時の水戸周辺の状況として、日立等の労働者とも結びついていくが、キャンパスに接した渡里村等の青年、小作農民のなかに同志をさぐりあてていき、たとえば、次のアジビラに示されるような課題を共働していく。

「農村疲弊をかえりみず大演習近づく戦争の準備に反対だ！

　畑作養蚕の大はずれその他水害、霜害で俺達農民が「ニッチ」も「サッチ」もゆかぬ苦境のドン底にあるというのに予算総額七〇万円一町村の負担実に約一万円の大演習が行われようとしている。疲弊その極に達している農村から、どんな大きな税金を搾り取ろうというのだ、何と有難い御仁徳ではないか、しかも青年団、消防隊、学生まで総動員して戦争の準備をしようというのだ。資本家地主共は最早や俺達を搾れるだけ搾り取ったのだ。今度は支那やその他の外国にまで手を延ばし武力に訴えてボロー《ママ》というのだ。その戦争によって多くの無産青年は殺され、厖大な軍事費は俺たちの負担になり、結果は少数資本家が戦争成金になるばかりだ、こんな戦争は真平御免だ、奴等は軍備縮少だのなんのというが、労働者と農民の世の中にならざる限り戦争は止まない。

△大演習を止めろ！

△戦争に絶対反対！

△労働者農民の政府を作れ！

△資本家地主の政府を倒せ！」

さてところで、私の目的は、これらの経過を詳述するところにあるのではない。

実はこれらの状況のなかで、宮原先生が、二つのものに出逢いながらどんな青春を送られたのかというところにこそあるのである。

たぶん「青春を送る」というようななまやさしいものではなかったにちがいないのだろうが、どんな「シュトルムウントドランク」が先生ご自身の自己形成に、決定的な何かを残さずにはいられなかったであろう。水戸での青春——その淵源があってこそ、桜井先生は、「……宮原君は肉対労働と精神労働の統一云々に生涯をかけられた」とおっしゃられたのであろうし、宮原先生が、教育と社会、人格の社会的形成の意味をとりわけ深く投げかけられ、なかんずく青年期の教育に情熱をかけてとりくまれ続けた源泉もここにこそあるように思えてならないのである。

先生の教育学、いや、先生の知性は、すぐれて直感的、感性的であられ、先生の人格は、たぐいまれに繊細、不羈であられた。それはほとんど青年そのものの特性であるといってもさしつかえなく、先生こそまさに、生涯を青年の直截で考え、青年の感受で生きておいでだったとさえ考えてしまう。

そして私は、先生の青年性は決して先生の天性の資質だけに由来するものでないにちがいない、より本質的には、先生ご自身の青春の軌跡——先生の肉体と魂を生涯ゆさぶりつづけてやまなかった青春の原体験に深さと大いさにこそ源があったのであろうと考えずにはいられないのである。

ところで私はまた、現実にもどる。そして、少くとも二つのことを考える。

一つは、先生の世代の方々の持つ意味である。一般的には「大正デモクラシー」の世代と呼ぶのであろうか。現在、七〇歳前後の方々のなかに、限界は多々あれ、民主主義的風格を備えた人々がおられる。

先日も次のような驚きに出逢うことになった。

「……忍君、一つ思いつきがあるんだがねえ、実はブハーリンを持っているんだ。書きこみはあるが英訳だよ。誰にゆずったらいいかと考え続けてきたんだが……。忍君どうだい？　もらってくれるかい？……」

――私はまじまじとするばかりであった。私の出身地の町長であり、赤城宗徳氏の従弟にあたる。やはり水高から東北大に進み、若い日、橘孝三郎と社研のはざまにおられたのだという。

そんな思いが今、私にたとえば、次のような青年教室を開かせている。

水海道の地元の人たちを講師とする昭和史学習をかねた青年論講座である。

ポイントは二つ――大正末から約十年きざみで、その時代を最も鮮明に生きた方々による「私の青春を語る」という連続講演と、チューターである高校の歴史教諭による時代背景の解説討論である。

ていねいに発掘してみると、今さらながらさまざまな人々のいることに驚き、世代とは、歴史の弁証法とは何かということをしみじみと痛感させられ、「継承」の意味と大事さを改めて思い知らされる。

そして私はさらに思う。

二つ目のこと――青春とは何か、その燃えるような自己変革の契機とは何かということを。

今にして私自身をも考えれば、何といっても私には、歴史としての安保があった。その意味はもちろん単純ではない。そこで出逢い、見つめたもの――それは多様で多面的であった。それ故にさまざまな陰影、屈折を含めて私のなかに今も生きつづけ、私を今も練りあげている。「しらけとつっぱり」といわれる現代――青春のるつぼはどこにあるのだろうか。そうひた思い青年たちと一緒に渾身さぐりあてようとする私たちの仕事――青年教育の永劫の深さが今こそ身にしみる。

そう思うと、私の脳裡にいま、先生のほほえみが浮かびあがる。私はよく授業中、次のように笑われたからであった。

「谷貝君、また〝いい青年〟がいたのかい？」――この問いかけの裏にはいきさつがあったのだ。先生に連れられて、文京区の青年学級やもろもろの調査、交歓に行くたびに、あとでの報告会の折、私は口ぐせのように「いい青年がいました」というからであった。先生はこの口ぐせをいつの間にか覚えておられ、件《くだん》のほほえみになったのである。私はいつも「失敗した！」と赤面しながらも、その時の先生のいたずらっぽい嬉しそうな笑いにほっと安堵するのであった。

もう一度「しらけとつっぱり」の現代にもどれば、はたして「いい青年」はもう発見できない時代になってしまったのであろうか。もちろん「否」であろう。そして、主観的にも、人間への、青年への限りない信頼とロマン――これこそが宮原教育学――宮原先生の知性と人格から私たちが受けつぐべき核心の価値でなければならないと思うのである。

桜井武雄先生は、手紙の最後を次のように結んでおられた。

「……宮原先生は、すぐれた教え子たちにたくさん恵まれほんとうに幸せだったと思う。」

私も、末席をけがす一人でなければならない。しかしそれは、いうまでもなく、よく一人のなしうるわざでもなく、先生の思想形成とその後の歩みを考えれば、先生の何をこそ受けつぐべき中軸としなければならないのかも明らかであり、私たちは今、束になって、創造的実践に心くだいていかねばならぬのであろう。

今ふたたび、こぶしの実は朱く熟れようとしている。浅春、中空に白い花房が揺れるにつけても先生への追憶に心さわいだが、早や一周忌がやってきたのだ。詩人の魂をもっておられた先生に笑われてもいい。もう一度、三一文字の敬慕をささげさせていただくことにしよう。

　こぶしの実つばらに朱く泌む朝の
　　ふたたびは来ぬ師はあらなくに

『宮原先生を偲ぶ――現場からの追悼』一九七九年九月）

自ら作った集落史誌『五郎兵衛新田の歩み』

日本三天神の一つといわれる水海道市大生郷町、菅原天満宮の南西に、戸数四六戸の「五郎兵衛新田町」という集落が広がっている。今でこそ出来秋ともなれば美田さわさわと黄金の穂波が陽光を弾く穀倉地帯となっているが、戦前までは「まともに米が穫《ママ》れたのは三年か五年に一回ぐらいだっぺ」という水害常襲地帯であった。何しろ一大沼沢地帯であった「飯沼」干沼地の最南尾に位置する集落だったので、ちょっとした大雨でも「沼が白ぐなんのはわぎゃあがったっけど」という「水寄場」に甘んじてきたからであった。

このような自然災害と斗いながら、五郎兵衛新田町の父祖たちはまさに「土」にしがみつきながら粒々辛苦、くらしと営農を守ってきたのであったが、それだけに進取の気性に富み、楽天的で人情のあつい、また団結力のかたい集落の気風をつくりあげてきたのであった。

そして戦後、飯沼反町や南総土地改良区の事業によって、どうにか生産基盤の整備、安定に心安らぐ日々を得た昭和四〇年代の後半に入って、これまで十分かえりみることのできなかった「生活基盤」を整える集落的諸事業の遂行に眼を向けはじめる。

たまたま水海道市においても、田園都市建設事業の推進が計画され、五郎兵衛新田町が折よく第一号のモデル集落に指定され、昭和四九年から前期、後期にわけ、おおむね次の諸事業を完遂したのである。

一、県下初の共同墓地移転整備事業
二、田園都市センター建設事業
三、共同給水施設整備事業
四、道路街路灯整備事業
五、生活慣行の改善事業
六、児童遊園地整備事業
七、生活雑排水処理施設設置事業

これらの総事業費は、県、市の助成を含めて五千三百五十六万余円に達したわけであるから、五郎兵衛新田町の人々にとって、村はじまって以来の一大壮挙であった。

そこで昭和五九年の正月の常会において「何とか田園都市建設事業十周年記念行事が行えないものか」という話しあいがもたれたのである。

ところで、ここまでの話ならどこにでもある話だということになろう。

ところが五郎兵衛新田町の十周年記念事業には、一つの快挙が秘められていたのである。それが集落史『五郎兵衛新田の歩み』発刊事業であった。

初めは簡単に「田園都市建設事業十周年の歩み」を一冊の本にまとめようという、ありきたりのとりくみを考えていたのであったが、正月常会の話しあいにお神酒が入って座が盛り上るにつれ、いつの間にか「今でこそこんないい村になったが、先祖の人らは苦労してきたんだっぺよなあ」という感慨がみんなの心を捉え「思いきって、この村が生れた当初からのことを書き残してみよう」という結論に達したのであった。

とはいっても、どこからどう手をつけたらいいのかわからない。果して江戸時代中期のころからのことなんかわかるのだろうか——てんやわんやの大騒ぎであった。

しかし「心誠に之を求むれば中《あた》らずといえども遠からず」であった。集落中に編さん委員を求め、ついに一一月一〇日の「十周年記念式典」の当日、集落の人たちは、A五版、三百八十二ページに及ぶ、ずっしりとした集落史を手にしたからである。

ちなみに茨城県田園都市協会坂本常蔵会長の挨拶のなかの次の一節は、いみじくも集落の皆さんの発刊事業の意味を明解なものにしてくれたといっていいのであろう。

「……ご承知のように、現在市町村史の編集事業が全国的な流行になっていますが、その多くは、歴史学者のかけもちアルバイトになっており、そのためか、共通の欠陥として市町村史から集落の歴史が欠落しております。農村集落の歴史を明らかにし、その自力と活力を引き出すことなくして、正しい意味の市町村の発展と繁栄はありません……」。

そしてこの事業の成功によって、集落のなかに新たな気運が譲成されつつあるように見受けられる。

一口にいえば、自分たちの集落の歴史をふりかえることによって、集落そのもの、先祖さまたちのこと、何よりも、今生きている集落の人たち、とりわけ明治、大正、昭和の激動と困難を、ひたすらたくましく生き抜いてきた年寄りたちを大事にしようという心意気が高まりつつあるということである。

そして、こうあってこそ、人と人とのきづなが再認識される、これからの村づくりの展望が明らかになってくるのであろう。

ともあれ読みものとして実に愉快、爆笑。田園都市建設事業の経過もまた克明に記された快著である。

（『農業茨城』一九八五年五月）

根腐れる美意識

一、

ヒトという生命体の特徴は、それがヒト以外のさまざまな外界――それを自然と呼ぼう――によって支えられているというところにあるのであろう。いや、ヒト自体が自然の一部であるという考え方こそが今日ではそれこそ自然であり一般的なものになっているといった方がいいのかも知れない。現代の科学的認識によれば、ヒトという生命体が、自然活動の延長である地球の生命体のある運動方向、系（コロン）での進化の頂上的到達点、存在であると考えられているからに他ならない。

ヒトは他の生命体系――この場合、ヒトを動物的生命体系に属するものと考えつつも――の存在と不可分に結ばれながら、地球上の有機的生命体系群を形成しているが、地球上の有機的生命体系群は、地球に存在する無機物、更には地球の存立を維持、継続せしめている宇宙線、磁力線、太陽光線、引力、重力などの天体的諸現象、諸関係、諸法則によっても根源的にサポートされている。以上が、人間と環境との関係を考えるに当っての基本的枠組であるといっていいのであろう。

それをもう少し具体的、体感的実相で表現すると次のようになるのであろうか。

人間的生命体の活動は、大気（現象、以下同じ）、水、大地、微生物に始まる植、動物的生命体系群総体の正常健全なしには本来一日たりとも健康的に維持、保障されえないということである。いうまでもなく人間的生命体と大気、水、大地、有機的生命体系群それぞれが深い相関関係、均衡を保ちつつである。

二、

さて、環境教育の今日的緊急性は、人間的生命とその存立基盤である諸条件の劣悪化、後退、破壊、変質の深刻かつ重大な進行に由来している。しかもその進行は今世紀後半、とりわけ近々三十年間の中に人為的に急激なものとなり、複層的、加速度的、不可遡的とさえ考えられる様相を呈して顕現している。もちろんその誘因の解明に、人間の叡知が懸命、果敢に挑戦しつつも……。

さて今回、環境教育にかかわって私が問題提起しようとするところのものは、端的に述べれば「環境悪化と私たちの感性、美意識との関係について」である。

次の文章は明治の文学者長塚節の小説『土』の冒頭の一節である。

烈しい西風が目に見えぬ大《おほ》きな塊《かたまり》をごうつと打ちつけては又ごうつと打ちつけて皆痩こけた落葉木《らくやふぼく》の林を一日苛《いぢ》め通《とふ》した。木の枝は時々ひうひうと悲痛の響を立てて泣いた。短い冬の日はもう落ちかけて黄色な光を放射しつつ目叩《またた》いた。さうして西風はどうかするとぱつたり止んで終つたかと思ふ程静かになつた。泥を拗切《ちぎ》つて投げたやうな雲が不規則に林の上に凝然《ぢつ》とひつついて居《ゐ》て空はまだ騒がしいことを示して居《ゐ》る。それで時々は思ひ出したやうに、木の枝がざわざわと鳴る。世間が俄《にはか》に心ぼそくなった。

日本の自然――北関東の洪積層台地、野方《のがた》の自然――を描写した最も美しい文章の一つである。

長塚節の郷里近くに生れ育った私などはこの一節を読むと、ほとんど身内からゾクゾクとするような生理的緊張を覚えつつ「西風」を体感し、一気に冬ざれの雑木林の中に曳きづり込まれていく。そして節のもう一つの短歌世界に誘《いざな》われ、そこに展開される農民たちの厳しい労働生活へと思いは飛んでいく。

曳《ひ》き入れて栗毛つなげどわかぬまで
櫟《くぬぎ》林は色づきにけり

たまたま私は長塚節を引用したが、国木田独歩の『武蔵野』を読む者にとっても、徳富蘆花の『自然と人生』を読む者にとっても、それはそれぞれに「一入の感興」に没入していくことであろう。

それらを一般化していうならば「日本人の自然観とは何か?」という問いに逢着し、そこに育まれる「日本人の感性、美意識の形成とは何か」というテーマに行き着くことになろう。

節にしろ独歩にしろ蘆花にしろ、自然を文章によって描写するという営為を通して、彼らの自然観、美意識を外化した。例えば自然をただ単に人間の外界として客観的に描くにとどまらず、自然をより内面的に包摂し、観照するという感受性において……。

三、

これら日本人の自然観は杳《はる》かにさかのぼればすでに『記紀』（とりわけ歌謡）のなかに表出されている。その代表的なものの一つが「倭建命」の述懐とされる次の章句であろう。

倭《やまと》は国のまほろば　たたなづく　青垣　山隠《ごも》れる　倭し　うるはし

『古事記』の文学性を最も見事に証左する一句である。しかしこの一句は個人の感受性、美意識の表出ではありえなかった。日本民族、国民の「曙光の叙事詩」の一句だからである。

『万葉集』のなかで私たちは「個人」の自然観照を知ることができる。それは人麻呂であり赤人であり家持である。

小竹《ささ》の葉はみ山もさやにさやけどもわれは妹思ふ別《わか》れ来ぬれば　人麿

若の浦に潮満ち来れば潟を無み葦辺をさして鶴鳴き渡る　赤人

わが屋戸のいささ群竹吹く風の音のかそけきこの夕かも　家持

ここに「和歌文学」の世界が形成されていく。平安朝の中期に清少納言が随筆『枕草子』を書くに至って「個人」の自然観照が決定的に表明される。

「春はあけぼの……夏は夜……秋は夕暮れ……冬はつとめて……」

誰もが知っている『枕草子』の第一段は、清少納言という一人の女性の知的、感性的、意志的とさえいえる「美意識」から生れ出たものであり、今を生きる私たちにも「古典」として深い感動と共感を呼び起こさずにはおかないものである。

川端康成はノーベル文学賞受賞式の講演を『美しい日本の私』とタイトルし、日本人の感性、美意識形成の決定的契機を「雪、月、花」と象徴化したが、彼らしい見事な卓見、定式というべきであろう。

これら日本人の美意識の表現はひとり文学の世界にとどまるものではない。絵画、彫刻、建築、音曲などあらゆる芸術分野にわたるものであり、深く日常的には衣、食、住といった生活文化の領域においてさえ沁み、にじみ、高め、深められていったものである。

四、

さて、自然後退、破壊、環境の劣悪化は、私たちの感性や美意識にどんな影響をもたらすものであろうか。私の最も恐れるところは、その歪みと衰弱を深化させずにはおかないだろうという点である。

感性とはいうまでもなく単なる生理的反射現象や行為ではない。ある国民がその自然、風土、歴史のなかで形成し、獲得し、磨き込んできた文化的所産であり、それは国民の歴史の諸段階で個体化されるとともに、総体として集団的光輝を放射するものである。

水や大地、緑――「山紫水明」が汚れ、穢され、破壊されようとしているこの日本において私たちは今、いかなる心性、心情をもって「兎追いしかの山、小鮒釣りしかの川……」という「ふるさと」を素朴に口ずさむことができるだろうか。

はたまた私たちは「食する」食もまた私たちのすぐれた文化的所産である。その採取、育成、生産、加工、調理、摂取、費消という全過程において……。しかし今私たちにとって「食」「食する」という文化はいかに、どう歪められ、怪奇なものになろうとしていることだろうか。人間的生命の安全が、自然のエッセンスたる食という生命維持の根源からおびやかされようとしているのだから……。

五、

はてさて、例をあげれば尽きるところのない段階を私たちは迎えている。

結論するところ、私たちが私たちの生きる環境を全関連において守るということは、私たちの外界としての自然を「いたみ」「いとおしむ」ということではもちろんない。自然と不可欠に共存している私たちの人間的自然を「いたみ」「いとおしむ」ということに他ならず、さもなくば私たちの精神的健康、その顕現としての感性や美意識の直截、端正、潤化は危機に直面するであろう。

今、私たちの感性や美意識は「根腐れ」に直面しているといっては悲観にすぎるだろうか。

ほんものの水、空気、大地との出逢い、草や花や小さな生き物たちとのふれあい、私たちはそのことによってのみ、人間としての自然、こころを豊かにしていくことができるのだから……。

(『成城教育』第七八号一九九二年一二月)

国画会の重鎮　菊地辰幸画伯への弔辞

おわかれのことば

菊地さん、とうとうこんなに悲しいおわかれの日が来てしまいました。

他人にぬきんでて若々しい菊地さんでしたから、病魔におかされたとはいってももう少しがんばってくださるものと信じ、またお逢いするのがつらかったものですから、たびたびお見舞いに参上することもできず、ほんとうに申しわけございませんでした。

七月二七日に開かれた水海道花火大会の夜、たまたま外泊になったとかで私の家に来ていただきましたが、私は十分な言葉を申しあげることもできず、みんなとお話をし、夜空に散っていく華麗な花火をいつまでも眼で追っておられた菊地さんの横顔を拝見したのが、最後のお姿になってしまいました。私はいま深い慚愧、悔恨に捉えられながら菊地さんの生前のおもかげを偲び、悲しみに耐えています。

思えば菊地さんとの最初の出逢いは二十年前一九七七年の秋、台風一過のすがすがしい日のことでございました。

「この街が好きになりそうです」

と公民館に姿をお見せになり、

「どうしてこの街が?」

とお聞きしましたところ、

「好き合った二人が一緒になれないという『野菊の墓』が好きでしてねえ。この間山口百恵ちゃんが民子役を演じたテレビドラマを見て、ロケーションの地が水海道というところだと知りました。そうしたら来てみたくなりましてねえ」

とおっしゃられたのでした。

絵描きさんだというので、

「デッサンを見せていただけませんか?」と私が申しましたら、

「裸ですが、いいですか?」と即座に筆を走らせてくれました。

私も図にのって「ロダンのデッサンのようですね!」などと熱くなって感想を申しあげました。

その晩はどういうわけか私の家に泊まっていただくことになり、わずか一ヶ月もたたないうちに水海道の市民として移ってこられたのでした。私の職場が公民館から図書館になったあともよく顔を見せてくださり、

「一年に百回は逢いますねえ」

と笑いあう間柄になっていきました。一見菊地さんは女人の話を好まれるようでしたが、私と二人になると、一休禅師について、良寛和尚について、そして中国の宋、元画の世界について夢中になってお話ししてくださいました。

太宰治は文化の本質をはにかみと捉えておりましたが、豪放のうちに深いはにかみを内蔵しておられた菊地さんを今、私はたとえようもなくかなしく、いとおしく思い出しています。

私が生意気にも、

「絵って何ですか?」とお聞きしたことがありました。菊地さんは一瞬のためらいもなく、「作者の生命感です!」

とお答えになり、重ねて
「色って何ですか?」と問いかけてみましたら、鮮冽として
「修業です」と即答されました。

「うーん」と私は言葉をつまらせる他はなく、

「すごい人だ! この人こそ本物だ!」

と、改めて菊地さんの画業の本質に目をみはる思いでした。

こんなことを申しあげておりましたら切りのないことでございますが、もう一言。私にとって菊地さんの絵とは何であったのか。端的に申しあげれば、菊地さんの絵から私は生きる元気、勇気をいただくことができました。心が落ち込んでいたりしたとき、菊地さんのアトリエを訪ね、その絵にかこまれておりますと、知らず知らずのうちに
「人生クヨクヨするなよ!」

という、無言の励ましをもらうから不思議でした。

それは裸婦に限ったことではなく、風景画からも静物画からも感じ入る力であり、いつも生きること、人生論的問いを投げかけてくれるあたたかさに満ちており、途方もなく魅力的でした。

菊地さんに初めてお逢いした日から数えると私も三〇代から五〇代となり、菊地さんも五〇代から七〇代の晩熟を迎える年齢に達しておりました。

「北斎にしてもピカソにしても八〇歳からの絵が素晴らしい」

とおっしゃっておられた菊地さんのあの少年のような瑞々しさをいまなお忘れることができません。

菊地さんご自身、どんなにその日を待ちこがれ、夢を託しておられたことでしょうか。その菊地さんがよもや肺ガンにおかされることになるなどと誰が思い及んだことでしょうか。

ガンが憎い！　菊地さんを奪い去ったガンが心から憎い！

あの大きな声で、私たちはふたたび菊地さんから励ましていただける、いのちの力を分けてもらうことが出来ない。この心の空洞、むなしさを私たちはどう埋めたらいいのでしょうか。

しかし、人間の死は厳然たる事実であり、菊地さんはもう帰ってこない。おととい、私は菊地さんのデスマスクをまじまじと見凝めつつ、永遠にそのご尊顔を胸に刻みこもうとしておりました。

幸い、私たちのまわりには菊地さんが残してくださった膨大な作品があります。その一つひとつは菊地さんのまごうことなき分身であり、人間をこよなく愛し、なつかしんでやまなかった菊地さんのいのちのほとばしりに他なりません。

私たちは、これからそれら作品群によって、菊地さんのやさしく澄み徹ったまなざし、熱い人間讃歌のエールを頂戴して、かなしみを、生きる力、希望に変えていきたいと思っています。

お残しになっていかれる奥さまや有真くんへの思いもいかばかりかお辛かったことでございましょう。私たちも出来るだけのお力になれればと心に誓っております。

ですから、菊地さん、どうぞ安らかに花野の彼方に旅立ってください。そして私たちを変らずにいつくしみをもってお見守りください。

菊地さん　さようなら　さようなら

絵筆抱き花野の涯に君や逝くか

般若波羅密多　　　　　　合掌

一九九六年一〇月六日

谷貝　忍

（『筑波の友』一九九六年一一月）

一冊の本
――故長岡健一郎さんを偲ぶ

長岡さんにお世話になった想い出は尽きない。

初めて存じあげたのは、江戸屋という老薬舗でのことだったような気がする。

昭和三八年当時、水海道地方に『文化茨城』という優れたミニコミ紙があり、地方の政治経済記事のほか、郷土のさまざまな「文化人」たちが、それぞれ自由で独自な随想を寄せては、紙面をふくよかに色どっていた。

その連載記事「江戸屋薬局請売放談」ののびのびと豁達な文章表現に、私はいつも感心せずにはいられず、筆者の長岡健一郎氏というのはどういう方なのだろうと興味を深くしていた。

そのころ、水海道市に奉職して間もなかった私も、縁あって、江戸屋さんにはちょいちょい出入りしていた。ご主人の江戸屋薬局当主、五木田伊右ヱ門さんという方が、この辺でいういわゆる「旦那衆」の一人であり、年齢に似合わずリベラルな方でもあったからである。

すでに村長職を退き、合併後の水海道市の幹部であった長岡さんも民間人となり、製紙会社の工場長に転身していた。その関係で、工業薬品を取り扱っていた江戸屋薬局とのつきあいが深く、ある意味ではわが家のように振る舞って、大好きな酒を毎夜のように飲む日々であった。

江戸屋の主人から私も自然と紹介され、江戸屋さんからは町の、そして長岡さんからは村の自然、風土、歴史、人情その他諸々の話を学ぶ結果となり、江戸屋の座敷を離れた公私の場面でもさんざんお世話になった。

＊

さて、その中でここでは一冊の本のことについて触れてみたい。

あるとき、私を図書館に訪ねてくださった長岡さんが私に、色茶けた文庫本のようなものを差し出したのである。

「何だろう?」と手にとってみると、広島定吉訳、ブハーリン著の『唯物史観』の再版（昭和五年）であった。

「ほ、ほう!」と思わず乗り出し、

「これ、どうしたんですか?」

と尋ねると、

「蔵書を整理していたら、出てきたんだよ。捨てるのが惜しくて、谷貝君個人にあげたいと思ってね」

とおっしゃる。

そして、遠くを夢みるまなざしを遥かにして

「……あのころは、若い情熱を傾けるように、社会進歩を追っていたのだろうな」

と懐かしむ風情であった。

表紙を繰ってみると、長岡さん自筆による次のような書き込みがあった。

わが嘗て常南地区農民運動の一兵卒たりし頃、マルクス主義に関する全体的知識を得るため本書を求めたり。然れ共ついに読了する能はざる中に書庫に埋れぬ。頃日《ママ》書庫を整理するあり、本書を見出す。感慨亦新たなるものあり。

昭和一一年一二月八日

思えば、生涯こよなく愛してやまなかった彼の村は、決して安定した豊かな村とはいえなかった。

日本の社会も、第一次大戦後不景気に見舞われ、米騒動、金融危機、農村恐慌へと雪崩れを打っていく時代であり、一方で大正デモクラシーの風潮、普選運動への高まりがあって、大正一〇年代から昭和初めにかけては、大激動、大混乱の時代であった。

身近なところでも、それらを象徴するかのように隣村大生村では小作争議に揺れていた。

彼の少年時代、五箇小学校に、羽田松男、増田実という二人の若い教師がいた。この二人は、若干立場を異にしていたが、鈴木三重吉の『赤い鳥』の影響を受け、とりわけ野口雨情に深く傾倒するなかで、いわゆる「新教育」の思潮にふれ、それを発展させていく点では同行者であったといっていい。

小学校時代から級長だった彼は、二人の影響をまともに受け、旧制中学校に進むこともできず（能力的にではない）、増田らの指導による「夜間補修」教育に学びつつ、読書サークルに依り、あるいは地域青年団活動に身をまかせ、独学を進めていくのであった。

読書サークルといっても、円本時代、なかなか一人の小遣いではままならない。彼らは、月五十銭づつ集めて「読書無尽」を結成し、白樺派からトルストイ、彼がこよなく愛したレマルクの「西部戦線異状なし」などを読

破していくのであった。この姿は、アメリカ公共図書館の嚆矢といわれるボストンでの若いフランクリンらの活動を髣髴とさせてやまない。

地域青年団運動にしても、この地方では、全国的にも珍しく、官制青年団打破、青年団の自主化を求める動きが活発だったから、その輪の中に入って活動する等々、知的自立を深めていく。

一方、彼の作歌への情熱にもふれておかねばなるまい。この地域は、長塚節の生地と同郡に属した由縁もあるのであろうか。とにかく作歌を試みる者も多い。たまたま彼はある事情も手伝って、岡野直七郎の「蒼穹」に投歌するようになり、めきめきと頭角をあらわす。彼のおおらかで抒情的な性向が、この面で花開いていったのであろう。

とにかく彼は、渾身の力をふるって青年時代を生き、ついにブハーリンに行きついたのだと私には思われる。それだからこそ、

「捨てられなくてねえ」

という万感の思いが口をついたのであろう。

絶対的天皇制に支配されていた戦前、この本は隠し持っていたことが露顕しただけで、思想犯として烙印をおされる危険本の一冊であった。それを承知で彼は秘蔵し通したのである。

晩年近くになってその一冊を私に託した真意はつまびらかではないが、さまざまな立場上、普段は表面的に「保守派」として振る舞っていた長岡さんであったが、一面では、大正デモクラシーをくぐってきたリベラリストとしての、深い知的郷愁を貫こうとする姿勢を、その人間的包容力として隠し持っていた。長岡さんへのいろんな思い出のなかで、一冊の本にまつわる追想を綴ったゆえんである。そしてしみじみ、青春時代に思想の骨格をつくる意義について、もはや還暦をすぎたわが身をも振り返るのである。

弔歌

郷《さと》並べて穂垂る稲の眠るがに村長《むらおさ》たりし大人《うし》逝き給ふ
よしきりもくいなも啼かずひそやかにま昼を大人《うし》は天《そら》に召さるる

合掌

一九九九年九月

（『筑波の友』一九九九年一〇月）

〈憲法と私〉確かな目を曇らせることはもうできない

通学の道沿いに、屋根付きの黒塀が連なっていた。その屋根の下に、急いで逃げこもうとしている、小学校一年生の私がいる。私の背後からは、不気味なB29の爆音が迫っている。私の心は、恐怖に引きつる。――果たして空からの攻撃に、やられないだろうか？――やっとのことで「やもり」のように、板塀にへばりつくことができた。北から南に、ようやく爆音が遠ざかるのを知ると、一目散にわが家にふっ飛んでいった。

「太田飛行場」（現筑西市内）に飛来したB29の帰り道に当たっていたので、私の町は、イタチの最後っぺよろしく、残りの爆弾を落とされる被害にあっており、子どもには、恐怖におののく体験であった。

それはきっと、昭和二〇年の五、六月のことであったように記憶する。間もなく敗戦を迎え、それ以後の私たちは大方貧しかったが、子どもらしい、屈託のない自由、解放感にあふれていた。

目を輝かせる母

もう一つ、母にまつわる終戦直後の、忘れられない風景がある。

終戦時、母は三九歳。中風の祖母、結核で臥っていた気むずかしい父、旧制女学校二年の長姉から私まで、子ども五人を洋裁の仕事一つでまかなっていた。並大抵の苦労ではなかったであろう。

しかし母は、愚痴一つこぼさず、以前にもまして、目を輝かせていた。ここに私の不思議があった。――どうしてだろう？――そして私は、どうにか得心していった。

それはどうも、戦争の終結と関係があるらしいのである。というのは、当時の旧体制下、家に資産とてなく、夫の社会的地位もゼロ、おまけに〝よそもの〟（関西出身）ときている。その母が、どうしたものか、町の新生婦人会の会長に選ばれたのである。「名士の奥様」でもないのに、これまででは考えられない出来事であった。まだ、公民館も出来ていなかったから、時たま、わが家に、女たちが集った。そんな時母は、キビキビと皆のリーダーとして、遺憾なくその能力を発揮していた。通常の母とは別人のようであり、私は信服し……ああ、母ちゃん、カッコイイヤと嬉しかった。

　こういう変化を、よくよく考えてみると、「新憲法」下での変化といってもいいのであったろう。

　一、もう、夫や子どもを戦争に奪われることはない。憲法九条をもったのだ

　二、新しい日本では、私たち一人ひとりが国の、地域の主人公になったのだ

　三、その、国民一人ひとりの人間的尊厳が、国の根幹を貫くことになったのだ

　おおまかにいえば、以上の骨格をした国民への約束＝憲法を獲ち《ママ》えたという、女たちの安堵、無性の安らぎが、その活気の源にすわっていた。だから女たちは喜々として、カマドの改良、栄養の改善、衛生の向上、義理やしきたりにしばられた生活を変えようと、必死に話し合いを深めていたのだ。その「百人頭」に母ちゃんがいる。私にはたとえようもない喜びであった。

憲法と教育基本法の精神に生きて

この二つの原風景が、私のまぎれもない出発点であったような気がする。

　その後私は、新憲法と、それに不可分に結びついている教育基本法の、文字通り「申し子」として、無垢に成長し、より自覚的になった学生時代から社会人生活を通して、ほぼ半世紀近くを、これら二つの精神を守るたたかいに連なって生きてきたといってもいいのであろう。

　その原点にあるものは

　一、どんな「ご一人」（ごいちにん）であれ、自己以外の他者の支配、命令に屈服して生きることはできない

　二、われわれ個々の人間的尊厳が保障される社会のなかでこそ、一人ひとりが自立して輝くことができる

　三、その、人間的尊厳を破壊する最大の暴力こそ、戦争行為である

　この三つの原点こそ、私の骨の随まで沁み込んだ信条であり、これなしには生きていけない基軸だといっていいのであろう。

　しかるに今日、この根底が、行政府の無法な主導、立法府の翼賛体制化によって、存亡の危機にさらされよう

としている。これまでの「解釈憲法」にしびれを切らし、アメリカ政府の強制化の下、いかにも国民の歓心をかい、その意向に応えるかのように化粧し、マスメディアまで総動員して、法改悪を進めようとしている。

視点を替えていえば、われわれは、小学校以来、何のために「憲法というものの至高性」を教えられてきたのか。日本人に理想化して示された聖徳太子の「一七条憲法」を始原として、最高法規としての価値、位置、その今日的到達点を言明してやまない現「日本国憲法」の尊い生命力を、何のために遺棄しようとするのか。形式上ばかりではない。「一七条憲法」の内容的核心としての「和を以って貴しとなす」と教えられたのであり、その現代的表現として「憲法九条」を世界に先がけて表明したことを、日本国民の誇りとし、瞳のように守るべき使命を、今に生きるわれわれは負っているのではないのか。

希望の星となった憲法

たまたま私は、障害者手帳を手にする不自由の身になった。そして、最も痛感させられたことは、障害者の人権についてであった。障害をもった社会的弱者が、戦時下、いかに「お国の役に立たない厄介者、余計者」として虚化にされ、憎悪されたか。その最大の被害者は、ハンセン氏病におかされた人々であり、国家権力によって無理やりその子どもたちは「堕胎殺」され、無惨にもビーカーに密封されたのである。戦時下だけではない、今日でも、某知事のように、競争原理に基づく冷徹さで呪詛して、恥を知らない。

だから私は、許せず、許さない。否、私一人だけでなく、心ある、多くの人たちが、哀心、顔をこわばらせ、指弾、糾弾する。

見よ！「九条の会」を……。全国、津々浦々に地域組織を立ち上げ、その勢いはとどまるところをしらないではないか。

権力がどんなきれいごと――いわく「人道支援」「国際貢献」「国益の確保」などと叫んでも、今日の国民は、歴史上の虚言――「富国強兵」「八紘一字」「神州日本」などなどの美辞麗句から、真実を学びとり、見抜ききってきている。再び、だまされない。

さらに語ろう。国内だけではない。世界の国々――アジア、アフリカが、はたまたラテンアメリカが、植民地のくびきから、揺籃のうぶ声をあげただけではない。国連を結束の要として、年々歳々、その存在感を高めている。歴史は発展しているのだ。その内外の確かな眼を、もう曇らせることは出来ない。

だから私は「高らかに笑い、歌を歌い」（魯迅）眉を上げる。

魯迅はまた「希望」について語り、「……そこを通る人が多くなれば道はできる。希望もまた相同じ……」と述べている。かくして「日本国憲法」は、私たちの「希望の星」となったのだ。


（『茨城民報』二〇〇五年五月）

望郷

たまたま『関城文芸』第六五号（二〇〇六年八月刊）を眼にしていたら〝「関本八景」再考ものがたり〟という一文が眼に止まった。

幼少時から数えると早や五十有余年。幾つになってもわが生れ故郷への愛着は変わらないものらしい。池田真先生――子ども時代の呼び名を許していただけば、〝池田のマコトちゃん〟が書かれていることにも心を魅かれたからだろうか。一気に読み進めていった。

そうすると〝船玉のヒッチクジンサマ《ママ》〟、〝仲町の大日堂〟〝上野のテンジンサマ〟などと、忘れることのできない名前が出てくるではないか。

懐かしい原風景がシルエットになって目に浮んでくる。ゴロスケ山だって、シミジシタだってどれほどの哀歓を伴いつつ行き来してきたことだったろう。

それを大人は「関本八景」とシャレこんでいたなんて少しも知らないことだった。しかもそれにかかわって、祖父一渓＝彦一郎が言い出しっぺだったと、マコトちゃんの文章にあったので、「知識人」の上、風流な人だったのだなあと感慨にふけるものがあった。

というのは今春、思わぬところで祖父の名に出あっていたからである。

きっかけは義姉からの電話であった。

「かくかくしかじかだから、谷貝の元屋敷に据えられているらしい氏神（稲荷）様にお参りしたいので、忍さんに案内してほしい」ということだった。

かくかくしかじかの内容を記すと、ややこしくなるので省略するが、私にも思い当ることだったので、某日案内を約束した。

とは言っても私自身元屋敷といわれるところに行ったことがない。「あのあたりらしい」と聞いてはいたが、現在他人《ひと》が住んでおり、一部は梨畑になっているとの話である。

突然訪ねてもいいのだが、礼を失すると思い、間に縁戚の者に立ってもらい、元屋敷なるところを訪問した。入母屋造りの立派な家が建っており、屋敷も広いようであった。目指す氏神様は庭の片隅にきちんと祀られており、お神酒をあげ、座敷で歓待された時である。当主が年代を経た書き付けを広げ、

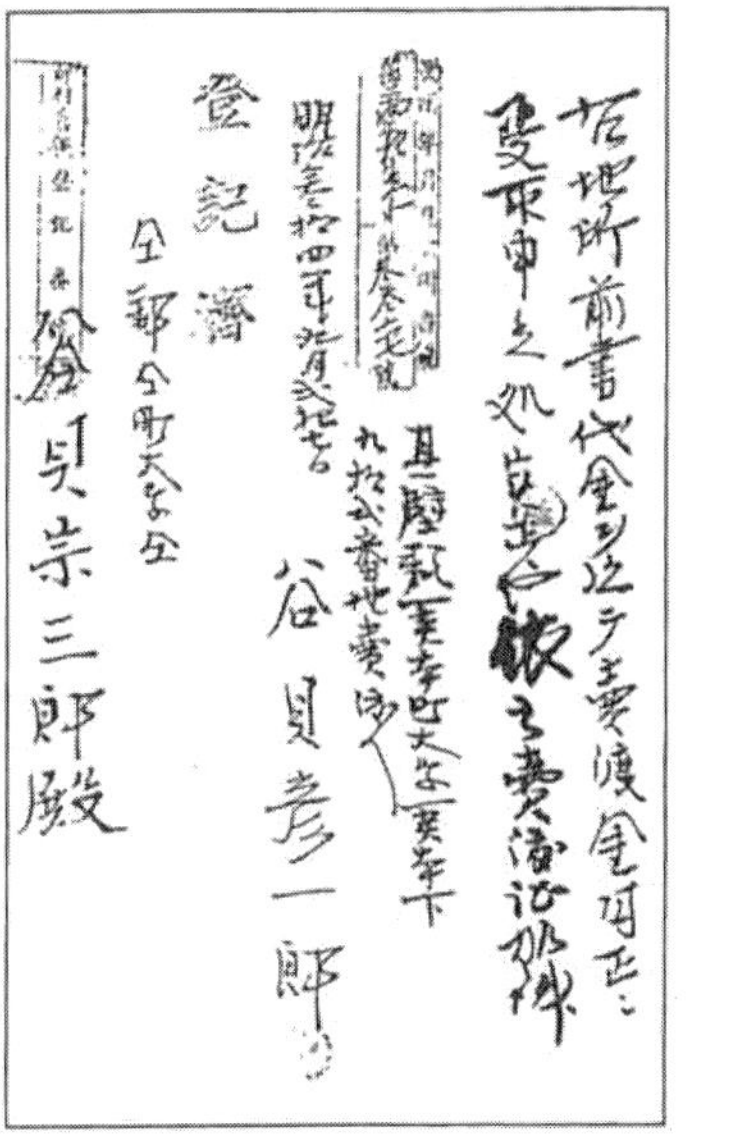

（証文部分）

「これがわが家で彦一郎宅及び土地を譲り受けた証文原本です」。

手にとって私も確認すると、まぎれもなく原本であった。そこには、屋敷二反三畝他、一切の売り渡しが記されていた。

義姉さん他三人は、当主夫妻の礼遇を謝し、わが墓所に立ち寄り、帰途についた。

途上、私もセンチな気持に落ち入っていたのであろう。ひとり「夕照落雁」などと言葉を組みかえながら、関本の台地から鬼怒川が流れる低地へ下り立っていく時、高空にくっきり南に向ってカギになりサオになり飛び去っていく雁の姿などを思い描いていた。

「そうかあ。明治三四年ねえ。大伯母が子どもながらに〝あんなに重い刀がどうして流れていくのだろう?〟と感じたという不思議にピッタリ付合する。その頃わが家は没落の一途をたどっており、彦一郎も中年に入りかける頃だったのだ。どんなイキサツがあったかは、今になっては知ることもできないが、祖父彦一郎にとっても無念だったろうな…」。

と、思いは次々と広がっていった。

　すると、祖父が詠んだという俳句の意味が鮮明に脳裏をかすめてきた。

　散る花も浴びて遺憾のなかりけり

という句の意である。

　この句を私は長い間、単なる叙景句と理解して来た。大呑兵衛だったという祖父が、もう盛りをすぎて、花吹雪になりはじめた一日、それを懐しむようにあくことなく再度花莚《むしろ》を広げて、酔宴を楽しんでいる。その心境を五七五に託したのだとばかり思っていた。彼の心の奥底を、谷貝昭男氏家に伝わる証文と重ねてみると、どうもそれとは異なる風景が浮んできてならない。この句が成った明治末年頃、已に彦一郎宅は家屋敷を他人に手渡していたのである。そう考えると、「散る花」とは己れの境涯を指していたにちがいない。その非哀を浴びつ、、なお「遺憾なし」と自己を得心させた祖父をめぐるいきさつを、私は血を受け継いだ一人として、哀しく忖度せずにいられないのである。

　想えば、家伝に依ると、谷貝の家が筑波下谷貝野に敗れて桜塚に移住して七百余年――その墳墓の地を去るのである。「遺憾」とせずにはいられなかったであろう。先に述べた、愛娘に「刀の質ナガレ」を心配させつつ、仲町の吉見屋付近の借家に仮寓したのだから、俗にいえば夜逃げ同様のテイタラクだったに違いない。さりながら「遺憾なし」と短詩に托した彦一郎の心底をどう解したらいいのだろうか。

　ここにまた一つの句を登場させなければなるまい。

　　田一歩作らねど二百十日哉

　この句の存在を知ったのは、かれこれ六十年前のことであった。「橋本」の友人宅に遊びに行った際、客間と覚しい柱に一枚の板がぶら下っており、「一渓」の雅号と伴《ママ》にこの句が書かれていた。爺さんの句とすぐ了知した私が帰宅後句意を父に尋ねてみた。

「わが家には田一枚とてないが、（耕地整理田の稲の作柄をみると）台風が来るか来ないか、気がもめて仕方がない」という意だろう、と話してくれた。耕地整理田の造成に深くかかわった祖父の句らしいともつけ加えたのである。その時はただ「ふうん」と聞き流していたが、歳をへていろいろ知るようになってみると、「なるほど」と真意を解するようになってきた。日清、日露と戦争が広がっていく反面、農村での暮らしは窮屈になっていった。対外拡張を重ねる一方で、当時の明治政府も今でいう一種の村起こし（当時は地方改良運動と称していた）に躍起となった。産業組合（現在の農協）の結成、耕地整理（土地改良）の推進、地域青年団の立ち上げ、——これらすべてが明治後半の出来事である。しかし、それでも一向に事態は良好にならなかった。その一端は長塚節の『土』（明治四三年刊）に見る通りである。要領のいい一握りの者たちは、この激動を利用して地主あるいは商工業資本として成り上っていくが、大方の人たちは階層分解を余儀なくされていった。わが家（の風流祖父）もその奔流に流されていったのかも知れない。良くいえば、自分の放らつではなく、不器用に何かに打ち込んで（多分耕地整理事業）いたが、気が付いてみると家産を傾けていたと考えることもできるだろう。それゆえ、従容と「遺憾なし」といわなければならなかったのであろう。しかし大正始めには、池田（浜名）序介氏をかついで「関本町史蹟保存会」などというものを起立させていたというのだから太っ腹、ある意味ではノーテンキな人間だったのだろう。

「関本八景」の文に接し、以上のことが脳裏をかすめた。

そしてわが身に引き換え「零落しつつ都都逸をうなっていた爺さんほど風流」ではないが、血は受け継いでいるのだなあ。私も亦、都会での生活を望まず、地域（中央官庁ではなく町役場）を選んだ嘆きを亡母に与えてしまった苦笑を思い出していた。

「世は廻るなあ、でもどう生きるかだろうなあ」——私のいつわりないある日のつぶやきであった。

（付記）

小学校時代、私の同級生に男女合せると十名近い同姓の者がいたが、私を除くすべてが桜塚の居住者であり、不思議でならなかった。しかも異性のなかで成績もよく愛らしいＭ子もおり、不思議なことに墓所が一つ（分家）空いた隣であり、墓域を石で囲んだ立派なものであった。それに比べわが家の墓は古くさいものが立ち並び、中には割れているものまである貧相なものであった。迎え盆の時などたまたまＭ子に出会うこともあり、大人たちは挨拶を返していたが、私とＭ子は知らないふりをしながら何となく恥しいやら嬉しいやら複雑な気持だった。世間を知らない子ども同士だからかつては同族だったことを理解していなかったのである。

それにわが家には近い親族が村内にないのである。父の姉妹は東京に出ており、母は関西の出身だった。同級生が誰それとなく「母ちゃんの家」に里帰りをしたと嬉しそうに話している。羨しくて仕方がなかった。「俺の家にはどうして親戚がないのであろう」。

この二つとも家の没落と無関係ではなかった。明治末に桜塚を「夜逃げ」した家であり、父の姉妹も小学校を卒業と同時に都市の労働力として故郷を離れそこで相手を見つけていた。

こういう原体験は知らず知らずのうちに、人間一人一人の故郷観を育てていく。

その良し悪しを云々するつもりはないが、皆さんはどうお考えだろうか。現代は戦国時代以上に人口移動の激しい時代であり、九州や北海道の伴侶を選ぶケースも稀ではない。しかも国際的だ。今後どうなっていくのか興味津々たるものさえある。

◇　◇

谷貝　忍戯作「関本八景」

◇大日堂晩鐘
日暮れ迫れば　なお淋しきに
　大日堂の　鐘鳴るなり

◇萬年寺夕照
萬年禅寺の　西空の涯
　極楽浄土の　陽が燃える

◇岩屋夜雨
寒気走ると　寄り添う二人
　船魂岩屋の　夜の雨

◇下河原帰帆
あれはまぼろし　下河原辺に
　白帆すべるよ　桑の中

◇清水下落雁
シミジシタから　夕空仰ぐ
　雁が渡るよ　サオになり

◇上野天神秋月
上野天神　夜空に黒く
　天に昇るよ　後の月

◇五郎助山晴嵐
五郎助山の　青嵐深く
　人が恋しと　君想う

◇千石暮雪
千石松に　白雪冠る
　お嬢通るよ　な落ちそ

（『関城文芸』第六六号　二〇〇七年一月）

一石を投ずることについて

昔から「山椒は小粒でもピリリと辛い」と言うが、この言葉は前橋さんにこそよく当てはまる。ねばり強く、その上、何かが気になり出すと決して放置しておくことができず、トコトンまで追求してやまない。傘寿過ぎてなお、あれこれこまごまと動き回り、面倒をいとわない「三つ児の魂」は、少しも衰えていない。

そして、自分が生まれ、育ち、働き、憩う本拠となっている生まれ故郷「相野谷」をこよなく愛し、いとおしく思っているのであろう。

そうして、前橋さんの南西に位置する秋場屋敷を中心とする宅地化が進み、東、相野谷耕地の一画をかすめて二九四号線バイパスが貫通し、何よりも相野谷人にとって長年のシンボルだった地蔵堂が建て替わるという地域変貌の激しさを目の当たりにすればするほど、この相野谷が集落としていつごろ、どのように成立し、江戸、明治、大正時代をどんな風景を伴いながら移り変わり、歩んできたのかと、どうしても「俺自身の眼、俺自身の耳」で確認し、書き残してみたいという抑えがたい心情にかられたのであろうことが、一読して痛切に伝わってくる。

そういう意味でこの本は、あくまでも前橋さん個人の見聞に基づいて記述されたものであるから、事実の誤認や見当違いさえあることは避け得ないものであり、「俺の見聞きしたこととは異なっている」という批判が出てくることを覚悟の上で、前橋さんが皆さんの前に、進んで一つのデッサンを描いてみたのであろう。

しかし私はそのこと――あえて前橋さんが皆さんの目に触れることを承知で公刊したことに、この本の大きな値打ちがあると賞讃したいのである。

即ち、この本を前にして相野谷の皆さんの論議が広がり、深まっていけばいくほど、相野谷の歴史、歩みがより豊かに掘り下げられ、解明されていくと思うからであり、一つの石を投げることには勇気が必要であり、あえてその石を投げてくれたことを「壮挙」だと考えてみたいのである。

（『一目でわかる相野谷略史』二〇〇九年一一月）

V

詠う

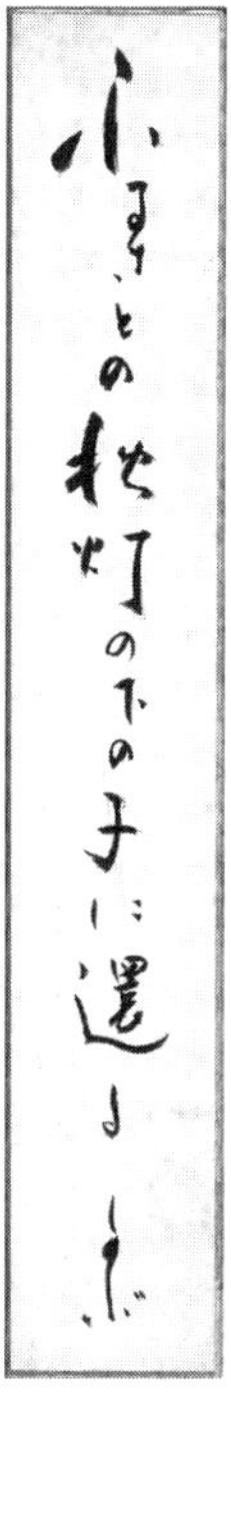

「ふるさとの秋灯の下の子に還る　しのぶ」

長歌　むらさきうに

一

秋津島　やまとのくにの　陸《くが》の果て　海のきはまる　み
ちの奥　北山崎は　神ながら　こごしき厳　天岨《あめそそ》り　海
に峙《た》てれば　沖つ波　来寄する朝《あした》　辺つ波の　さわ立つ
夕　荒磯《ありそ》うち　潮はをらべど　天霧《あまぎ》らひ　散りの乱りに
白波は　玉と砕けぬ　崖《きりぎし》ぞこれ

二

千尋《ちひろ》なす　淵瀬《ふちせ》は知らず　藍澄ます　北山崎の　岩階《いはきだ》の
岩根に棲《す》みて　むらさきの　刺《とげ》もつうには　海《わだ》なかに
生《お》ひもこそすれ　海《うな》草を　食《は》みてぞ育て　二つ歳《とせ》　三つ
四つ歳をうち重ね　豊にまろめば　粒らなす　鬱金《うこん》の肉《しし》
ぞ　時じくも　大海神《おおわだつみ》の　幸を凝《こ》ごせり

三

磯風に　秋の見え顕《た》つ　北陸奥《むつ》に　われは遊びて　北山
の　荘《やど》の主人《あるじ》の　平坂の　兄《いろせ》を訪へば　君しばし　ここ
には待てと　荒磯辺に舟漕ぎ出でぬ　籠さわに　獲物あ
るめり　うち見つつ　われは驚く　これぞこれ　夢にだ
に見し　みちのくの　北山崎の　むらさきのうに

四

兄いふ　君は食むべし　われ啜《すす》る　ただにひたすら　藍
深き　海に浸して　むらさきに　お指染《し》むまで　兄拍《う》つ
酒のむべけれ　われこたふ　さもあらばあれ　飲むほど
に　うにの甘きは　酔ふほどに　わが舌が根に　とろに
とぞ　溶けしみわたり　みちのくの　わが草枕　今し極
まる

反歌

みちのくの北山崎のむらさきのうにこそ海《わだ》の珍《うづ》の幸珠《さちだま》
みちのくの北山崎のむらさきのうにはも育て藍しづむ海

みちのくの北山崎のむらさきのうにつぶつぶに鬱金鮮やけし

みちのくの北山崎のむらさきのうにとろとろに酒ほがひせむ

みちのくの北山崎のむらさきのうに甘き夜べ秋立つらしも

（関城文芸合同歌集『梨の里』第一集　一九七九年五月）

愛娘遊学（抄）

長女遊雲子、京都府立大に入学を許され、四月四日遊学のため上京す。年ごろ見たしと熱望していた吉野山の桜、咲き闌けてあらんかと思うにつけ、心おだやかならず。四月九日は入学式なるべしと考え、四月七日に思い切って後を追い上京、西吉野村、岡、曽和君の出迎え、案内にて、遊雲子ともども吉野山に遊ぶ。途路、橿原神宮、明日香石舞台に立ち寄り懐古をほしいままにし、丹生川のほとりなる奥湯に宿る。

遊学の娘《こ》は愛《かな》しもよ立つ朝け〝飲みすぎないんだよ〟と母のごといふ

愛《いと》し娘《ご》は京に学ぶといでゆけりゆうべひとりの食《け》にあるらむか

学ぶ娘の遠離《とおさ》け在ればかなしくてかつをぶしなど夜をけづり居り

遊学のいとをしき娘にまみえむと逢坂山を今は越えゆく

山城の京の都《みやこ》の駅《うまや》べにわれを求めて娘の立てり見ゆ

橿原の神に拝《おろ》がみ愛し娘の弥末《いやう》れ永きさきはひを告《の》る

大和路に柿の葉ずしを分けて食ふ遠離け学ぶ吾娘《あこ》と来し旅

遠離けて学ぶ愛娘《まなご》と旅は来し吉野の山に花咲きのぼる

ふるさとを遠離けおのが道磨《と》ぐといで立つ娘うに花よ咲き寿《ほ》げ

みよしのの花は散るべくあるものをかたへに笑《え》まふ愛娘《まなご》十八

みよしのの山峡《やまかい》の湯に娘《こ》と宿る朝をまだきに河鹿《かじか》澄み鳴く

河鹿鳴く丹生の河辺の暁《あかとき》に愛《かな》しき吾娘《あこ》の美寝《うまい》深しも

楠《くす》若葉いや光《て》る朝け愛《いと》し娘は学びの苑《には》にさや立ちにけり

京の御所御園生《ごしょみそのう》の松みどり辺に愛娘《まなご》さや立つ花はくれなゐ

御園生に娘ろを立たしめおろおろとカメラの的を絞れず在り迷《め》く

遊学の娘《こ》に遠離かる幹線の窓をはるかに漁火《いさりび》ひとつ

遊学の娘と別れ来てうらがなし不二《ふじ》は霞みて見えずこそあれ

うしろ身に愛娘《まなご》顕《た》たしめ雑踏のプラットホームを歩むゆふぐれ

逢坂の山のかなたに愛《いと》し娘を学びたたしめ日の七日過《す》ぐ

愛し娘の遊学に出で十日経《へ》ぬ夕餉《ゆふげ》の卓に牡丹《ぼうたん》飾る

（補注）

入学式の在りし四月九日午後、折りよく御所《ごしょ》春の公開最終日に当たる。娘と急ぎ御園生をめぐる。慣れぬカメラを手に桜花爛満、新緑目に眩ゆきばかりなり。又、娘の下宿地は下鴨神社糺の森のすぐ傍らにて、河原も近き静雅馥郁たる所なれば心平ぐ。京都駅頭に別れ、新幹線にてひとり帰る。撫然たり。車中ありあわせの紙片に三日間を偲び戯歌す。父性悄然たるか。（一九九〇年四月）

（私家版『愛娘遊学（まなごゆうがく）』一九九〇年四月）

句集『梨花の月』発刊に寄せて

この世に縁（えにし）あって生れいずることになった私たちが、自己の生活の哀歓を、何らかの手立てをもって表現する術を身につけて生きられるということは、私たちの人生をどんなにか味わい深いものにしてくれることだろうか。

　その表現の方法をおおまかに区分けしてみると、次の三つのかたちとして捉えることができるのであろう。

　その第一は、ことば（声帯）にかかわるものであり、第二は手のはたらきが生み出すもの（絵画、書、工芸などの造型美術）、第三はからだそのものを表現の手段とするもの（舞踊とスポーツ）である。もちろんこの三つの方法は適宜に組みあわされて、より総合的なかたちを生み出し、ミュージカルや演劇などの舞台芸術が誕生する。

　そして私たちは、それらを総称して、文化の諸形態と理解しているわけである。

　ことばにかかわる文化（の形式）はさらに文学と音楽の二つに大別され、私たちは文学作品に接することで自分を勇気づけたり、音楽に興ずることによって自己を慰めたりする。

　文学のかたちも、詩、ドラマ、小説、随筆など、細かく分類してみるといくつかに分けられるが、詩こそ、世の東西（中国やギリシャなど）を問わず、最も始源的、本質的な文学の表現形式である。

　日本人が生みだした俳句という詩型は、世界に冠たる短詩型であり、五・七・五ということばのリズムを駆使して、わずか一七文字のうちに心をこめ、私たちの日常のよろこび、かなしみを詠みこもうとするものであることはご承知のとおりである。

　さて、いささかおおげさな書き出しになってしまったが、谷貝政吉さんの句集草稿を読ませていただきながら、改めて、俳句という自己表現の術にであうことのできた政吉さんのしあわせを、心から羨ましくも嬉しく思った次第である。

亀井勝一郎は「人生とは邂逅である」という至言を残しているが、その「邂逅」とは、人間との出会いを意味するばかりでなく、広く、大きく自然、人間の文化的営為や所産とのであいをも含んだことばであったに違いない。

俳句と政吉さんとのであいの背景には、旧関本町に息づいてきた俳句的伝統、人脈（大溪・溪洞さんなど）が横たわっていたのであろうが、幼い日の私の記憶のなかに、若き政吉青年の面影が浮かんでくる。

私事になるが、私の父、谷貝勇二（俳号幽樹）も、関本町の俳句的伝統に連なっていた一人である。父は不幸にして病身、病臥の生活を余儀なくされ、したがって生活も不如意であった。生来癇癖があり、私たち子どもにとっては気むずかしく、怖い存在であった。

蝿たたきやけに叩いて父不興　　幽樹

という、父の自嘲をこめたと思われる一句が、今なお私の脳裡深く灼きついているのも、父の不機嫌に幼い私たちがどんなに心を痛めつつ育たなければならなかったかを証左するものであるのかもしれない。

そんな父不興の夜、政吉さんともう一人の青年、篠崎正（俳号青畝）さんの訪問を受けると、父は突然人が変ったように機嫌を直すのであった。その訪ないが、私の心をどんなにか安らかにしてくれたことか、この一事をもってしても私は、政吉さんへの感謝をこめて駄文を草せざるをえないと考えるのである。

ところで、父と政吉、正さんとの俳句談義はいつも夜更けまで続いたようである。

二青年の印象を想起すると、政吉さんはいかにもおだやか、正さんはさてこそ一本気。対称的な二人のように見受けられた。

政吉さんの句稿を読んでいくうちにも、政吉さんのものを荒げないお人柄と生活態度のつましさが、私の心をしっとりと濡らしてくれる。

次のような句は、私の好みによるのであろうが、政吉さんの生き方や生きざまの有様を愛（かな）しいまでに伝えてくれていて、胸を熱くする。

懐手してなにごともなき素振り
蝿打ってゐて口車には乗らず
人の世に厄を抱えて菜飯食ふ
ほおかぶりしても話は聞いてゐる
それからのことには触れず夕ざくら
忘れたきことは忘れて天の川

父の世も我が世も貧しつばくらめ

煮こごりや妻の機嫌をそこねまじ

ばら銭をあつめて買ひし寒蜆

柚子風呂に入り傷心をやはらげり

政吉さんはやさしく、けなげな人なのだ。でも時には

着膨れてゐてづけづけと物を言ふ

他人に羨望を感じ、自分もまた、

もの申すときに解きけり懐手

と、精神を屹立させようとする。

冒頭私は、文化の本質が人間の自己表現活動にあることをのべ、文化の表現形式をいくつかに分解して素描してみた。

さらに論を進めれば、文化の内容は、それぞれの人間が生きる時代や社会相を反映して表出される。

思うに、政吉さんの、どちらかといえば、生活詠を特徴とする発句の内容は、政吉さんが生まれ、育ち、青年期を迎えた時代と社会、政吉さん宅の家庭的事情に色濃く規定されて形成されてきたのであろう（この点に関して残念だと思われるのは、今回の句稿に青年時代の作品が収録されていないことである）。

もし政吉さんが、敗戦を挟む日本の農家の長男として生まれているのでなかったなら、政吉さんの人生と人格は、まったく異なった光彩を放って展開されたであろう。政吉さんの資質はそれに十分耐え、超えうる力を持っていたと思うからに他ならない。政吉さんの令弟外山岩男氏や谷貝昌三君（筆者の幼少時代からの友人）の人生からいっても傍証されうることである。

しかし、諸般の事情は政吉さんにそれを許さなかった。敗戦直後の農家の長男として、上級学校への進学を断念せざるをえず、彼は家業の後継者となり、自己の内側に精神の発溂（はつらつ）を押し込める他はなかったと考えて間違いはなかろう。

それは、同時代を生きた多くの青年たちがたどらなければならなかった道であったが、どんなにか辛く、口惜しいかなしみであったことか——それに耐え、乗り越えていく生き方をさぐらなければならなかった。

つつましく生きること、滅多なことでは事を構えず、荒らげることなくけなげに生きるという姿勢と知恵の土壌は、このようにしてはぐくまれてきたに違いなかろう——淋しくもあり、涙したくなることもあったといっていいのであろう。

政吉さんは発句という世界にであい、それに没入することによって精神の鬱屈（うっくつ）を超越、凌駕する

道を歩むことになったが、その道程をさまよいつつ、晩年を迎えた政吉さんの詠唱は前述のような気張らない静謐の境地に到達したのであろう。そう考え、もう一度句稿に眼を凝らしてみると、

　氏神に一礼をして耕せり

という政吉さんの句が、ひしひしと私の胸に迫ってくる。さりげない句である。それだけに深々とした謙虚と敬虔を私は感じる。いま日本人にしてどれほどの人（誰）がこのように確かな自然（じねん）を保持し、律義に詠出することができよう。

最後に、『梨花の月』――政吉さんの句集にいかにもふさわしい命名であると私は思う。政吉さんは太陽でなくて月に似つかわしい。政吉さんの月（のイメージ）は、あの純白にけがれない梨花にやさしくふりそそぎ、梨花のあしたの目覚めをいとおしくつつみこんでいるのである。何と清雅な情景であろう。

「政吉さん、政吉さんの生きた証が、句集として残ることになり、ほんとうによかったですね。」

心から句集発刊をお祝い申しあげ、父に成りかわって拙文を草させていただいた非礼をお許し願う次第である。

一九九七年一〇月

（谷貝耕甫句集『梨花の月』一九九七年一〇月）

カナダ百首（抄）

七月の初め、故あって、カナダに永住を決めこんでしまった伜夫婦と二人の孫たちを訪ねるため、病に倒れてから初めて、旬日余の旅行をすることになった。

カメラを撮るという趣味を持たないせいであろうか、日頃は作らない三一文字の手すさびを興のおもむくままにひねってみたくなる。かっこよくいえば心にシャッターを持っていてスナップをとるということになるのだろうか。素人写真にすぎないから上出来とはいい難いが、散文を混じえてご紹介したいと思うのでご笑読いただければ幸いである。

バンクーバー

「故あって」などと書いてみたが、特別な事情があった訳ではない。現在三八歳、ということは二十余年前高校生であった伜はそのころ「落ち目」だと思われていた林業に関心が傾き、その方向の大学に進み、カナダの林業に魅せられ、美辞麗句的にいえば結果的にはバンクーバーで起業し、木材貿易商への道へ入りこむことになった。

　子どもの進んだ道に立ちはだかろうとは思わないが、両親と畑違いの世界に踏みこんで果してどうなのだろうか。親としては一応気がかりである。どんな所に住み、どんな暮らしをしているのか、見にいこうとした直前の病臥である。どうにか小康をえたので渡加した訳である。

　ご承知のようにバンクーバーはアメリカのロスアンゼルスよりは少し北、北米大陸西岸に位置したカナダ第二の港湾都市である。

　山の上から鳥瞰すると海岸線に斧を入れたように大地がくびれ、そこにハドソン川他が流れこみ、良好な港を作っている。おまけに港の前方に日本本州の四分の一ほどの島が細長く外洋の緩衝地帯を作っているので、内海は波静かであり、魚たち殊に鮭たち（キングサーモン、紅鮭など）の絶好の通り道になっている。ほぼ横浜ぐらいの都市（三百万人余）だが、タンカー、大型観光船（アラスカ航路など）の寄港だけでなく、湾内に沢山の漁港があり、モーターボート、ヨットハーバーなどを多彩に含んだ良港である。ハドソン川の東側にダウンタウンが形成され、川と反対側に、画然西、北バンクーバーの住宅地が広がり、やや小高い丘の上に建っている屋敷が多いので、海をのぞむことができる。東西南北、車で三〇分も抜けると広大漠たる針葉樹林が展観され、美しい湖をちりばめつつはるか背後には氷河をいただく山脈がとりまいている。一口でいえば函館の街を一まわりも二まわりも、十まわりも雄大にした街である。

氷河背にバンクーバーの市街地を一歩出づれば森・湖《うみ》光る

腕・背に入墨彫りし男らが船のたまりにバーボン呷《あお》る

白き帆のヨットが群れて海に浮く内海なれば波荒るる無く

マロン垂る太き樹かげの下に座し語るともなき夏の老夫婦

短か夜の夏を惜しみて人らみな街そぞろゆくバンクー

バーの深宵《よる》

市街地の坂を昇れば景ひらく大海原が碧く目に沁む

今朝晴れてカナダの夏に身を伸ばす爽やかな海風《かぜ》恵方より来る

停るとも動くともなくタンカーは影絵のごとく沖を過ぎゆく

針葉樹繁る真庭の片すみにナナカマドの実赤き房垂る

鉢植の花篭さがるヴェランダに風鈴鳴らし夕餉を囲む

紅に雲が棚引き夕されば逆光の海藍を深める

朝まだき街の電線リス走るふと立ちどまり何見つらむか

グロウスマウンテン

グロウスマウンテンとはバンクーバーのすぐ背後に隆起している。全ダウンタウン、港などを隈《くま》なく見下ろした高山に、ケーブルカーが架かり、市民の格好の観光ポイントになっている。森林を深く分け入ったところに突然見はらしのいい、筑波山をもう少し小さく突起させた山が現れるので、人々の人気も高い。ケーブルカーの昇り口のスティション広場にさまざまな木彫りの動物像が立っているのが異様である。しかも皆「威嚇」の態《てい》で彫られている。多分開発前、野生動物たちの楽園であったものが、人間の都合でレジャーランド化したからなのだろう。動物たちの叫びから、無情なものを感じざるをえなかった。

見おろせるダウンタウンを蟻動く人間という種にてぞありけり

山頂《いただき》ゆ海原《うなばら》遠く見はるかす客船らしもいづこにかゆく

グローブ山頂《やまいただき》ゆ眺望す大陸うがつバンクーバーの入江

ベア・ウルフ原生の種を追い立ててレジャーランドを人間つくる

木に彫れる熊狼が吠えかかるものとは何ぞ駅前広場

先住の民ら住むとふリザーグにトーテムポール門口睨む

先住の民らの大地略奪しフロンティアとはいかなる理屈

ブッシュいま石油奪《と》らむと海越へてアラブを攻める正義かかげて

解放の美名の下に押つけるアメリカーナはデモクラシーといふか

グァンタナモ虐殺許すなヤンキーゴー世界ゆるがす良心の声

ウィスラー

バンクーバーの人たちだけでなく、今日では、全カナダ人が誇りとし、世界の人たちからも注目されているカナディアンロッキー山麓の一大景勝地である。日本のスキーヤーからは夏スキーのメッカとして憧れの的であり、二〇一〇年開催の冬季オリンピックもこの地で開かれる。何といってもウィスラー最大の魅力は、その頂上から四囲を見渡した時、目に飛びこんで来る氷河の大パノラマの展開である。ある一方から氷河を望むということは度々経験することではあるが、全方位に広がり、目の前に迫ってくる所は数少なく、眼下に人工植林をしたような針葉樹が広がり、エメラルドグリーンに輝く湖が静謐にきらめいている。なぜ藍でなくてエメラルドグリーンなのかと案内人に聞くと「それは太古からの氷河が溶け、流れこんでいるからだ」という。まさにさもありなむと肯く。自然の雄大さに魅了されたのち、ウィスラーの市街地を散策してみたが、まるっきり景観を異にし、一瞬「童話の国」に踏み迷ったようである。お菓子で作ったような「館《やかた》」が立ち並び、全面歩行者天国された街のあちこちで飲食を楽しんでいる姿が道端にあふれ出てにぎわっている。あるところには広場があり、子どもたちが衣裳も美しくコーラスに熱中し、多分その親兄弟たちであろう、それぞれがカメラを手にし写真を撮りまくっている。樅の街路樹はクリスマスツリーのように飾られ、この街はフラッグ（旗）の街なのだろう。日本流にいえば「幟旗《のぼり》」を四分した短冊形のフラッグが街路樹風にはためいており、街全体を空間的に彩っている。しばらく街角に座って、アイスクリームをなめながら旅人の瞳で人々のあれこれのしぐさを観察している一刻《いっとき》というものは何にもかえがたき観光の喜びである。ましてやカナダは移民の街である。

アングロサクソンやゲルマン、将又《はたまた》、チャイニーズやコーリアだけがあふれている街でもない。インド、イスラムを含んだ、「ごちゃまぜ」の人々が行き交う。ノーネクタイでカジュアルに髭だらけの男たちが、ベールで顔をかくした女たちが通りすぎていく街である。「気張らないで居られる」といったらいいのだろうか。共立しあう諸民族の素顔にあふれた所である。

ウィスラーの盆地に街は拓《ひら》かれぬ四方をかこむ氷河の山脈《やまなみ》

ウィスラーの頂上の眺め絶佳とす氷河の山が四囲に迫り来

ウィスラーにリフトで昇りこわごわと下をのぞきぬ熊遊ぶ森

ウィスラーの頂上に着きホッとする氷河で冷やせしジュース購なう

樹海黒く夏の陽に光《て》り湖《こ》をちりばむエメラルドグリーン将丈藍色《はたまた》

ウィスラーをモーターバイクで馳け下りる若きら羨し我《とも》が老ぬれば

夏惜しみ高山の花競い咲く可憐な色に風さえそよぐ

ウィスラーは夏スキーヤーのメッカとふまだらに残る雪渓すべる

ウィスラーにオリンピックが招致さるウェルカムの旗街を埋める

街あげて歩行者天国《ホコテン》なら街をのす若きパフォマンスに旅をくつろぐ

嵬々峨々とロッキー山を志功彫るエネルギッシュなその荒き業

ウィスラーの街角に佇ち他者《ひと》眺む異国の旅情ここに極まる

エコロジカルセンター

渓谷にかかった大吊橋があるというので見にいくことになった。やはり深い森をうがった、水の通り路が長い時間をかけて大地を切り裂いたものであろう。碧い一筋の流れとなってはるかな下に瀬を作っていた。大吊橋がなかった頃にはどうしていたのだろうか。けものの俊敏を備えた者だけが渓にくだり、岩をよじ昇《ママ》ったに違いないと考えると、ゾクリと肌寒ささえ覚える絶景である。ここは同じ森林でも樹相が変って赤味を帯びた木肌の大木に覆われていて、下草も豊富である。大吊橋にいどむ勇気を持たなかった私がただ一人残っていると、何やら公民館を小さくした建物があり、人が自由に出入りしている。よく見ると「エコロジーセンター」と書いてあった。好奇心に誘われて、のぞこうとすると無料であるらしく、入口に「募金箱」のようなものだけが置かれていた。中には「デスプレイ」（陳列物）「フィルムズ」（各種の写真）「ショッピングコーナー」（売店）などがたくみに配列され、その森林一帯の動、植物の生体を理解する工夫がなされていた。主なけものたちの剥製に並んで各種の昆虫、鳥（ふくろう、ホーク）たちも興味深かった。とりわけ私の心を捉えたものは「エコロジーセンター」の入口に掲示（私は啓示といいたい）されていた次の文章である。

「*All things are Conected...*」（全ての事物は関連づいている。）

現代における自然破壊の根源を生態系の破壊と捉え、それがいかに人間的生命の存立を危険にさらしているかを見事に表している言葉と思ったからである。こういう「博物館」が無造作に観光地に作られ、人々も又無料で活用、芳志があれば何がしかの金をさりげなく喜捨してくるといったライフスタイルが確立されていることは、なかなか実現するものではないと感じさせられた。博物館の商業化、独立行政法人化を推し進めようとしている「どこかの国」とは大違いである。

『*All things are Conected..*』エコセンターの掲示数える
無機なるもの生きとし生きる生命のかたきづなを示す
エコセン

原生の森に丈余の巨木樹つレッドシーダー幹に苔むす

渓越える大吊橋に目が眩《くら》む大地震《なゐ》のごとゆっくり揺れる

岩をかむ渓流碧く森を裂く鮭ら必死に遡《さかの》ぼり行く

瀬を早みしぶきを上げて下りゆくバンクーバーに夏来た
らむか

ソイ・ベイ

バンクーバー湾を南にまわり込み、アメリカ国境近くまでいくと、これまた眼を疑う光景が出現する。私も言葉としては「一瀉千里」という四字熟語は知っていたが、口に出し、文字に表してみるのは初めてである。文字通り「一瀉千里」という言葉そのままの広大な干潟が現れた。折しも「潮が引いたので幸運だった」といわれたが、砂浜の始めから水際まで、優に数キロ、幅数十キロはあるだろうか、高低差で表わすなら傾斜度一（千米歩いて一米の差）にも達しない干潟が眼前にあるのである。「天然の美」といおうか「造化の神秘」といおうか、唯々、目を奪われるばかりであった。こういう風景を日本語で何と表現するのだろう。「渚《なぎさ》」か「砂浜」か「潟」か「淵」か「磯」か。どうもその全てに当てはまるのだろう。歌で表現することは出来なかったが、日本神話の世界、大己牟遅《おおなむち》（大国主命＝大国様）がこの国造り、地上の「葦原中州国」をどのように統治しようかと悩んでいると、東の海上から「粟つぶ」となって現れた神「少彦名命」と力を合せて国造りをしたという話。さもありなむ「粟つぶ」となって人が現れるという比喩をまざまざと想わせる風景である。

ソイ・ベイに「一瀉千里《いっしゃせんり》」の汀《なぎさ》あり水際《みぎわ》のカモメ白く消えゆく

遠浅の湾をへだててそびえ立つ白き高嶺は異国なりとふ

砂浜を右に左に見遥るかすビーチパラソル遠くに見える

潮《うしお》引き広き干潟が現われり貝掘るもあり蟹追ふもあり

砂浜は海に向いて風吹くらし凧を飛ばして子供ら遊ぶ

砂浜に足を奪られて嬌声あげビーチバレーに若き娘《こ》さわぐ

海中に粟粒のごと人現わる伝えし神話胸につぶやく

終わりに

おおよそ以上が私の感想である。行った季節が季節であったので、とり分け良い所だけを印象づけられたのかも知れない。一年を通してみれば厳しい冬もあり、風や雪、寒さに閉ざされる生活が待ち受けているのかも知れない。しかし、人間のたくましさはどんな困難をも乗り越えていこうとする知恵と意志の中にあると考えてみるなら、異った自然、文化に接する機会に恵まれるということは有難い。ましてハンディキャップを負う身として経験できたことは多くの皆さんの助力の賜だと心から感謝している。

その他書いてみたいことは多々あるが、又の機会にゆずりたい。最後に「爺馬鹿」をお許しいただきたい。

外《と》つ国に生まれし孫ら三つ五つアンパンマンを土産に携げる

恥しさとれし孫らに「ジジ」「ババ」と呼ばれて嬉し「サンキュー」「サンキュー」

ベランダにカナダ離陸を惜しむらむ妻ひとり出て空をながむる

（『関城文芸』第六一号　二〇〇四年八月）

短歌　碓井先生想い出の賦（抄）

近き代の歌聖茂吉にまさやけくアララギに依りし若き日の師よ

師にもまた二人の大き先人あり一人は茂吉後《のち》誠一先生

学問の言葉語れと消しがてに家人の資質《さが》師に匂ひ立つ

胸裡《むなうち》におおらかを給《た》ふ師のゼミになどか学びの力沸き出づ

春風《かぜ》のごと師の温顔に笑み絶えず若き無暴にゼミ勇めども

〝横浜に狸も棲むぞ〟師の瞳《め》丸む笑ひ弾《はじ》けてゼミほぐれゆく

赤門のルナールのカレイ師のおごりゼミが座をかえホンネ飛び交ふ

学徒兵なりし日を持つ師なれこそ戦さのことはついに語らず

ふるさとの村に職得し教え子に師のハガキ届く時に歌添へ

おのづから人に大愚の気象あり歳経てつのる師への敬愛

磊落と見えしが気遣い篤き師の細心これぞ詩人の魂

意識下に歌詠むらむかあえかけく師の顔《かんばせ》が和《なご》むひととき

目覚め戻らぬ二度目の春がめぐり来ぬ師よ蘇へれもののみな新生

師を葬《はふ》る朝を秋雨が降りしだく天《そら》が涙す日もあるらむから

十月の空にみ魂は召されゆく秋雨《あきさめ》ざめと嘆く師の通夜《つや》

萩薄《すすき》竹群さやぐ寺を出づ師のみ柩《ひつぎ》に南無阿弥陀仏

二〇〇四年一〇月

合掌

（「碓井正久先生を偲ぶ会」に寄せて）

陶匠クナッパー氏讃歌に寄せて

一一月下旬、晩秋というよりは初冬、小春の一日、茨城県北大子町に居を構えるドイツ人G・クナッパーさんの陶工房を訪ねた。病気で倒れる以前から予て行きたい思い切だったが、突如きっかけがあって実現したのであった。

阿武隈山系の西端が関東平野に低山となってなだれこむ山麗深くに、かつてその地を支配した大庄屋の居宅群があり、それを改装修復した豪壮な家に住んでいるとは聞いていたが、聞きしにまさるとはこのことで、唯々感嘆するばかりであった。長屋門を入口として、藁葺きの大屋根が圧倒的存在感を見せていたからである。

聞くところによれば、大庄屋家は林業衰退して没落の一途をたどり、家産維持するあたわず、家屋敷を彩る立木を売却してなお荒れるにまかせていたという。

益子を離れてどこか閑かな景勝の地に窯を築きたいと願っていたクナッパー氏が大庄屋家の事情を知り、断乎その再興に情熱を傾けることになった。約五年の歳月を費やして原型を保存しつつ氏独自の着想を加え復現した。

近来村起こしの一端などとして、古民家等を移築して商業的に観光化して事足れりとしている「キワモノ」とは訳も格も違う。

新棟なったクナッパー邸には「なりわい」「たずき」「くらし」が厳然息づいている。しかもそれは半世紀近く前、日本伝来の「居住文化」保持を構想し、一異邦人によって再興されたのである。私はその壮志をこよなく尊しとする。安直に「美しい日本への再チャレンジ」など嘯く麗辞・輩を唾棄して止まない。蕪辞を省みず「長歌」を献ずる次第である。

陶《すえ》の匠《たくみ》　讃　歌

一

阿武隈の　山脈《やまなみ》緩《ゆる》く
西つ方　常陸野に消ゆ
山麓《ふもと》　小高き辺《あた》り
外《と》つ国の　陶《すえ》の匠《たくみ》の
大人《おとな》しき　人こそ在りて
ひたぶるに　業《わざ》極めむと
山を背に　窯《かまど》を据《す》へて
煙起《た》て　いそしみ在りと
耳にぞ聞ける

二

予《かね》てより　そが噂聞き
いつしかは　陶の匠を
訪《と》はむとふ　あくがれ在れば
小春めく　日を幸《さひは》ひと
心がけ　思ひ定めて

往き往きて　道をたどれば
づっしりと　藁葺き屋根の
厳《いつく》しき　家在り見ゆる
心嬉しき

三

さこそあれ　なぜ外《と》つ国の
人住むと　その事由《よし》聞けば
曽《かつ》てこれ　この地治めし
村長《むらをさ》の　館《やかた》なりとふ
世は移り　生業《なりわひ》傾ぶき
屋敷荒れ　手離《てば》なすゆへを
哀しくも　伝へ渡れば
外《と》つ人の　心痛めて
譲り受くあはれ

四

再びは　天《そら》高々と
棟長《た》けて　聳《そび》ゆる在れと
年重ね　日々を連ねて
努《つと》めこそ　その甲斐見ゆれ
二つ眼の　母屋《もや》は重しく

大屋根に　藁は葺かれて
長屋門　さらに床《ゆか》しく
されどなを　振り新しく
蘇《よみ》がへりけり

五

時じくぞ　村起こすとて
首大臣《くびおとど》　告《の》り敷かむ触れ
世に出だし　叫びおらべど
いま更に　何をか申す
已にして　五十歳前《いそとせさき》に
来るべき　時有らなむと
外《と》つ国の　陶の匠ぞ
心込め　壮《いさを》し高《たか》く
なせる業尊《と》し

反歌

阿武隈の山ふところに荒れ果てし
豪《おお》き館に生命蘇へる
壊《こぼ》ちたる館を惜しと新しき
息を吹き込む外《と》つ人《びと》あはれ

茅葺の豪《おお》き館を興《おこ》さむと
外《と》つ国人《くにびと》の尚《たか》き壮《いさを》し

山国のつましたづきを破《や》れ棄《す》てて
虚言《たはけ》嘯《うそぶ》く大臣《おとど》を嗤《わら》ふ
（『関城文芸』第六七号　二〇〇七年八月）

短歌　三陸哀悼（抄）

東日本大震災にあわれた三陸その他の皆さんの気持ちを考えると、歌など詠んだりしては失礼に当たるのでしょうが、あまりの衝撃の深さに心たかぶりました。

亡くなられた皆さんのご冥福をお祈りし、避難されている方々へのお見舞いを深く願って……。　合掌

リアスとふ三陸の湾は夕凪てうにやホタテの筏浮ばす

山の幸海の幸満つ三陸のくらしはつまし人優しかり

海は凪ぎ「空はるけしや」三陸を幸い棲むと人は言ふなり

武骨なる「手は巧ましく」うにを割り「〝塩《しお》水で食へ〟」
と漁師突き出す

三陸の浜にビン立てむらさきのうにをたらふく食い呆《ほ》け
し日よ

三陸の「浜にここだく」うに食ひし「日も」ありしかど
津波に沈む

三陸の浜に嫁ぎし義妹《いもうと》よ「消息絶へ」はや二十日経つ

ひたひたと津波前線迫り来て盛り上がりつつ村「呑まむとす」

三陸の大地どよめき波叫ぶ津波人家を根こそぎさらふ

海底に大津波起り怒涛《なみ》猛る人も家をも海に「連れ去る」

大地裂け巨震津波が襲ひ来て「村はこぞりて」「破壊の限り」

ベロベロと「怪獣のごと」村をなめ「人を呑みこみ」海に引き揚ぐ

巨震来て人は術なし身一つに「逃げむとすれど」波また襲ふ

漁師らの「浦の舎屋《とまや》を」なぎ倒しかげもかたちも「在らば在れこそ」

島まもる青松林《はやし》津波になぎ倒され「年経りし松を一本残すのみ」

人の世をもろに生き来て大波に命とられて親も子もなし

山をなすガレキを分けてひたすらに「命在れかしと」母ここに佇つ

避難所に「老婆いたわり」食べ物を二つに分けし若き娘《こ》の在り

余震おそれ屋外《そと》に煮炊きす避難所に空は崩れて雪降らしけり

「氷雨ふる」避難所寒さいやまさる暖とる灯油《あぶら》買ふに買ひ得ず

水断たれ電気もつかず「灯油《あぶら》買へず」肩寄せあわせ「避難民《ひと》らかたまる」

襲われて「人逃げまどふ」砂浜に「くり返し寄す津波の非情」

知を尽せし科学の粋は敗れたり「原発城を」「津波一襲」

安全の神話もろくも崩れたり津波の前に原発手もなし

巨震起り大津波寄せ原発の事故におびえて村動てんす

〝俺ら何も「悪さしねえに」「荷もだせねえ」〟この落とし前つけろ東電

原発の放つ脅威のまがまがし姿に見へず耳に聞こへず

「魚食ふな」「葉もの飲みもの」「口にするな」「原発怖し」我ら術なし

大津波想定外とほざくなら　想定外の補償金（ぜに）出せ社長

「騒擾の」動きもなくて黙々と「避難所に耐ふ」日本人《ひとら》たくまし

（『関城文芸』第七五号　二〇一一年九月）

短歌　手術入院　雑感（抄）

積年のツケが身体に顕はれて透析にたまにインシュリン射てとよ

透析の備へなりとふ手首裂き血管つなぐ手術受けにき

これわが身父母より授くものなれば手術刀《メス》入る刻に南無阿弥陀仏

ナースひくカートの音がガタガタと手術への畏怖いよいよ高まる

〝がんばって〟メス執る医師の激励にハット意識を鮮明

にする

局所のみ麻酔射てれば目醒め居て手術刀《メス》振る音を間近に聞きぬ

手術室に入りて早や三時間廊下で妻はいかに待つらむ

手術終え　思はず声がつまりたり涙を浮かべドクター凝るのみ

血管の音がザーザー聞こえ来る医師の聴診器耳に当てられ

脈とると白きナースの腕伸びくる老患者われただに眩しむ

食事待つ楽しみまたも裏切らる妻が作りし手料理恋し

ようやくに尿チョロチョロ洩れ出づるこれが悲しきわれの現実

ひっそりと手術受く身となりにけり罪にはあらねど子にも知らせず

新緑のまばゆきにまづ驚きぬ十日ばかりの入院の間に

さみどりの深むわが家に退院す藤の花房すでに垂れにき

（二〇〇八年五月詠）

谷貝忍（やがい・しのぶ）年譜

一九三九（昭和一四）年二月　関城町（現 筑西市）関本に、五人兄弟姉妹の末っ子として生まれる。

一九五七（昭和三二）年三月　茨城県立下妻第一高等学校を卒業。

一九五九（昭和三四）年四月　東京大学に入学。

一九六一（昭和三六）年四月　教育学部教育行政学科社会教育コースに進む。

一九六三（昭和三八）年三月　同大学教育学部を卒業。

同年四月　水海道市（現 常総市）教育委員会に社会教育主事として就職。

一九六六（昭和四一）年五月　浅井正子さんと結婚。

一九八一（昭和五六）年四月　水海道市立図書館長に就任し、図書館建設に努める。

一九八二（昭和五七）年七月　図書館オープン。

一九八八（昭和六三）年四月から明治大学文学部講師〈一九九七（平成九）年三月まで〉。

一九九五（平成七）年四月から退職するまで水海道市教育委員会教育次長。

一九九六（平成八）年三月　水海道市教育委員会を退職。四月から日本大学文理学部講師。

一九九七（平成九）年四月　日本大学文理学部教授に就任。

一九九九（平成一一）年一一月　脳梗塞で倒れる。加療しながら日大に通う。

二〇〇四（平成一六）年三月　満六五歳で日大を定年退職。引き続いて満七〇歳（二〇〇九年三月）まで講師として勤めた。

二〇一三（平成二五）年一〇月七日　永眠。満七四歳八ヵ月。

著作リスト

(※印の論文等は、本書に収録したものである。なお、財団法人や株式会社などの表記は省く。)

●著書

1971年	『婦人のグループ活動』(共著)	農山漁村文化協会
1974年	『日本の社会教育』(共著)	日本社会教育学会年報編集委員会
1976年	『青年団の強化をめざして　その3』(共著)	日本青年団協議会組織対策委員会
1979年	『やさしさとは何か』	一光社
1988年	『親父の出番』	一光社
1991年	『明日にむかって育つある仲間たちの軌跡 青年団の活動家の成長と発達』(共著)	日本青年館/青年団研究所
1993年	『生涯学習の方法と計画』(共著)	国土社
1995年	『コミュニティと図書館』(共著)	雄山閣

● 論文・随想など

	タイトル	資料名	出版社など
1967年	農業後継者研修教室にとりくんで	月刊社会教育2月号	国土社
1968年	青春にっ記(抄)	くもりのちはれNo.1	水海道市連合青年団
	せい春にっき	くもりのちはれNo.5	水海道市連合青年団
1970年	※〈第10回社全協全国集会提案〉水海道市婦人議会をひらいて	月刊社会教育8月号	国土社
1971年	※「青年議会」を考える	月刊社会教育7月号	国土社
1974年	「村からのレポート」いま若者たちは	月刊社会教育11月号	国土社
1975年	〈ろばた〉夏のなごり	月刊社会教育10月号	国土社
	俳句	関城文芸No.3	関城文芸
1976年	日本の社会教育と町内会・部落会	月刊社会教育10月号	国土社
	〈社全協全国集会〉「地域・環境を守る運動と社会教育」分科会報告	月刊社会教育11月号	国土社

	※〈連載〉「社会活動のすすめ方」	日本青年団新聞６月号	日本青年団協議会
	※地域青年団への高校生加入を考える	青年団の強化をめざして　その３	日本青年団協議会
1977 年	〈社全協全国集会〉「地域と産業（環境と健康）」分科会報告	月刊社会教育 11 月号	国土社
1978 年	〈座談会〉地域に生産と文化の活力をとりもどすために―茨城の現実から	月刊社会教育８月号	国土社
	〈第 18 回社会教育研究全国集会〉茨城集会を終えて	月刊社会教育 11 月号	国土社
	〈第 18 回社会教育研究全国集会〉シンポジュウム「子どもを守る地域づくりと社会教育」	月刊社会教育 11 月号	国土社
	〈ミニ講義〉女性史の学習活動	第７回全国女子青年集会報告書	日本青年団協議会
	青年団運動と社会活動	青年団強化の手引き	日本青年団協議会
	〈座談会〉ふるさととは何か　山口一門、佐々木英雄らと	青年論潮創刊号	日本青年団協議会
1979 年	〈社全協全国集会〉「女の生きざまと学習権」分科会報告	月刊社会教育 11 月号	国土社
	※宮原先生の青年性	宮原先生を偲ぶ―現場からの追悼	有志
	※長歌「むらさきうに」	梨の里　№１	関城文芸
1980 年	〈社全協全国集会〉「社会教育関係団体と行政」分科会報告	月刊社会教育 11 月号	国土社
	〈座談会〉『青年の学習活動』①　千野陽一、富田昌広、瀬田川栄一らと	あきた青年広論№６	秋田県青年会館

	〈座談会〉『青年の学習活動』② 千野陽一、富田昌広、瀬田川栄一らと	あきた青年広論№.7	秋田県青年会館
1981年	鈴木正気教育実践「川口港から外港へ」をどう読んだか—社会教育から	教育1月号	国土社
	公民館図書室の現状と課題	図書館雑誌第75巻10号	日本図書館協会
	海外協五年間の活動に思う—国際化時代の『ぼくらの眼』	僕らの眼—第4次派遣団報告書	水海道市海外農業事情視察研究派遣協議会
	耕せども尽きず	水海道市文化協会報	水海道市文化協会
1982年	知る 学ぶ 楽しむ—図書館の一か月から	水海道市文化協会報	水海道市文化協会
	学校教育と社会教育の接点を求めて—青年としてどう考える	青年団研究所所報第2集	日本青年団協議会
1983年	ふたたび高校生の青年団加入問題を提起する	青年団研究所所報第3集	日本青年団協議会
	※地域をつくる青年たちの力	水海道市連合青年団史	水海道市連合青年団
	〈提言〉 確信をもてる運動を	あきた青年広論№.22	秋田県青年会館
	「トリスン」を飲んだ夜のこと	しょいこ 碓井先生御退官記念号	東京大学教育学部社会教育研究室
	訪中をふりかえって—とくに心に残ったことなど	中国の農業教育事情—10日間でみたその印象記	第5回日中農交農業教育訪中団
1984年	※登録率三〇パーセントの秘密	みんなの図書館1月号	図書館問題研究会
	水海道市立図書館からのレポート	茨城自治 №.210	茨城県地方自治研究会
	※M君への手紙—どうぞ活動家に成長してください	青年団研究所所報第4集	日本青年団協議会

	望郷	関城町の歴史No.4	関城町史編纂委員会
	〈連載〉〈エッセイ〉田口信夫の「私の原風景」	日本青年団新聞	日本青年団協議会
	ある青年群像の形成	榛の木の道―横田四兄弟の歌	同時代社
1985年	公民館から図書館に移って	みんなの図書館2月号	図書館問題研究会
	〈対談〉青春を生きるvs松崎運之助（夜間中学教諭）	日本青年団新聞6月号	日本青年団協議会
	ふたたびM君へ―ある活動家たちの成長	青年団研究所所報第5集	日本青年団協議会
	※自ら作った集落史誌『五郎兵衛新田のあゆみ』	農業茨城5月号	茨城県農業改良協会
1986年	組織の強化・拡大をはかるために　事例Ⅲ 愛知県安城市和泉青年団	青年団研究所所報第6集	日本青年団協議会
	〈紙上討論のひろば〉地域の青春をよみがえせるのは青年団だ	日本青年団新聞12月号	日本青年団協議会
1987年	青年団の組織再建、そのための具体的な方策と提言　事例Ⅲ茨城県筑波町青年会の再建と活動―なぜ青年会だったのか	青年団研究所所報第7集	日本青年団協議会
	大串論文の掲載にあたって	歴史みつかいどう第7号	水海道市教育委員会
	津軽の村の恋人たちへのコメント	地域青年白書	日本青年団協議会
	特別企画パネル・ディスカッション「キラッと光る女たち」コーディネーター	第16回全国女子青年集会報告書	日本青年団協議会
1988年	金曜日午前閉館から得たもの―水海道市立図書館の試み	図書館雑誌第82巻9号	日本図書館協会
	〈書評〉町立図書館の可能性を示唆	図書館雑誌第83巻8号	日本図書館協会

	田打ちざくら　その二	つくば文藝 創刊号	つくば文藝社
1989年	公民館と図書館の協同をめぐって―社会教育施設計画論からの一提言	月刊社会教育2月号	国土社
	わかり易い図書館をつくる	筑波の友第34号	（株）STEP
	〈特集「若者のたまり場論」〉たまり場のこころ	あきた青年広論№51	秋田県青年会館
1990年	※短歌「愛娘遊学」	愛娘遊学（まなごゆうがく）	谷貝忍、三輪巴
1991年	明日にむかって育つある仲間たちの軌跡〔調査と座談会〕	青年団研究所報告書	（財）日本青年館
	〈特集「私のふるさと論」〉今につながる原風景	あきた青年広論№58	秋田県青年会館
1992年	※いしくれ―ある社会教育主事の原風景①～⑥	明治大学社会教育主事課程年報	明治大学文学部
	※「学ぶこと」の復権―その基本的視点への私見	月刊社会教育4月号	国土社
	図書館奉仕をめぐる当面の諸矛盾について	月刊社会教育11月号	国土社
	※図書館のあるくらしを創る	月刊社会教育11月号	国土社
	〈鼎談〉農村から吹く新しい風 with 上條恒彦、板本洋子	日本青年団新聞1月号	日本青年団協議会
	※〈『成城教育』第77号を読んで〉根腐れる美意識	成城教育第78号	成城学園教育研究所
	はにかみ	菊地辰幸画集　桃天と風凛と	同時代社
1993年	※金曜日午前閉館と職員集団づくり	みんなの図書館第82巻9号	図書館問題研究会
	図書館のある暮らし（1）	図書館のある暮らし	那珂町の教育を考える会

1995年	分科会報告「青年団の意義」	第40回全国青年問題研究集会報告書	日本青年団協議会
	根腐れる美意識	梨の里　№4	関城文芸
	解説	はい電報です	前橋喜平
1996年	今年の抱負	ともんけん茨城支部報「常陸野」	図問研茨城支部
	分科会報告「私と仲間と青年団」	第41回全国青年問題研究集会報告書	日本青年団協議会
	※国画会の重鎮菊池辰幸画伯への弔辞	筑波の友第125号	（株）STEP
	未完の大器　宝町出身の小説家「沙和宗一」さがし①～⑦	水海道市文化協会報	水海道市文化協会
1997年	※句集『梨花の月』序文	梨花の月	谷貝政吉（耕甫）
1998年	※生涯学習とまちおこし	学遊圏　№6	（株）栗原研究室
	21世紀の公共図書館サービスを展望する	関東地区公共図書館協議会研究集会報告書	関東地区公共図書館協議会事務局
	ふるさと賛歌	関城文芸№50	関城文芸
1999年	〈書評〉『現代日本の社会教育』を読んで	月刊社会教育5月号	国土社
	※地域文化を創るーそれは私の表現	月刊社会教育10月号	国土社
	分科会報告「後継者の育成とリーダーのあり方」	第44回全国青年問題研究集会報告書	日本青年団協議会
	※一冊の本―故長岡健一郎さんを偲ぶ	筑波の友第160号	（株）STEP
2000年	推薦のことば	貧困社会と若者―僕の「青いノート」	市村聖治
2002年	〈座談会〉「常総地方の農村文化」を語る　飯野農夫也×永瀬純一×谷貝忍	鼎談『常総地方の農村文化を語る』	八千代町立図書館
2003年	ゴロスケ山追想	関城文芸№59	関城文芸
2004年	ふるさと―地域の人たちが教えてくれたもの	関城文芸№60	関城文芸

	私信「カナダ百首」		三輪巴
	※カナダ百首（抄）	関城文芸№.61	関城文芸
	※短歌「碓井先生を想う」（碓井先生想い出の賦）	回想の碓井正久先生	碓井正久先生を偲ぶ会世話人会
2005年	※〈憲法と私〉確かな目を曇らせることはもうできない	茨城民報5月	日本共産党茨城県委員会
	小説『カガイ』短評	カガイ	野村文雄
	句集『ふたりあるき』を読んで	ふたりあるき	簗岳遊・政江
2007年	回想の筑波山	筑波山と私	（株）STEP
	※望郷	関城文芸№.66	関城文芸
	※陶匠クナッパー氏讃歌に寄せて	関城文芸№.67	関城文芸
	長歌「陶の匠　讃歌」		
2008年	※短歌「手術入院　雑感」		
2009年	朝日商豆翁のこと	関城文芸№.70	関城文芸
	※一石を投ずることについて	一目でわかる相野谷略史	前橋喜平
2010年	短歌「真奈誕生」		
2011年	※短歌「東日本大震災三陸哀悼」	関城文芸№.75	関城文芸
2012年	ある色紙の名言	関城文芸№.77	関城文芸

《追悼》在天の故谷貝忍君のみたまへ献ず

藤岡貞彦

今は亡き谷貝忍君。貴兄は、貴兄に接するすべての人々に、好かれ愛され尊敬された希有の人であった。とりわけ、青年たちに貴兄は好かれ、いつでも、青年の輪のなかにいた。

それは、いつまでも貴兄が青年だったからである。青年の特性をかねそなえ、すなおで、正直で、正義を尊びユウモアを絶やさず、いつでも他人の幸福を願い、求め、実現することを心がけていた。

青年・成人の学習をたすけ、共に考え、共に生きる、生まれながらの社会教育者であった。公民館で、図書館で、大学で、貴兄の尽力は、光かがやく果実をもたらした。

だから、貴兄の逝去は、驚くほど多くの人々に悲しみをもたらした。

私たちは、ひとしなみに、貴兄が自治体の首長に選ばれることを想像し、信じていた。貴兄の持つもちまえの明るさと遠い見通しは、必ずや全住民の幸福と福祉をもたらすに違いないと、みんなが確信していたことだろう。では、どのような首長になっただろうか。

私は、マハトバ・ガンジーのような指導者になったと思う。公平で公正で、何より住民の幸せを治政の核にしただろうからである。

察するに、貴兄は、「農本主義」と「絶対平和主義」とを旗幟としたにちがいない。これからのTPP政策のもとで農村は解体され、農民は窮地に追い込まれていくであろう。日本国憲法の平和条項は、いまや風前の灯である。されればこそ、関東平野の一角からの貴兄の発するメッセージは、全国に強烈に響いたことであろう。無念、残念という他はない。

貴兄が学生時代にたずさわったセツルメント活動で出会った標語、〈一人は万人のために、万人は一人のために〉の精神が市政に生かされる日を、私たちは待っていたのだ。

日本全体が、しのびよるファシズムによって精神的に解体されようとしている今、今だからこそ、貴兄の逝去が悔やまれてならない。

日本の危機がすすめばすすむほど、今、谷貝がこの世にいたら、何を言い、何をなすか、と問い、谷貝忍という存在をたえず想起することになるであろう。

さればこそ、私たちは、貴兄の志を自らのものにして生きていかなければならない。

貴兄の後に続くものを信じて、天上世界から我々を支援してくれたまえ。

二〇一四年一月二六日

（一橋大学名誉教授）

編集を終えて

先崎千尋

多くの人に好かれ愛され尊敬されてきた谷貝忍さん（以下兄）があの世に旅立たれてもう十カ月になる。兄は、安倍内閣による集団的自衛権の行使容認を閣議決定するという暴挙に怒り狂い、厳しく激しい言葉を表しただろうが、その言葉を聞き、見ることはもうできない。

今年一月、常総市生涯学習センターで「谷貝忍さんを偲ぶ会」が開かれたが、その席で私は兄の追悼集の発行を提案した。兄の来た道をたどるだけでなく、兄がその生涯をかけて打ち込んできた社会教育や図書館についての諸論稿や地域文化に関する数々の卓見などを私たちが知り、学び、共有し、次世代の人達につないでいくために不可欠だと考えたからである。

兄の初彼岸明けの四月、兄と関わりの深い遠藤俊夫、簗建司、市村聖治の各氏と私が鬼怒川近くの谷貝邸に集まり、谷貝正子さんを含めて「谷貝忍論稿集刊行委員会」をスタートさせた。そこで、本のタイトル、内容、ページ数、発行時期、出版社など大まかな方向を決めた。まず、タイトルを『いしくれ』とした。兄が水海道市立図書館長時代に講師として兼務していた明治大学文学部が発行していた『明治大学社会教育主事課程年報』に六回にわたって、水海道市教育委員会に社会教育主事として就職するまでのあゆみ（巣立ち）を記録し、掲載したタイトルが「いしくれ」だったことによる。

次に、兄がこれまでに書いたものを集めた。これが難産だった。兄は書斎にも書庫にも自分の論文などをまとまった形で残してこなかったのだ。あちこち手を尽して本書の最後に掲げた著作リストを作成したが、機関紙誌などに発表した文などでまだ未発見のものがあるのではないか、と思われる。兄は俳句や短歌を多く詠んだが、手紙を添えて相手に送り、手元には残してこなかったことが多く、活字になったものは少ない。

二回目の委員会ではそれらを持ち寄り、どれを収録するか、章建てをどうするかの大枠を決めた。兄の書いたものは長文が多い。「いしくれ」だけでも原稿用紙で七百枚を超す。これだけでゆうに一冊の本になるボリュームだ。発行日は兄の一周忌前の八月末とした。

本書は目次の通り五部構成と年譜、著作リストにしたが、論稿等については、それぞれが推薦するものを全部は収録できないので、大幅に削った。例えば「いしくれ」は半分以下になっている。読みものとしても面白いし、ようこんなに赤裸々に自分や家族のことをさらけ出せるなと感心する。本書には、兄の成長していく過程が分かる箇所や家族のこと、さらに、どうして大手企業や国、県などの職員にならずに水海道市の職員になったのかが分かる記録を主体に編成した。他にも「M君への手紙」には続編があるのだが、割愛した。他の論稿等も含めて関心のある方は著作リストをもとにあたっていただきたい。「いしくれ」はインターネットでも検索でき、原文が見られる。リストに掲載されていない論稿等があれば、私どもにご連絡をいただけるとありがたい。

本書のカバー、表紙は兄が敬愛していた飯野農夫也さんの版画を使わせていただいた。ご子息飯野道郎さんのご配意によるもので感謝にたえない。各部の扉には兄の筆になる色紙・短冊を挿入した。さらに東京大学宮原社会教育研究室の先輩である島田修一氏には序文をよせていただき、同じく先輩の藤岡貞彦氏には偲ぶ会によせた追悼文の転載をご快諾いただいたことにお礼を申し上げる。また、出版にあたっては兄の大学時代からの友人、同志である川上徹さんと同時代社の高井隆様に大変お世話になったことを記しておきたい。

本書出版の言い出しっぺは私だが、編集作業を進めるなかで、『やさしさとは何か』や『親父の出番』を除いて兄がこれまで書いてきたものをほとんど読んでこなかったことに気づいた。出逢いはもう四十年以上になるというのに。多分私はずっと農協職員であり、少しの期間行政職に携わり、社会教育、図書館などに直接縁がなかったためだと考えている。個人的には、早い頃に田中正造の存在を教えてもらい、瓜連小学校を木造で建てるときには随分世話になり、三上清一、飯野農夫也、菊地辰幸、松井エイコさんらを知ることができた。酒も一緒に飲んだ。本書に納められた論稿等を読んでみて、改めて谷貝忍っていう人は魅力あふれる、思い遣りのある、それでいて原則を曲げない信念の人、ということがわかった。

今、教育委員会制度を変え、時代を逆行させようとする動きがあわただしい。公設の図書館も民営化の動きが進んでいる。こうした中で、本書に収録された谷貝論文は、社会教育のあり方、市民にとっての図書館のあり方を指し示しており、かなり以前に書かれたものでも現在そして未来を照らす鏡、たいまつになる。私たちの羅針盤と言い換えてもよいであろう。同時に「学問のすすめ」にもなっている。本書を読むことは谷貝忍と語りあうことでもある。当然こちらの考えも準備しなければならない。

最後に、本書に収録した論稿等の転載をご快諾いただいた次の機関、組織各位と資料収集や校正、普及にご協力いただいた方々に感謝の意を表したい（敬称略。順不同）。

（株）国土社、『月刊社会教育』編集部、日本青年団協議会、一般財団法人日本青年館、明治大学文学部、成城学園教育研究所、（株）栗原研究室、（株）丸善、図書館問題研究会、関城文芸、（株）ＳＴＥＰ、（株）プレステン、日本共産党茨城県委員会、竹内哲、竹島由美子、益子一彦、三輪巴、坂部豪、堀込昇、五木田大樹、大滝町子、野村文雄、高橋京子

いしくれ　谷貝 忍が耕してきたもの

2014年8月30日　初版第1刷発行

著　者　谷貝　忍
編　者　谷貝忍論稿集刊行委員会
カバー絵　飯野農夫也
発行者　高井 隆
発行所　株式会社同時代社
〒101-0065　東京都千代田区西神田2-7-6
電話 03(3261)3149　FAX 03(3261)3237
E-mail:doujidai@doujidaisya.co.jp
HP:http://www.doujidaisya.co.jp/
組版／装幀　有限会社閏月社
印刷　モリモト印刷株式会社

ISBN978-4-88683-765-3